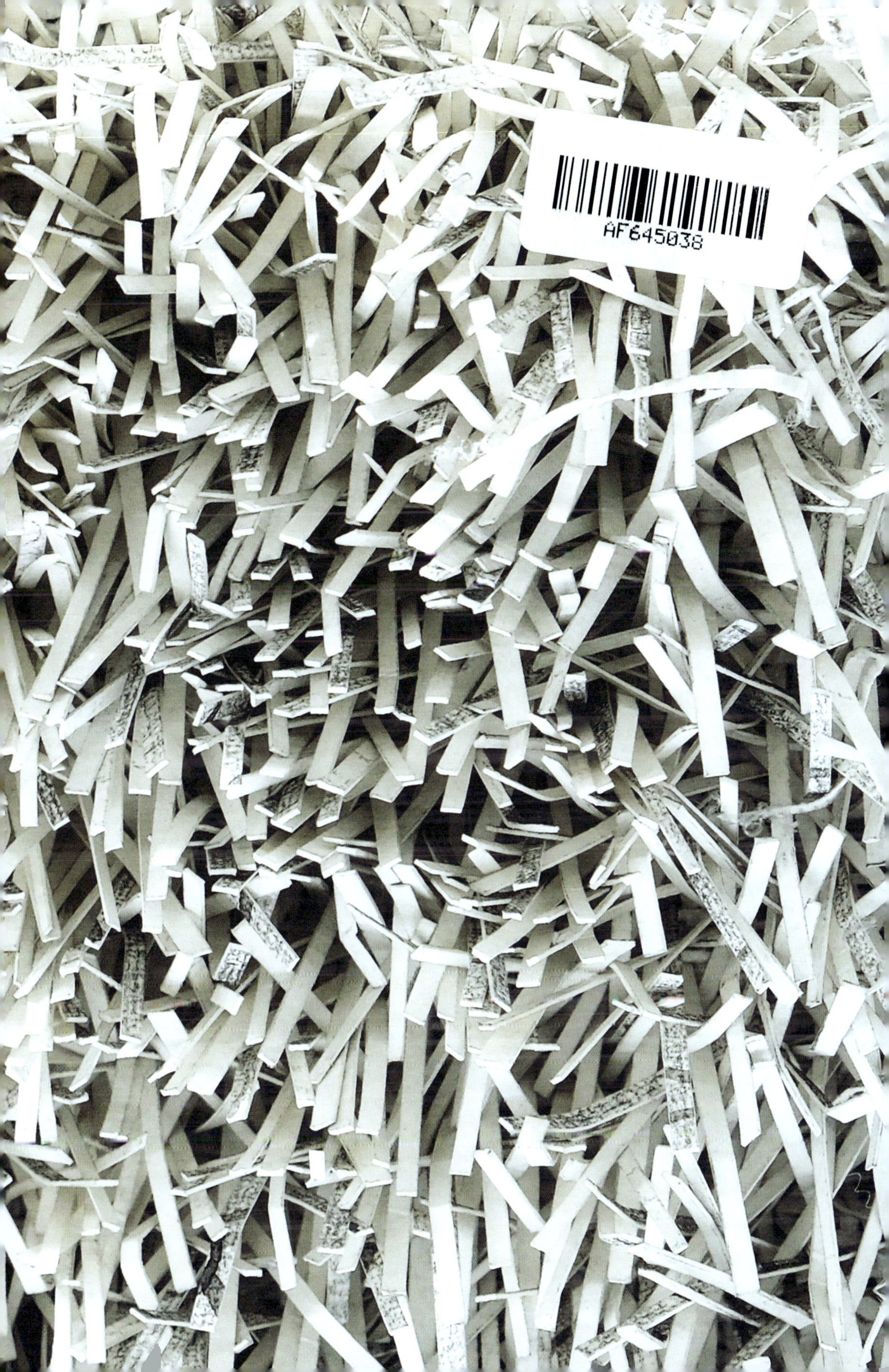

Petra Paffenholz

KUNST BUCH

KÜNSTLERBUCH

Haupt
GESTALTEN

Petra Paffenholz

KUNST, BUCH, KÜNSTLERBUCH

Geschichte, Buchbindetechniken und Projekte

Haupt Verlag

DAS KÜNSTLERBUCH
IST KEIN KUNSTBUCH.

DAS KÜNSTLERBUCH
IST KEIN BUCH ÜBER KUNST.

DAS KÜNSTLERBUCH
IST EIN KUNSTWERK.

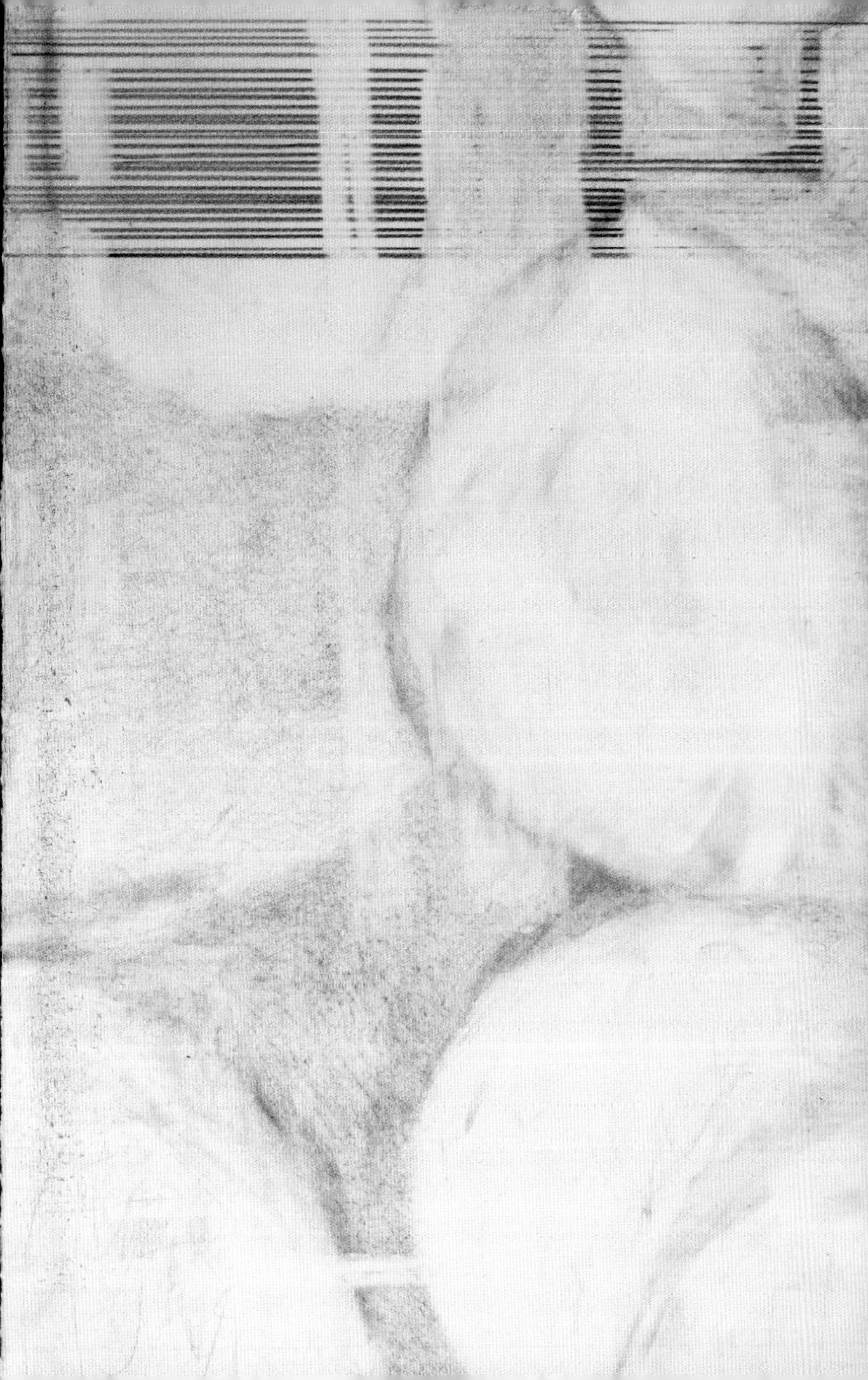

Einleitung

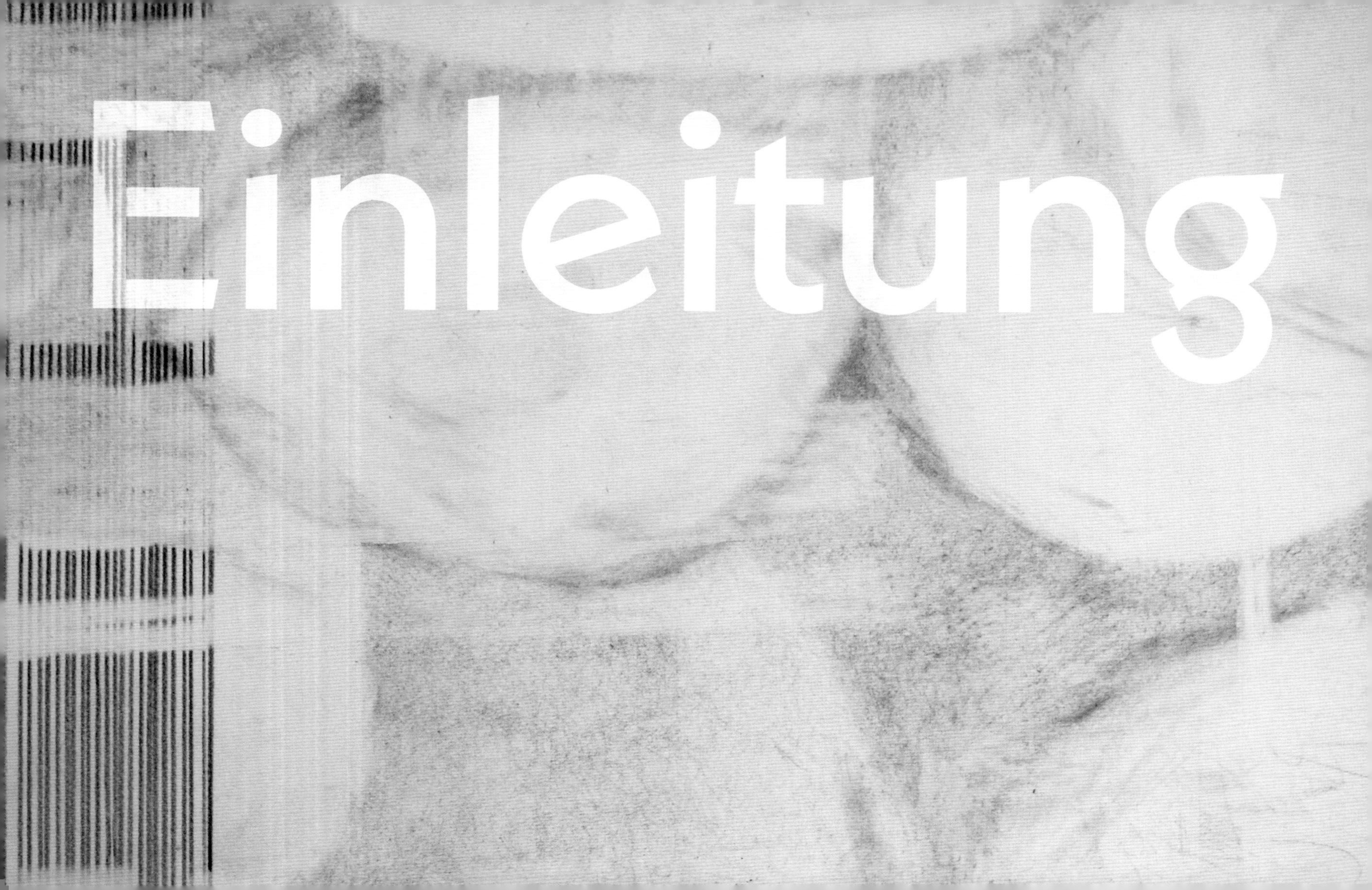

*„Kunst ist zwar sehr schön,
macht aber viel Arbeit."*

Mit diesem Zitat, dem Komiker Karl Valentin zugesprochen, ergeben sich zwei Fragen: Was ist Kunst und was ist Arbeit?

Arbeit definiere ich für mich als das, was mir wenig Spaß macht.

Was Kunst ist, kann wohl niemand mit absoluter Gewissheit festlegen. Allerdings behaupte ich, dass Kunst in der Regel mehr Spaß macht. Für mich persönlich hat Kunst auch mit Handwerk zu tun. Sein ausgewähltes Medium gut zu kennen, um die dem Material innewohnenden Möglichkeiten zu einer künstlerischen Aussage zu bringen, ist ein wichtiges Ziel.

Bücher zu gestalten ist mir ein inneres Anliegen, um künstlerische Ideen und Konzepte mit dem taktilen „Glück in den Fingerspitzen" zu verbinden. Unikat-Bücher, die niemals perfekt sind, nenne ich „genial daneben", denn Perfektion steht meiner intuitiven Art ziemlich entgegen.

Die Beschränkung auf die mir zur Verfügung stehenden Seiten im vorliegenden Buch zwingt mich, Ihnen ein Abenteuer zuzumuten. Tauchen Sie ein in den Kosmos „Künstlerbuch" und folgen Sie den interessanten Verweisen in den Anmerkungen (ab Seite 170), um sich in den weiterführenden Verästelungen des Themas zu verlieren. Ihre aktive Beteiligung ergänzt meine Spotlights, die ich auf das außerordentlich umfangreiche Thema werfe. Die beispielhaft ausgewählten Künstler:innen geben Ihnen einen Überblick über die wichtigsten Aspekte und Elemente dieser Kunst. So öffne ich Ihnen hoffentlich die Türe zu dem spannenden Unternehmen „Künstlerbuch"!

Habe ich Ihr Interesse geweckt und Sie nachhaltig inspiriert? Konnte ich Sie begeistern, Buchbindetechniken zu erproben, um Ihre persönlichen Künstlerbücher entstehen zu lassen? Dann ist meine Mission erfüllt. Wie heißt es so schön: „Die Kunst vollendet sich im Auge des Betrachters." So vollendet sich auch dieses Buch erst durch Ihre aktive Beteiligung.

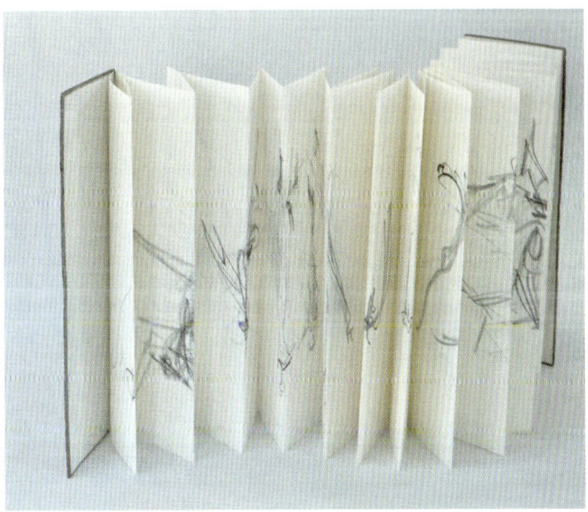

Kunsthistorischer Kontext

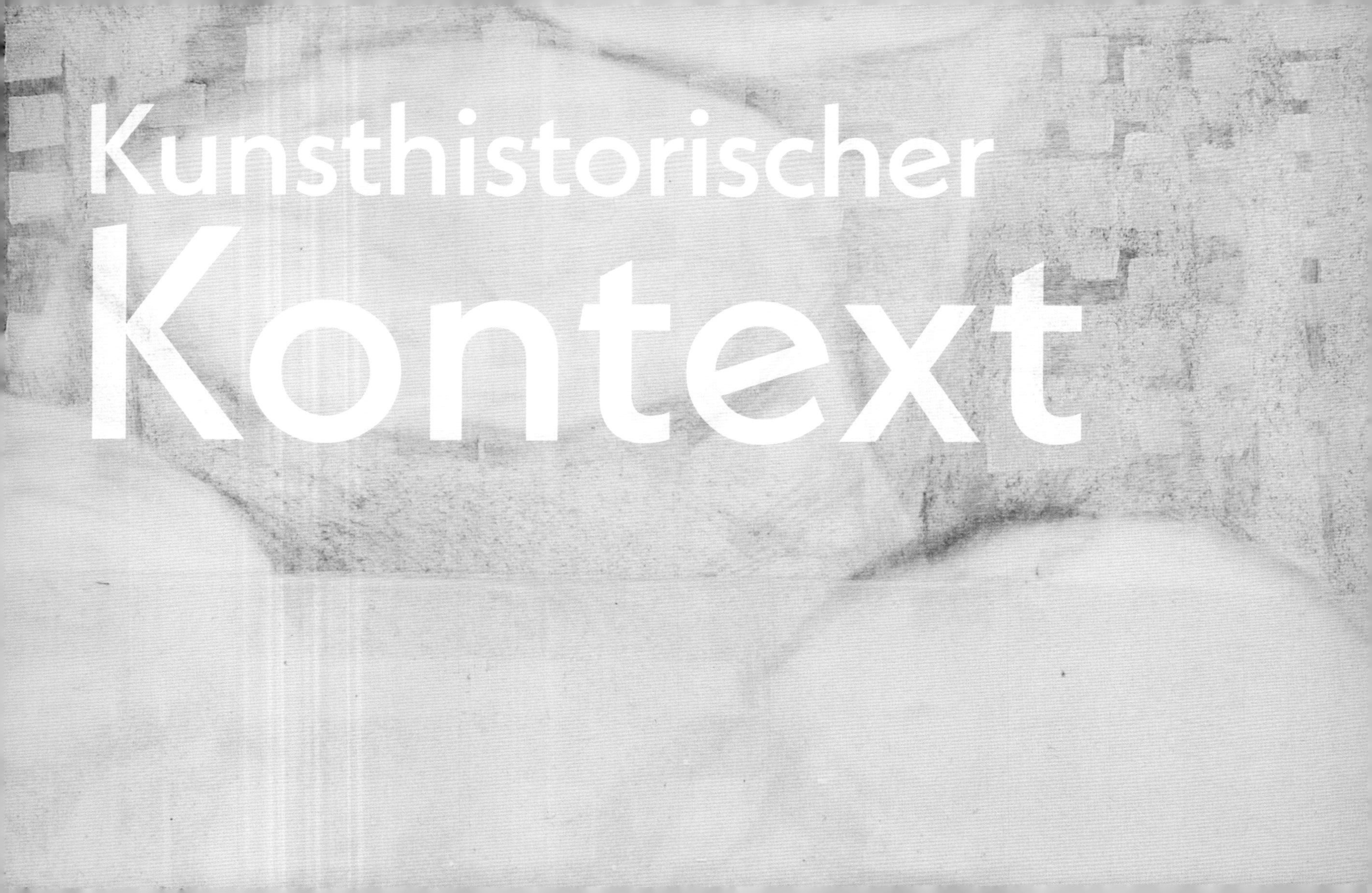

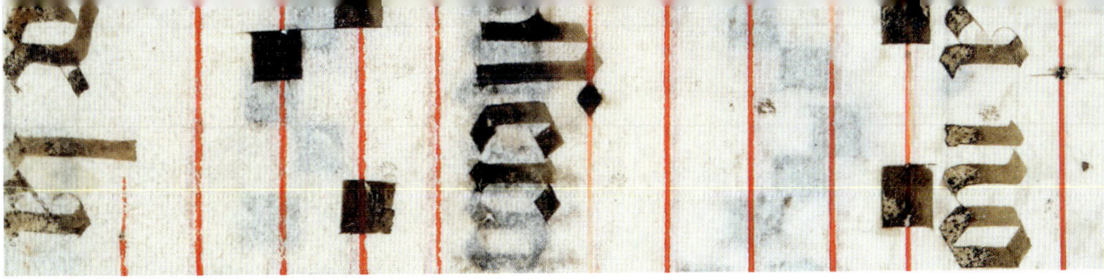

Ein Buch ist auch nur ein Mensch ...

.... denn sprechen wir nicht vom Buchrücken, vom Kopf und vom Fuß?

Ein Buch ist ein wohlbekanntes Medium. Es speichert und vermittelt mit seinen Inhalten das Wissen von Generationen. Neben der mündlichen Überlieferung ist es das Mittel, durch welches wir Kenntnis haben von der Vergangenheit sowie informiert sind über kulturelle und historische Ereignisse. Die Schrift mit den dazugehörigen Trägermaterialien hat ganze Kulturen definiert.

Frühe europäische Bücher bestehen aus Pergament, auf welches mit Tinte und Feder geschrieben wurde. Das Pergament wurde aus Tierhäuten gewonnen, so wie es auch heute noch vereinzelt gefertigt wird. Aufgespannt, mit Schabewerkzeugen, viel Wasser und chemischen Hilfsmitteln wird die Haut von Fett und Fleischresten befreit und gereinigt. Auf dieser Tierhaut bleiben aber die Spuren des ursprünglichen Tierskeletts sichtbar. Wo sich der Kopf befand, wo der Schwanz, wo die Beine mit den Füßen, all das ist noch als Schatten auf dem Pergament zu erkennen. In einem seriösen TV-Bericht (siehe Anmerkungen ab Seite 170) erwähnt ein professioneller Kalligraf, dass diese Schatten auf dem Pergament der Ursprung sind für die heutigen Begriffe, mit denen wir ein Buch beschreiben.

Auch im traditionellen Buchbindehandwerk werden Begriffe wie „Bauch" und „Schwanz" während des Arbeitsprozesses benutzt. Im Englischen sind die Bezeichnungen „head" (Kopf) und „tail" (Schwanz) ebenfalls gebräuchlich. Trotz dieser Indizien konnte ich leider keinen wissenschaftlichen Beweis für die obige Aussage finden. Schade, diese These schien so einfach, logisch und war mir so sympathisch. So bleibt es ein Rätsel, weshalb ein Buch wie ein Mensch beschrieben wird.

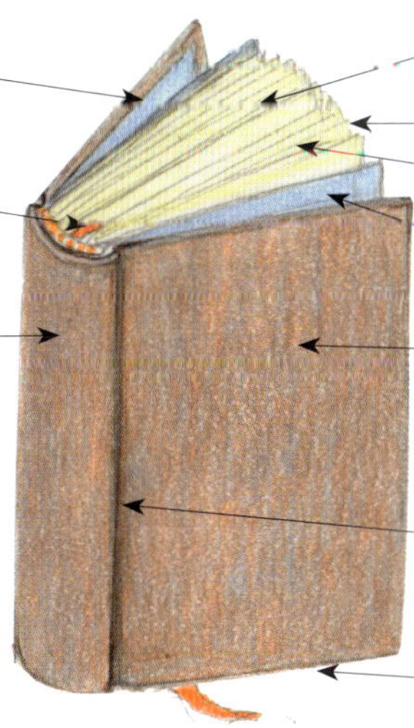

Was ist ein Künstlerbuch ?

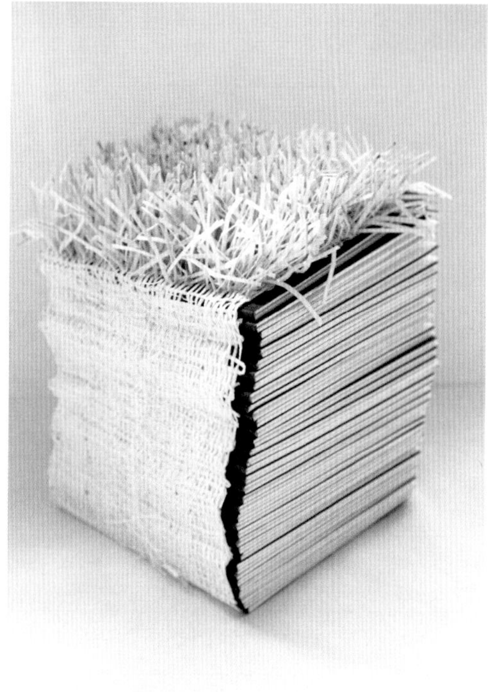

Kenneth Victor Campbell schrieb 1973 das Theaterstück „Mr. Pilks Irrenhaus". Er beschreibt darin eine Szene, in der ein Patient die Ärztin zur korrekten Länge eines Tischbeins befragt. Was ist ein Tisch?

Je mehr das Tischbein gekürzt wird, so fantasiert der Patient, desto mehr verändert sich der Tisch hin zum Couchtisch. Der Patient überlegt beharrlich weitere hypothetische Kürzungen der Tischbeine. Sind keine Beine mehr vorhanden, ist der Tisch kein Tisch mehr, sondern ein Tablett. Die Szene gipfelt in der spitzfindigen Frage des Patienten, was denn das Minimum an Tischbeinlänge sei, welches einen Tisch zu einem Tisch macht. In der Analogie frage ich auf der Suche nach der Definition der Gattung Künstlerbuch also: *Was ist das Minimum an Buch, das ein Buch zu einem Buch macht?*

Einfach zu beantworten ist diese Frage bei traditionellen Buchformaten. Ein klassisches Buch (Kodex) als Vermittler von intelligenten bis hin zu zweifelhaften oder spekulativen Inhalten begegnet uns als Taschenbuch (Softcover) oder als fest gebundenes Werk zwischen pappenstarken Einbanddeckeln. (Hardcover) Wir lernen schon früh Bilder- und Kinderbücher kennen. Später vielleicht sind es einfache Comic-Hefte und reich illustrierte Schulbücher. Auch Mangas und die Graphic Novels finden begeisterte Leser:innen.
Das haptische Erleben ist grundsätzlich allen herkömmlichen Buchformaten eigen. Außer im Museum darf die Kunst hier „erfasst", also angefasst werden. In einem Buch – in einem Künstlerbuch – darf geblättert werden. Diese sinnliche Erfahrung, der ästhetische Genuss des Umblätterns ermöglicht, die zeitliche Abfolge zu entdecken und mit Hingabe Langsamkeit zu erleben, während sich von einer Seite zur nächsten immer wieder neue grafische Kombinationen auftun. Transparente Papiere verschleiern mitunter eine klare Lesbarkeit, steigern so aber eine geheimnisvolle Erwartung.
Das Kriterium des Taktilen ist besonders wichtig als analoges Begreifen und ein Alleinstellungsmerkmal von „Buch", im Gegensatz zu digitalen Büchern, welche im Hinblick auf das Künstlerbuch zu vernachlässigen sind, denn meines Wissens existiert bislang kein E-Künstlerbuch.

Von Büchern bzw. ihrem Inhalt scheinen sich mitunter politische Mächte bedroht zu fühlen. Bedenkt man die Bücherverbrennungen, wird die politische Dimension und die Brisanz des Geschriebenen deutlich. Auch der Filmklassiker „Fahrenheit 451" von François Truffaut zeigt die weitreichende Vernichtung der Lesekultur auf, nicht ohne Hoffnung auf eine Rettung durch die Buchmenschen.

Begegnen wir dem Buch als künstlerischem Statement, wird eine Definition zunehmend vage. Eindeutig ist allen Büchern die Dreidimensionalität. Eine weitere Einordnung zum Beispiel über das Format misslingt, denn es gibt auch sehr große Bücher, mit oder ohne Text. Besonders erwähnenswert ist die Wahl des Materials bei **Anselm Kiefer**.

Seine Werke zeigen, dass die Wahl des Materials keine richtungsweisende Stütze ist, denn Bücher können, neben Papier und Pappe, aus den unterschiedlichsten Materialien gefertigt sein. Dies zeigt auch das Beispiel von **Timm Ulrichs**, wenn er gepresste Blätter von Laubbäumen in Plastiktüten in einem Buch zusammenbringt.

Die Buchstruktur hilft auch nur bedingt weiter bei der Suche nach einer klaren Antwort, denn die Buchgrenze wird überschritten, nähern wir uns der Schachtel oder der Mappe, in der eine künstlerische Aussage

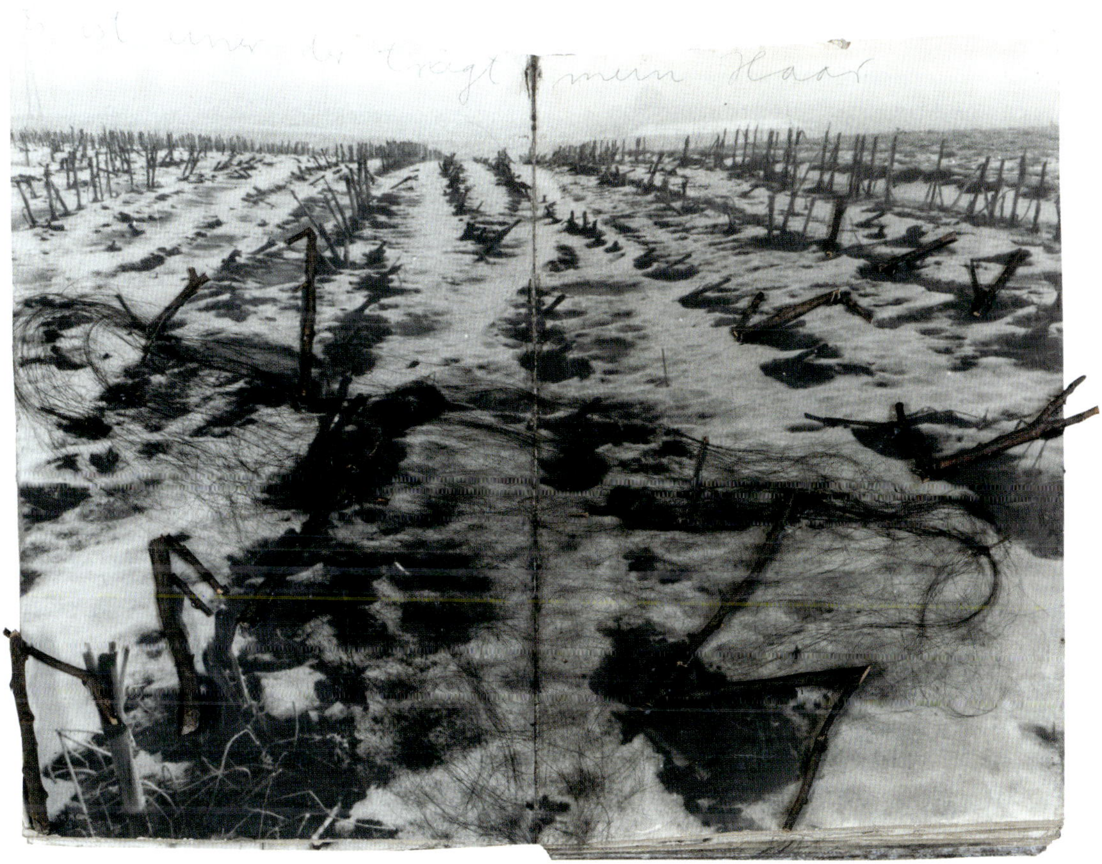

Anselm Kiefer,
„Es ist einer, der trägt mein Haar", 2005, 68 x 42 x 8 cm

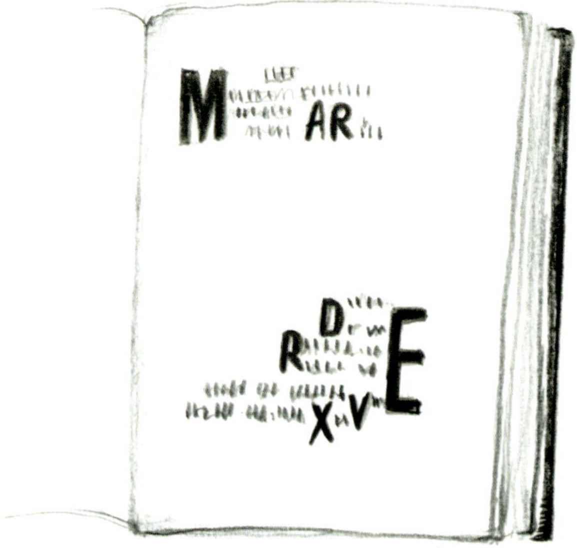

Alfred Jarry,
Les Minutes de sable mémorial, 1894

verpackt und gespeichert ist. Fragen müssen wir dann auch, was das Buch vom Multiple – dem künstlerischen, seriell hergestellten Auflagenobjekt – unterscheidet. Und was ist ein Buchobjekt? Wenn das Künstlerbuch möglicherweise ganz die Option verliert, dass darin geblättert und gelesen werden kann, ist es dann noch ein Buch?
Die künstlerische Vielfalt der zahlreichen Gestaltungstechniken in der Buchkunst bietet viel Potenzial und Raum, sich mit einem persönlichen, individuellen Konzept auszudrücken. Die Möglichkeiten des Künstlerbuchs sind ebenso umfangreich wie in jeder anderen Kunstform. In einem eigens gestalteten Künstlerbuch können viele künstlerische Techniken Anwendung finden wie Malerei, Zeichnung, Drucktechniken oder Skulptur.

Schauen wir nun, ob die Kunstgeschichte uns bei der Suche nach einer Definition weiterbringt. Natürlich waren die in klösterlicher Abgeschiedenheit hergestellten, handgeschriebenen Bücher Kunst, die Miniaturmalereien in Bibeln und Stundenbüchern von beeindruckender Ästhetik, doch werden sie nicht mit dem Begriff „Künstlerbuch" bezeichnet. Erst die jüngere Kunstgeschichte hilft uns weiter. Das Künstlerbuch hat mit den sogenannten Malerbüchern – Livres d'Artistes – um 1900 in Frankreich seinen Ursprung.
In einer Art Aufbruchstimmung, so scheint es, beschließen einige Verleger:innen und Galerist:innen in Frankreich, sich mit den damals noch unbekannten Künstler:innen zu verbünden, um die zeitgenössische Kunst einem breiten Publikum zu präsentieren. Nicht nur in den Salons und Galerien, sondern in einem handlichen und bezahlbaren Rahmen soll eine Vermarktung stattfinden – in Form von Büchern.
Die Malerbücher entstehen als Kooperation zwischen Verlegern, Künstlern, Autoren und Druckerei. Die beteiligten Künstler, damals noch unbekannt, wie zum Beispiel **Picasso, Matisse, Duchamp, Chagall** oder **Gauguin**, entsprechen heute dem Who's who der Kunstgeschichte. Die damaligen Avantgarde-Künstler:innen stehen in Kontakt mit den Schriftsteller:innen ihrer Zeit. Man trifft sich in den Cafés, diskutiert und streitet im Melting Pot Paris. Hier entsteht eine Buchkultur, weil Bild und Wort eine bereichernde Liaison eingehen. Zudem entwickeln sich in dieser Zeit neue Techniken und Druckverfahren, die für die Malerbücher essenziell sein werden.
Eine Zunahme von Geschwindigkeit liegt in der Luft. Automobile lösen die Kutschen ab, andere technische Errungenschaften wie

Telegrafie, Telefon oder Flugzeuge etablieren sich. Der Eiffelturm wird 1887 gebaut, damals das höchste Bauwerk der Welt. Einflussreich für die Entwicklung von Künstlerbüchern allerdings sind vor allem die neuen Vervielfältigungsverfahren wie Lithografie, Fotografie und Farbdruck. Die dienende Funktion der Illustration entschwindet und in den Fokus tritt eine neue Denkweise, ein Perspektivenwechsel, welcher einer schöpferischen Freiheit Raum eröffnet. Das, was wir heute als Moderne betiteln, hat hier ihren Ursprung. Einige Künstler:innen brechen mit der Vorstellung, realistisch malen zu müssen. Die Freude am Experiment lasst frische Ideen Wirklichkeit werden. Der Boden ist bereitet, auf dem Neues wachsen und gedeihen kann. Aber nun der Reihe nach.

Auffällig sind die sehr modern anmutenden Ansätze in der Gestaltung der Typografie und der Anordnung von Text und Bild. Schon 1894 entwirft **Alfred Jarry** ein Gedicht mit einer reduzierten Aufteilung der Seiten; ein spannungsvoller Rhythmus entsteht zwischen den unterschiedlichen Größen der Buchstaben: „Les Minutes de sable mémorial".
In Paris entsteht 1897 ein Gedicht von **Stéphane Mallarmé** gemäß seiner Philosophie als typografische Konstruktion. Er arrangiert die Wörter auf eine Weise, dass sie in unterschiedlichen konzeptuellen Zusammenhängen wahrgenommen werden können. Diese Anordnung der Wörter eröffnet eine neue Art des Lesens und ermöglicht gedankliche Assoziationen: „Un coup de dés jamais n'abolira le hasard" („Ein Würfelwurf niemals tilgt den Zufall"). Mit der Visualisierung von Text, von Poesie, kann auch durch die Gradation der Graustufen, also hellere und dunklere Linien, an ein laut oder leise gesprochenes Wort gedacht werden. So bezieht sich der Konzeptkünstler **Marcel Broodthaers** 1969 auf das Gedicht von Mallarmé und greift dies optisch auf – es gibt nun keinen lesbaren Text mehr, lediglich unterschiedlich graue Farbstreifen.

In England sind es die Künstler:innen der Arts-and-Crafts-Bewegung, die einen hohen Standard in der Buchgestaltung entwickeln.

Marcel Broodthaers, Un coup de dés jamais n'abolira le hasard, 1969

Marcel Duchamp
La Boîte-en-valise, 1936-1941

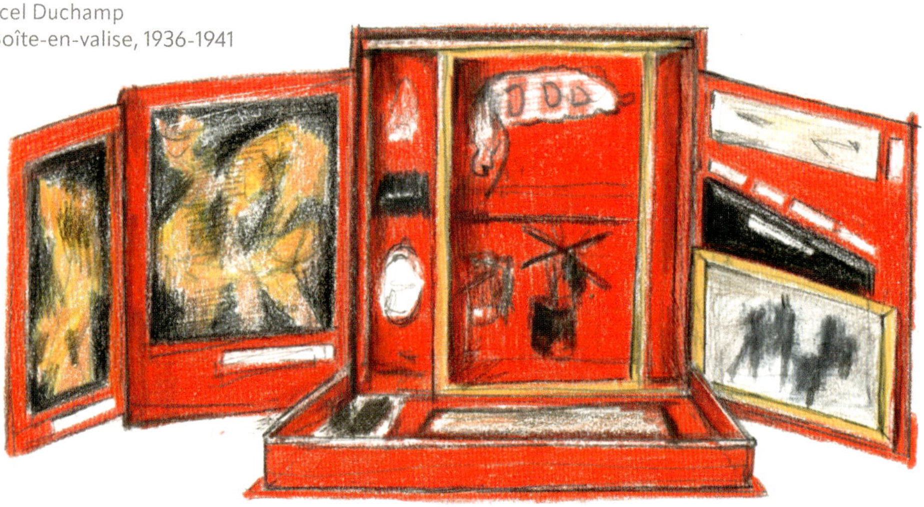

Gutes, handgeschöpftes Papier und erlesenes typografisches Layout verbinden Kunst und Handwerk. Künstler:in, Verleger:in und Druckerei kreieren ein gemeinsames Werk von höchster ästhetischer Qualität. Besonders **William Morris** ist hier zu nennen, der perfekt gearbeitete Holzschnitte nach den Zeichnungen von **Edward Burne-Jones** und seinen eigenen Entwürfen künstlerisch angelehnt an die Bildsprache der Renaissance für Geoffrey Chaucers Buch „The Canterbury Tales" anfertigen lässt. Auch entwirft er extra für dieses Werk eine Typografie.

Ebenso hinterlassen die russischen Konstruktivisten ihre Spuren mit typografischen Experimenten. Groß- und Kleinbuchstaben, Lettern in verschiedenen Größen, alles wird auf einem Blatt zur modernen Grafik kombiniert.

1916 begründen einige Künstler:innen in Zürich im Cabaret Voltaire den Dadaismus. Ihr humorvolles Treiben richtet sich gegen die konventionelle Kunstauffassung der bürgerlichen Welt. Mit gedruckten Pamphleten und künstlerischen Manifesten präsentieren sie sich dem Publikum. **Kurt Schwitters** gestaltet Collagen aus Papierresten, alten Eintrittskarten und Schrift. Seine aus Zeitungen ausgeschnittenen Buchstaben werden zu Bildern für kleine Hefte. „Die Kathedrale", als Lithografien vervielfältigt, wird 1920 in Hannover beim Verleger Paul Steegmann gedruckt. **Hugo Ball** entwirft mit seinem Gedicht „Die Karawane" die frei assoziierende Lautmalerei. Vom Textinhalt befreite Poesie verbindet Ton und Theater. Der konkreten Poesie ist hier der rote Teppich ausgelegt. Die Dadaisten bereiten mit Humor und reichhaltigem, intelligentem „Blödsinn" den Weg, der in den 1960er-Jahren im Fluxus seine Fortsetzung findet.

Neben der Typografie sind auch die Bilder unverzichtbare Elemente der neuen Buchkultur. Der Verleger Ambroise Vollard nimmt sich um 1913 der Künstler an, die noch nicht in einer Galerie vertreten sind, wie **Paul Cézanne, Pierre Bonnard** oder **Pablo Picasso**. Er überzeugt die Buchliebhaber:innen seiner Zeit mit klassischen Texten und künstlerischen Illustrationen.

Der Galerist Daniel-Henry Kahnweiler veröffentlicht 1925 die ersten surrealistischen Lithografien von **Georges Limbour** und **Michel Leiris**, sicher inspiriert von **André Breton**, der ein Jahr zuvor sein surrealistisches Manifest veröffentlicht hat.
Der Schweizer Verleger Albert Skira lässt **Picasso** „Les Métamorphoses" von Ovid illustrieren. Mit **Matisse** zusammen wird das erste Künstlerbuch des Malers 1932 verwirklicht. Mit unnachahmlichem Strich zeichnet **Matisse** Figürliches zu **Stéphane Mallarmés** Text „Poésies".
Der Surrealismus findet auch seinen Niederschlag bei den Künstlerbüchern. In seinem Werk „La Boîte-en-valise" (Schachtel im Koffer) setzt **Marcel Duchamp** ein Statement und wird die Kunstwelt revolutionieren. Seine mobile Kunstsammlung wird zur Ikone für das Künstlerbuch. Ein Beispiel möchte ich hervorheben: Unter den vielen Männern brilliert **Sonia Delaunay-Terk** mit einem Leporello von 1913. Im kongenialen Zusammenschluss von Inhalt und Form interpretiert sie die 445 Verse über eine Reise in der Transsibirischen Eisenbahn.

Visualisiert wird die Abfolge einer fortlaufenden Bewegung im Leporello, entsprechend der kontinuierlichen Reise von Paris bis Moskau. „La Prose du Transsibérien et de la Petite Jehanne de France" von Blaise Cendrars ist die Textvorlage für das Leporello.
Die beeindruckende Vielfalt an Formen und Farben wird mittels Pochoir-Technik aufgebracht. Mit Schablonen und einem Stupfer werden wasservermalbare Farben mit vorsichtigen, stupfenden Bewegungen aufgetragen. Die ausgeschnittenen Teile der Schablone bilden die Begrenzung für die Farbe. Ein handgemalter Buchumschlag aus Pergament gibt dem Leporello Schutz. In gleichmäßigem Rhythmus, erinnernd an das Ruckeln der Eisenbahnschwellen während einer Zugfahrt, sind auf der rechten Hälfte der Seite neben dem Text Farbflächen als Band gestaltet. Auch auf freien Flächen im oder über dem Text ist die sanft verlaufende Farbe in wohldosierten Portionen aufgetragen. Auf gut zwei Metern Länge entfaltet sich aus dem Buchblock das Leporello mit seiner ganzen abstrakten Formen- und Farbenpracht.

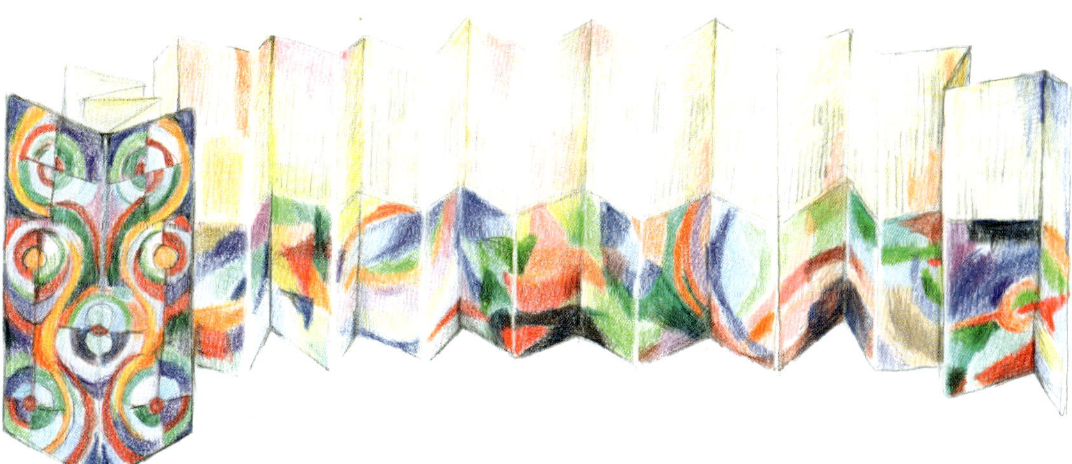

Sonia Delaunay-Terk mit einem Leporello von 1913

Henri Matisse, Jazz, 1947, © Succession H. Matisse / 2023, ProLitteris, Zurich

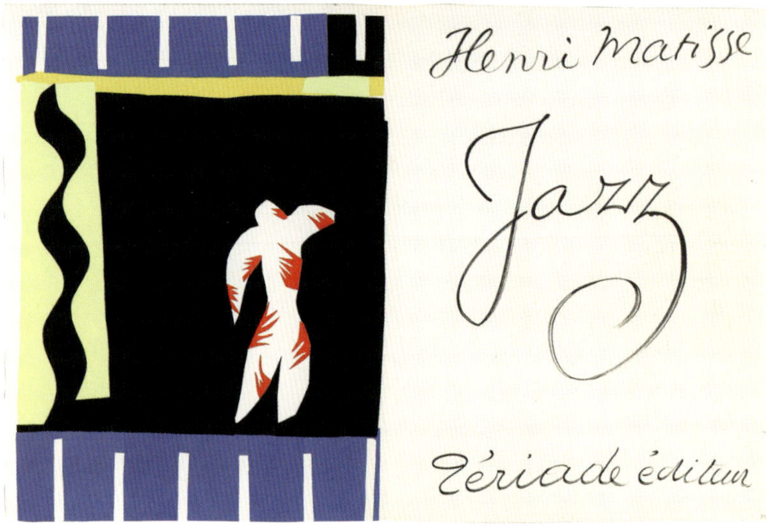

Die amerikanische Künstlerin **Kitty Maryatt** und andere Künstler:innen haben sich inspirieren lassen und **Sonia Delaunay-Terks** Buch noch einmal nach eigenem Verständnis gefertigt. Die Dokumentation dieser eindrucksvollen Arbeit ist unter anderem auf der Webseite vom Minnesota Center for Book Arts zu sehen (mehr dazu in den Anmerkungen ab Seite 170).

Es ist mir hier nicht möglich, die vielen Künstler:innen und Verleger:innen zu würdigen, die in dieser Zeit tätig waren. Überspringen wir die schrecklichen Kriegsjahre und folgen wir den Spuren des Künstlerbuchs in das Jahr 1947. Die Aktivitäten verlagern sich in die USA, nach New York, und beeinflussen von dort aus die europäische Kunstwelt. Durch zwei Weltkriege ist die Gesellschaft, natürlich auch die Kunstwelt, erschüttert. Die überkommenen Wertesysteme werden hinterfragt und über Bord geworfen. Die tradierten Kunstkonzepte stehen auf dem Prüfstand. In der Erneuerung konstituieren sich ungewohnte Gedanken und revolutionäre Ideen. Es wird diskutiert, was Kunst ist, sein kann und wie sie neu erfunden werden könnte. Das Künstlerbuch ist eine dieser Ideen!
Die Möglichkeit des Kunst-Genusses soll auch einem breiten Publikum offenstehen. Der Gedanke von der Erhabenheit einer Museumskunst wird aufgegeben zugunsten einer Demokratisierung, die Kunst allen Interessierten zu einem erschwinglichen Preis zur Verfügung stellt. Im Zuge dieser Entwicklung verbreiten sich neben dem Künstlerbuch auch Mappen, Kunstschachteln und Multiples als Kleinauflagen. Die Reproduzierbarkeit des Kunstwerks, also die Möglichkeiten der Vervielfältigung, löst den „Geniekult" ab und eröffnet ungeahnte Horizonte. Anhand einiger Beispiele stelle ich diese Entwicklung im Folgenden vor.
Musik liegt in der Luft: Jazz! Mit gleichnamigem Titel kreiert **Matisse** 1947 eine weitere Ikone der Buchkunst. Sein handgeschriebenes Manuskript zeigt den Schwung, der auch der Figur auf dem Titel zu eigen ist. Auf Basis

Pablo Picasso, Le Chant des morts, 1948

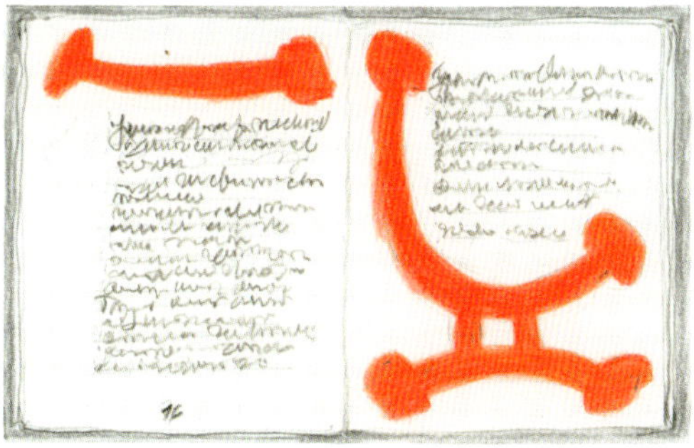

seiner Scherenschnitte entstehen 20 farbige Pochoirs. In aufwendiger Schablonentechnik lässt sein Verleger Tériade das Buch herstellen. Mit demselben Verleger fertigt Picasso ein Jahr später 123 kraftvolle Lithografien für den Text „Le Chant des morts" von Pierre Reverdy an. Sehe ich diese Bilder, so scheint es mir nachvollziehbar, dass dieser frische Blick den traditionellen Kunstbegriff auflöst.

1947 wird eine spezielle Edition vom Galeristen Aimé Maeght herausgegeben, die sich erstmals mit dem Thema Surrealismus beschäftigt: „Le Surréalisme en 1947 – Exposition Internationale du Surréalisme". Das Buch befindet sich in einem Schuber, dessen Vorderseite mit einem Readymade von Marcel Duchamp bestückt ist: „Schaumstoff auf schwarzem Samt". Optisch als weibliche Brust gestaltet, ist es mit der Aufforderung versehen: „Bitte berühren."

In New York halten unter anderem Fluxus, Konzeptkunst, Stamp Art und Mail Art Einzug; sie bringen ab den 1960er-Jahren (bis in die späten 1980er-Jahre) die ersten modernen Künstlerbücher in die Welt. Aus einer Protestbewegung generiert, starten auf der Suche nach alternativen Ausdrucksmöglichkeiten diese neuen Kunstformen durch, um auch in Europa Künstler:innen und Publikum zu bewegen. Mit der klassischen Kunstauffassung soll gebrochen werden. Die traditionellen Vorstellungen der bürgerlichen Kunstwerte tragen nicht mehr. Die Kunst findet ab jetzt nicht mehr in erlauchten Zirkeln der Maler-Genies statt, sondern benutzt profane Dinge des Alltags, um die künstlerische Botschaft zu vermitteln.
Mit der Konzeptkunst öffnet sich eine neue Welt, eine Welt, in der die betrachtende Person das Kunstwerk vollendet. Ab jetzt geht es um die Bedeutung, die der/die Rezipient:in dem sichtbaren Objekt zuspricht. Es gibt keine eindeutig festgelegte Zustandsbeschreibung, die das Wesen oder die Funktion eines Materials, eines Gegenstands festlegt.
Welche Wahrnehmungen, welche Assoziationen erzeugen die Objekte? Was braucht es, um einer persönlichen, einzigartigen Idee eine angemessene Anschauung zu geben? Welche Wahrnehmungsverschiebung kann man bei den Rezipierenden auslösen? Ein Künstlerbuch wird somit zur Bühne, auf der sich diese Ideen visualisieren können. Es geht nunmehr um den Gedanken, die Wahl, die Entscheidungen, die ein:e Künstler:in trifft, um das Konzept und die Ideen darzustellen. So konstituiert dies Lawrence Weiner 1968 in seinen „Statements", die richtungsweisend werden für die Entstehung dieser Kunstrichtung.
1968 bittet der Verleger Seth Siegelaub mehrere Konzeptkünstler, je 25 Blätter nach eigenen Ideen zu gestalten. Diese werden auf einem Xerox-Kopierer vervielfältigt und zu einem Buch gebunden. Obwohl später aus Kostengründen weitere Bücher im Offsetdruck hergestellt werden, geht diese Aktion als „Xerox-Buch" in die Geschichte der Künstlerbücher ein.

Ein Beispiel: Robert Barry verteilt eine Million Punkte auf den ihm zur Verfügung stehenden Blättern. Eine kleine schelmische Anmerkung meinerseits: Wer hat die Punkte je gezählt? Ist es vielleicht nur eine kühne Behauptung des Künstlers? Fluxus ist die Kunstrichtung, die einem solch närrischen Gedanken nahesteht. Ein weiteres Beispiel: 1964 entwickelt der Verleger Iliazd mit Max Ernst zusammen ein Buch, welches dem deutschen Astronomen Ernst Wilhelm Tempel gewidmet ist. Das Mappenwerk „65 Maximiliana ou l'exercice illégal de l'astronomie" ist eine Hommage an den Astronomen und besteht aus 30 gefalteten, nur auf den Innenseiten bedruckten Bögen.

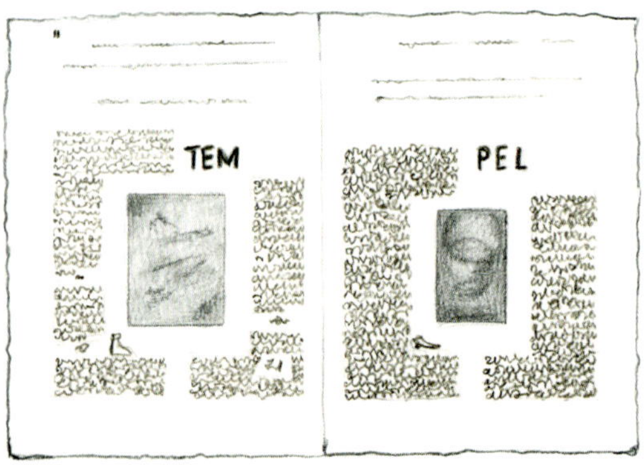

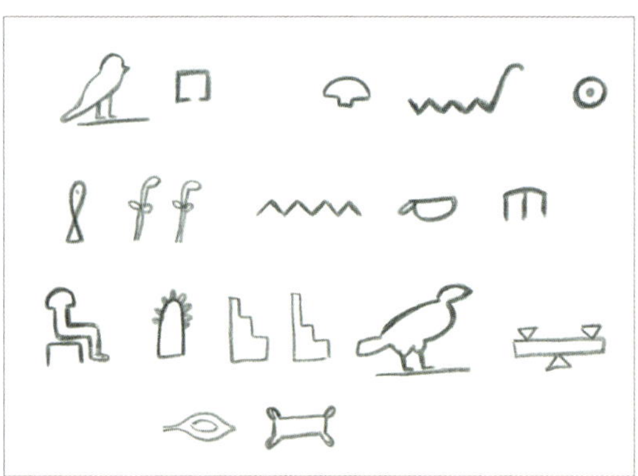

Pseudoschrift von Max Ernst

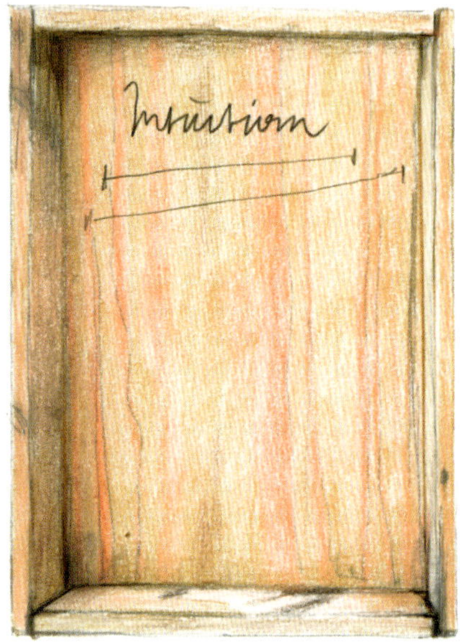

Joseph Beuys, Intuition, 1968

Das Seitenlayout ist von Iliazd gestaltet, während Max Ernst seine Aquatinta-Drucke entwirft. Mit einer geheimnisvollen Pseudoschrift, die in Form imitierter ägyptischer Hieroglyphen gestaltet ist, geben sie dem Werk eine surreale Note.

1968 fertigt Joseph Beuys eine mehrere Tausend Exemplare zählende Auflage einer Schachtel aus Kiefernholz an. Die spartanisch leere Box ist lediglich mit einem handschriftlich geschriebenen Wort versehen: INTUITION. Dazu zwei Bleistiftlinien. Rückseitig datiert und signiert, avancieren diese Objekte in der Fluxus-Welt zum Künstlerbuch. Für Beuys symbolisiert die Kiste den unendlichen Raum der Fantasie und soll im Betrachtenden eigene Denkprozesse anstoßen.
In der Gedankenwelt der Fluxus-Philosophie gewinnt das Spielerische an Bedeutung. Alle Formen von Kästen und Schachteln können Kunst werden. Gefüllt mit allen erdenklichen Materialien, entsteht aus dem Nichts ein multimediales Spektakel. Häufig verbunden mit einer Aufforderung, als Konsument:in selber aktiv zu werden: vielleicht durch Hineingreifen

Dieter Roth, Kinderbuch, 1957

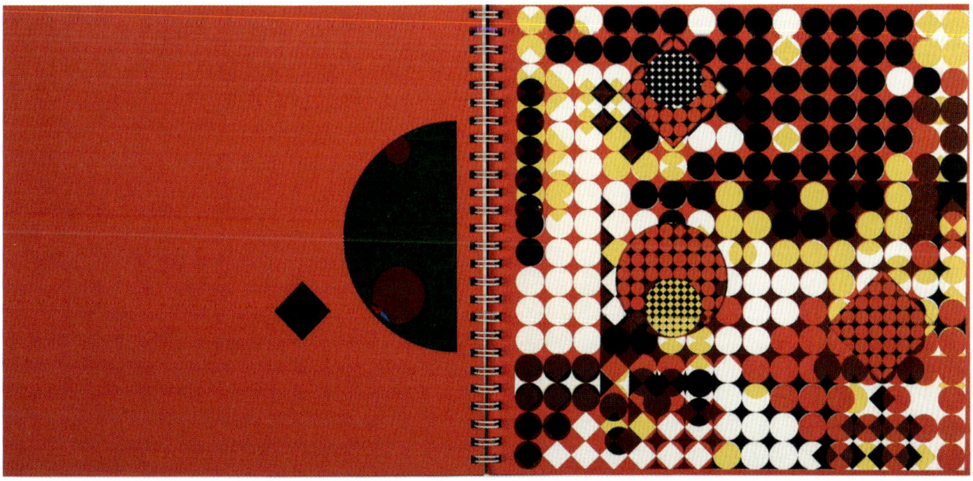

in eine fingerkleine Öffnung oder durch die Vorgabe, einer Gebrauchsanweisung zu folgen. In einem solchen Container werden gleichsam Geschichten erzählt, deren logische Abfolge in aufeinanderfolgenden Kapiteln durcheinandergewirbelt wird. Die einzelnen Objekte werden zu Protagonisten einer Story, die sich im Kopf des/der Künstler:in entspinnt, sich aber in der Fantasie der Betrachter:innen zu einer gänzlich anderen Narration entwickelt.
George Maciunas ist damals der führende Kopf dieser Fluxus-Bewegung, er prägt den Begriff „Fluxkit". In Wiesbaden als Soldat stationiert, gründet er dort die Fluxus-Gruppe. Zahlreiche Avantgarde-Künstler:innen werden Teil dieser Bewegung, zum Beispiel Nam June Paik, Karlheinz Stockhausen und Mary Bauermeister.

Aber was wäre die Welt der Künstlerbücher ohne Dieter Roth! 1957 entwirft er aus einer Laune heraus ein Kinderbuch für einen Freund. Dies wird für Roth der Einstand in eine unglaubliche Welt des Künstlerbuchs. Sein Buch hat keine Worte, es besteht ausschließlich aus geometrischen Formen in kräftigen Farben. Ausstanzungen erlauben Durchblicke zur folgenden Seite. Die Spiralbindung ist schlicht.

Es folgt ein zweites Kinderbuch in einem einfachen Ordner. Nun sind es farbige abgeheftete Folien, die ebenfalls ohne Worte auskommen. Die Freiheit, die Reihenfolge der Folien zu ändern, ist durch den Heftordner gegeben.
Dieter Roth wird der Vorreiter und Mitbegründer der Gattung Künstlerbuch und er verfolgt sie obsessiv. Das Büchermachen gehört unabdingbar zu seiner Kunst-Äußerung und durchzieht sein Leben: Wörter, Wortspiele, Schrift als „Stupidogramm" betitelt, bestehend aus Kommazeichen in grafisch minimalistischer Anordnung. Auch der provokante Titel seiner Gedichtbände mit der Veränderung seines Namens, „Scheisse, Neue Gedichte von Diter Rot", nimmt mögliche Kritik der Leser:innen auf ironische Weise vorweg.
Die Literaturwurst von Dieter Roth ist ein weiteres Beispiel für fantasievolle Einfälle. Es handelt sich dabei um ein Rezept zum Wurstmachen, ein Werk klassischer Literatur, das geschreddert, gemixt und in einen Wurstdarm gefüllt und mit dem ausgeschnittenen Buchtitel als Etikett versehen wird. Fertig ist die „Literaturwurst"! Kunst kann so einfach sein, wenn ein genialer Geist dahintersteht.

Vom Buch zum Künstlerbuch

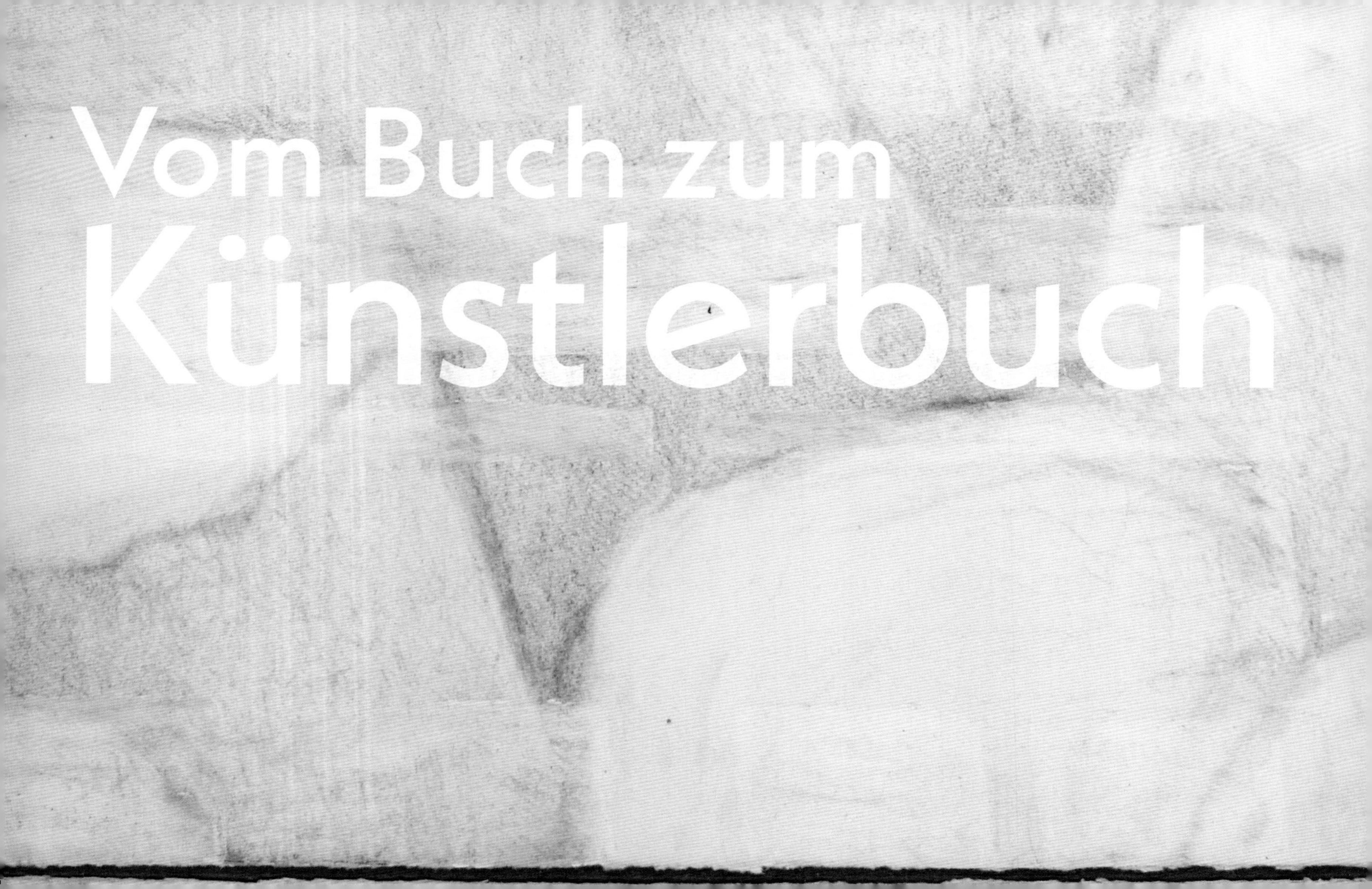

Buchphilosophie: Die Möglichkeiten der Intervention

Die Zutaten für ein Künstlerbuch bestehen aus Formen, Farben, einer Vielfalt von Materialien, der Einbandgestaltung und der Bindung. Eine dreidimensionale Kunstform kann sich hier entfalten.

Das Buch begegnet uns als plastischer Körper, der auf verschiedene Weisen in seinem Erscheinungsbild verändert werden kann. Einige gängige künstlerische Methoden, wie ein Buch zum Künstlerbuch transformiert werden kann, beschreibe ich hier – systematisch sortiert und ohne Anspruch auf Vollständigkeit.

Ein Buch ist ein „Container", der praktisch jeder künstlerischen Intention offensteht. Es ist erschwinglich und taugt als Grenzgänger zwischen den Kunstgattungen. Den Buchkörper können wir erfassen, sprich anfassen und beim Blättern verformen. Ein Buch ist dynamisch und flexibel, kann seitenweise aufgeblättert werden, was eine zeitliche Abfolge beinhaltet. Aufgefaltete Buchseiten können über die ursprüngliche Buchgröße hinauswachsen und den Raum, beispielsweise bei einem Leporello, erobern. Als Daumenkino, wenn Bild oder Text sequenziert rasch vor dem Auge ablaufen, erhält das Buch sogar eine filmische Qualität. Allerdings können bei einem Künstlerbuch alle typischen Buch-Funktionen gänzlich verwehrt werden, wenn das Medium diese beispielsweise durch Verschnürung oder Verklebungen nicht zulässt. Davon unberührt bleibt aber die haptische, taktile Qualität erhalten, auch wenn sich der Buchkörper zum Objekt gewandelt hat.

Mit seinem typischen Aufbau bietet uns das Buch mehrere Seiten bzw. Flächen an, die wir mit künstlerisch besten Absichten modifizieren können: Von harmlosen spielerischen Veränderungen am Buchkörper bis hin zu „harmvollen" oder gänzlich absurden Eingriffen lassen sich hier traumhafte Potenziale entdecken. Es gibt so viele Beispiele mit vielen genialen Ideen, weshalb ich Sie wieder einmal zur weiteren Recherche ermuntern möchte.

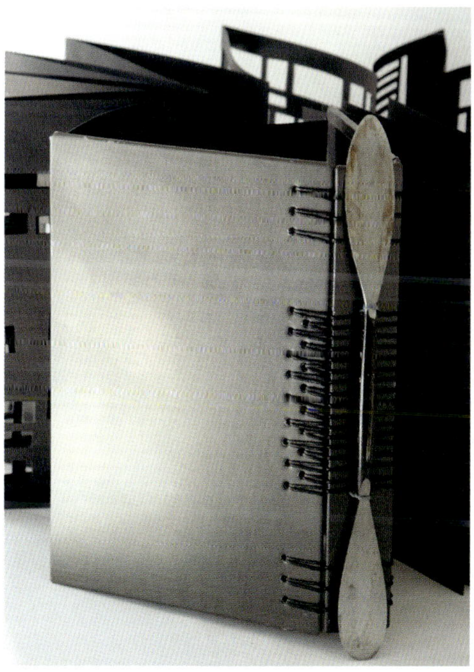

BUCHKÖRPER: Die Veränderung vom Volumen her denken

Eine Methode, dem Buch auf den Leib zu rücken, versteckt sich hinter der Gattungsbezeichnung „Altered Books" (von englisch *to alter*: verändern, verwandeln). Dies meint, ein bereits vorhandenes Buch, alt oder neu, wird der eigenen künstlerischen Idee unterworfen.

Das Buch kann als Malgrund genutzt werden. Bereits vorhandene Bilder können surrealistisch verwandelt, als Collagematerial zerschnitten und neu zusammengestellt sein oder schlicht übermalt werden. Auch ein vorhandenes Buch in seine Bestandteile zu zerlegen, ist legitim – so können Sie die einzelnen Komponenten für Ihre künstlerischen Zwecke recyceln.

Transformation findet auf verschiedene Weisen statt, durch Hinzufügen, Herauslösen, Seiten zusammenkleben oder falten, einrollen, verbrennen, mit Kristallen versehen wie bei Alexis Arnold oder gänzlich der Natur Überlassen wie bei Ellen Sheffield. Sie zeigt Variationen dieses Themas, spielt die Klaviatur der Möglichkeiten genial aus.
Eine andere Möglichkeit ist, den Buchkörper in seiner Funktion komplett einzuschränken. Hermann Gruber setzt diese Methode mittels Kordel und Siegelwachs (1980) um. Das sprichwörtliche „Buch mit sieben Siegeln" wird anschaulich visualisiert und der Inhalt des Buches durch diese Intervention den Nutzer:innen für immer verschlossen bleiben – es sei denn, das Kunstwerk wird zerstört. Die intendierte Nutzung und Funktion eines Buches ad absurdum zu führen, ist der Weg von Timm Ulrichs. Durch die Drehung des Buchstabens H im Wort EHE wird die Institution Ehe interpretiert. Da sein Buch mit zwei Rücken versehen ist, lässt es sich niemals öffnen. Die Betrachtenden bleiben mit ihren Gedanken zum Thema Ehe sich selbst überlassen.

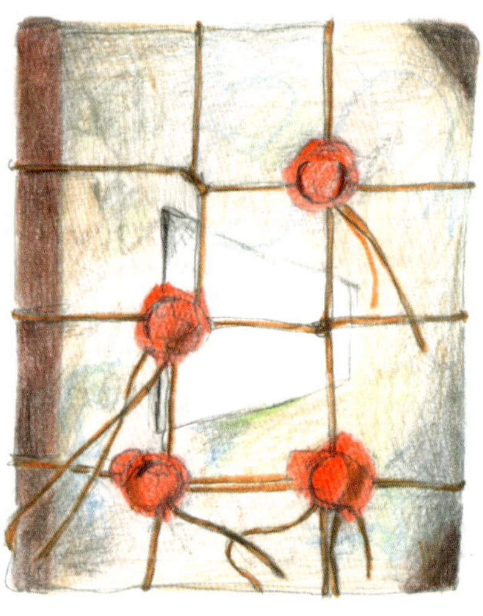

Hermann Gruber,
Buch mit sieben Siegeln, 1980

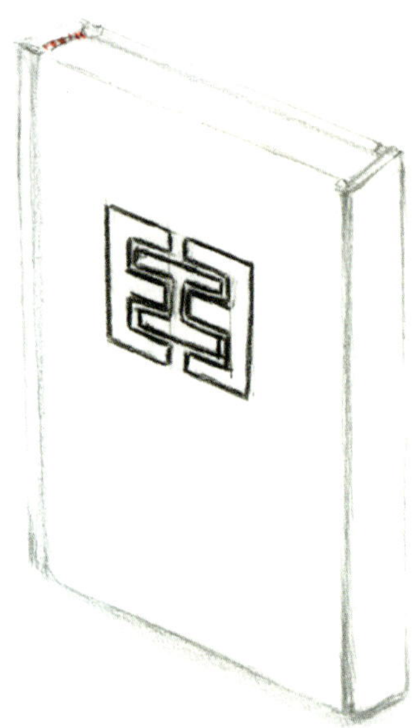

Timm Ulrichs, Buch-(EHE)-Paar, 1967/79

BUCHSCHNITT: Die Veränderung vom Rand her denken

Eine nächste Möglichkeit der Veränderung ist der „Angriff" auf die Buchschnitte.

Sie kennen das sicher von herkömmlichen Büchern: Wenn auf dem Buchblock nah am Seitenrand Farbflächen gedruckt sind, verursacht dies am Buchschnitt eine sichtbare Spur des Druckprozesses. Eine einfache, dennoch interessante Chance zur Gestaltung.

Der Buchschnitt besteht aus drei Seiten eines Buchs, an denen eine Veränderung vorgenommen werden kann, traditionell durch Vergolden, was mit „Goldschnitt" bezeichnet wird. Selbstverständlich können auch andere Farben aufgetragen werden. Die Buchseiten als geometrische Form zu beschneiden, beeinflusst den Buchschnitt in seiner Geradlinigkeit. Das Papier kann an der Kante gerissen sein oder es werden lediglich einzelne Partien abgetrennt. Bewusst eingesetzt, kann eine gerissene, weiche Kante wie bei handgeschöpftem Papier den Charakter und die Intention eines Künstlerbuchs maßgeblich beeinflussen. Ob zerpflückt, verbrannt, angekokelt oder auf andere Weise „malträtiert" – hier sind künstlerische Eingriffe möglich und tragen zur Wirkung bei. In Formen getrimmt, kann der Buchschnitt auch als Welle, im Zickzack oder als Tierkontur geschnitten sein. **Timm Ulrichs** „Geflügelte Worte" ist beispielweise ein Buch, dessen Seiten in der Silhouette einer Vogelform geschnitten sind.

Die Idee, durch ein Register am Seitenrand den Buchschnitt zu verändern, setzt **Jürgen Klauke** um, als er 1975 sein Buch „Postzegels" fertigt. Seinen 14 Originalblättern ordnete er 14 Symbole zu, die sich am seitlichen Register wiederfinden. Die Nutzer:innen können so leicht den Ort der Originalzeichnung finden. Seine Markierungen sind rechtwinklig geschnitten. Ausgestanzte Halbkreise als „Grifforientierung", sind eine weitere Variante.

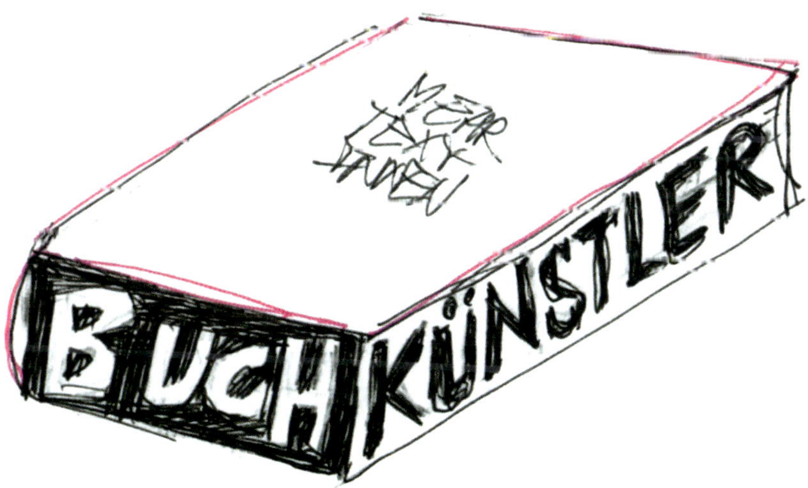

BUCHRÜCKEN: Die Veränderung vom Rücken her denken

Die Bindung eines Buches ist auch hinter oder unter dem Einband erkennbar. Im klassischen Kodex bleiben die dicken Kordeln der Heftung des Buchblocks unter einem Ledereinband sichtbar.

So vermag jede:r, ein altes Buch zu identifizieren. Natürlich kann auch bei einem neuen Werk diese Anmutung bewusst hergestellt werden, wenn es der künstlerischen Idee zugutekommt. Vielleicht ist ein Flohmarkt-Fundstück willens, von Ihnen auseinandergenommen zu werden, um ein solches Innenleben preiszugeben?

akkurat gefertigt oder bewusst „hingerotzt" ausgeführt, entscheidet darüber, in welcher Manier ein künstlerisches Ziel sichtbar wird. Einige Unikate springen mir besonders ins Auge, zum Beispiel von **Sigrid Noack**. Ihr Heft „Nihon no E", mit Bildern aus Japan, wird von einer orangenen Mappe mit Bambusverschluss beschützt. Dieses Heft ist in einer Japanischen Bindung gefertigt. Kalligrafien schmücken den Einband sowie die Mappe. So leitet dieses Beispiel geschmeidig über zu dem umfangreichen Thema Einband.
Ein anderes Beispiel ist **Timm Ulrichs** Werkgruppe „Dem Leser den Rücken zukehrend".

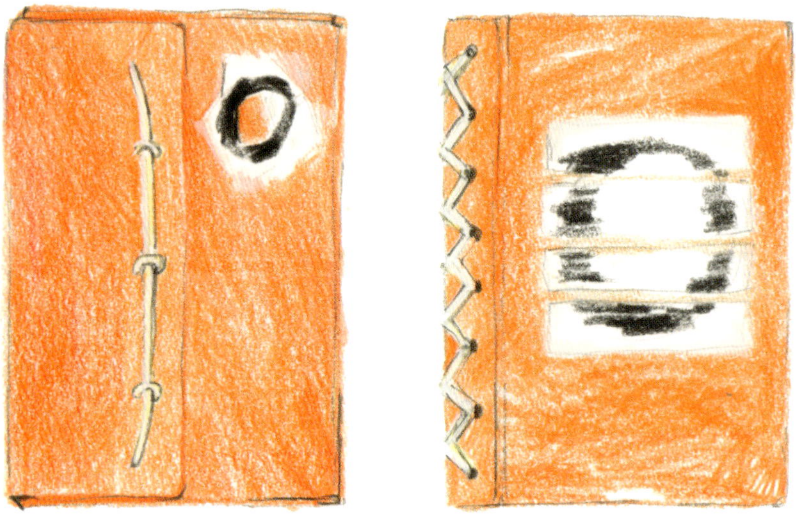

Sigrid Noack, Nihon no E, 1999

Mit einer sichtbaren Bindung können dem Künstlerbuch grafische Elemente hinzugesellt werden, wie bei der Crisscross-Bindung (siehe Seite 70). Auch eine offene Fadenheftung ist eine bewusst zu fällende Entscheidung über die Optik eines Buches. Ob professionell,

Wörtlich genommen und konsequent umgesetzt sind einige Buchattrappen aufeinandergestapelt, wie man sie in Möbelhäusern im Bücherregal findet. Diese Bücher lassen sich nicht lesen, es sind quasi Fake-Bücher, die sich von den Leser:innen abgewendet haben.

EINBAND: Die Veränderung vom Äußeren her denken

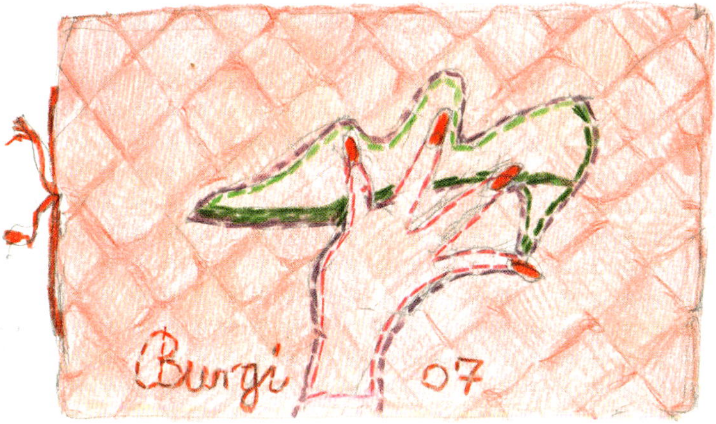

Burgi Kühnemann,
Die zertanzten Schuhe, 2007

Der erste Eindruck zählt. Das Gesamtbild wirkt, lädt ein oder stößt ab – je nach Wahl des Einbandmaterials, des Papiers, der Farbigkeit und der typografischen Gestaltung. Dies alles spricht dann Bände. Emotionen können gezielt forciert werden, je nachdem, ob der Einband aus einem „ekligen" oder einem „edlen" Material gefertigt wird. Mag man es gerne anfassen oder wird es als unangenehm empfunden? Das ist das Spektrum, mit dem die Betrachter:innen durch den Einband beeinflusst werden können.

Tina Flau formte ihr Buch „BalkoNO" mit einem Einband als Papierobjekt, gestaltet wie ein hervorspringender Balkon. Der Einband bezieht sich auf den Inhalt, einen Text von Ulla Lessmann mit dem Titel „Der Riss im Balkon". Die Japanische Bindung hält die 15 Blätter zusammen. Eine Box schützt den empfindlichen Einband.

Weitere mögliche Materialien sind bestickter Filz oder bestickter Stoff. Es scheint, insbesondere aus einer weiblichen Perspektive sind solche Materialien prädestiniert, ein frauenspezifisches Thema in einen ironischen Kontext zu hüllen. Burgi Kühnemann verwendet diese Techniken gerne. Ihre Handschrift, auf Filz oder Stoff gestickt, kennzeichnet die Einbände für ihre Märchen-Neuinterpretationen, zum Beispiel „Die zertanzten Schuhe" (2007). Mit diesem Kunstgriff gestaltet sie mittels Schrift, Collagen und Malerei Künstlerbücher, die aus der Spontaneität und der Leichtigkeit heraus wirken.

Tina Flau,
BalkoNO, 2007

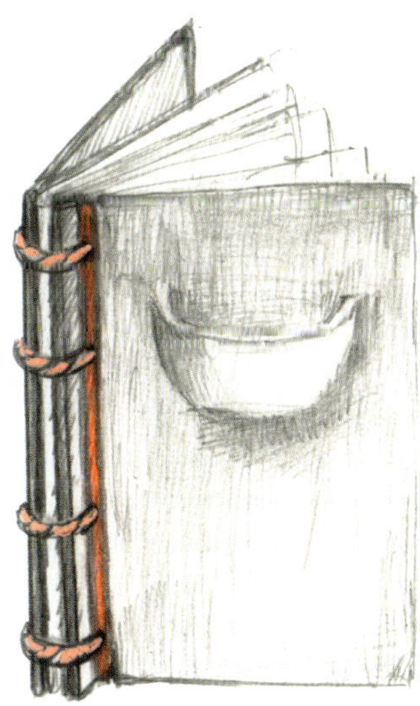

„Der Jäger und die Wilde Frau" von **Carola Willbrand** kommt mit vergleichbarer Anmutung daher. Sie verwendet Loden als Einband, ein passendes Gewand für einen Jäger – und ein Künstlerbuch. Alle Texte sind handgestickt. Im Gesamteindruck wirkt es, in seiner „schnoddrigen" Art mit herabhängenden Fäden, bewusst improvisiert. Mir behagt ein solches Buch besonders, denn es ermuntert, auch ohne Kenntnis von perfekten Buchbindetechniken frisch ans Werk zu gehen und Unikat-Bücher zu gestalten.

Dass eine einfache Schulheft-Bindung, mit simplem Papiereinband plus einem altmodischen Aufkleber zur Kunst werden kann, zeigt **Wilhelm Wiki** mit dem Werk „Bewegung II" (2009). Auf den 20 Seiten befinden sich überwiegend eingeklebte Scherenschnitte, handschriftlich bezeichnet. Wir lernen, es kommt auf den Inhalt an, nicht nur auf Äußerlichkeiten.

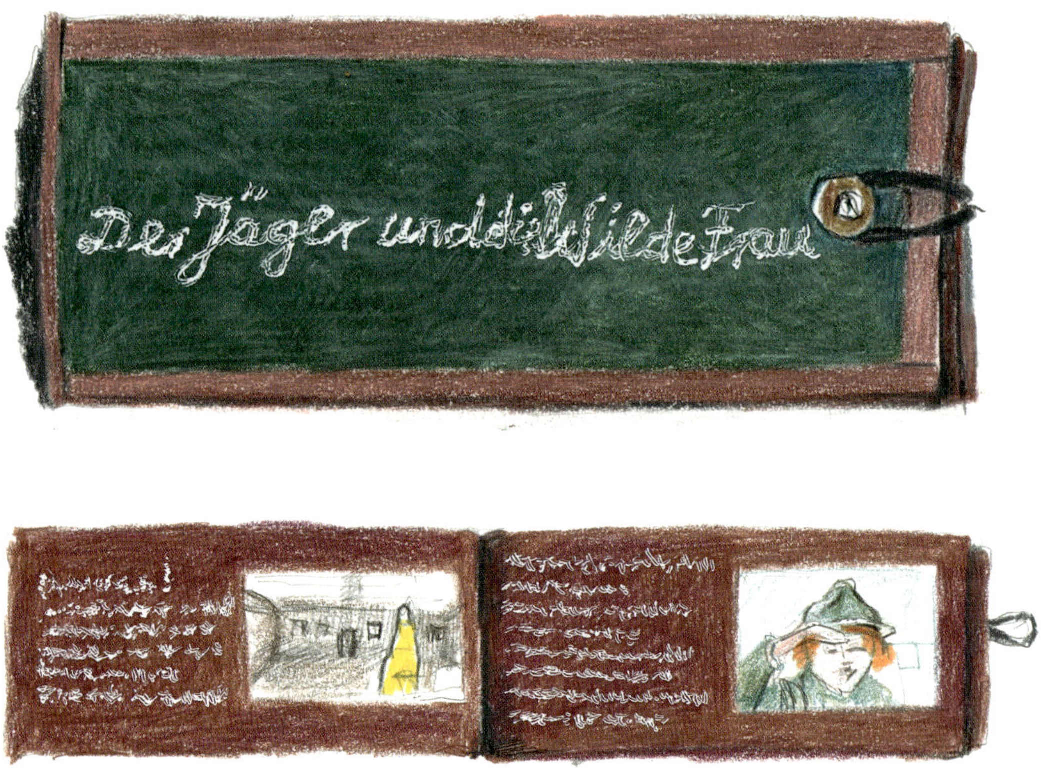

Carola Willbrand, Der Jäger und die Wilde Frau, 2007

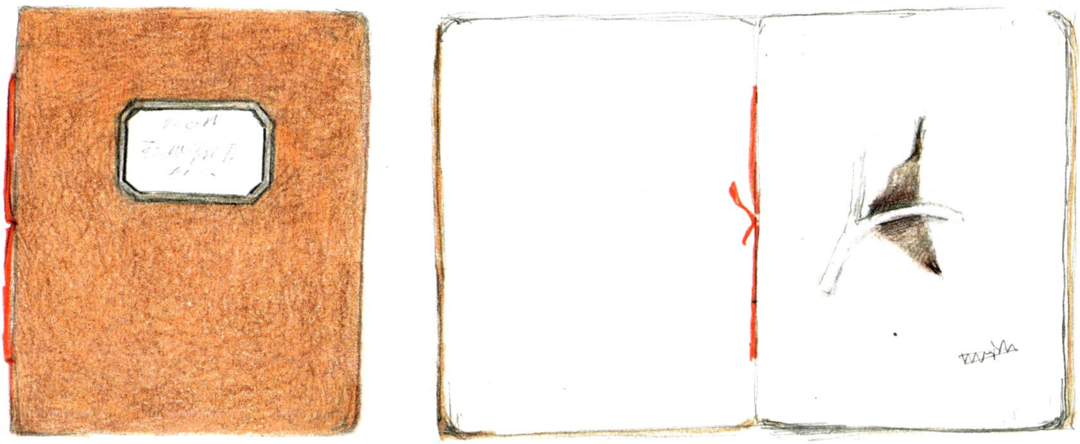

Wilhelm Wiki, Bewegung II, 2009

Klaus Staeck schließlich fasst den Inhalt seines Werkes mit dem Titel „Pornografie" in einer Stahlkassette zusammen, die mit einem Scharnier zu öffnen ist. Ein solch aufwendiger Einband ist sicher von Fachleuten gefertigt.
Ann Hamilton hingegen legt ihr Leporello (1992) in einen schlichten Leinenbeutel, der so zum Bucheinband geadelt wird. Man darf sicher an das Beutelbuch im Mittelalter denken.
Alexander Schleber verwendet zwei Autokennzeichen als Bucheinband für sein autobiografisches Projekt „HE-MAN", bestehend aus einem Buchblock mit 21 Blättern. Mit verschiedensten Autokennzeichen als Bilderfolge ist dies ein „wortloses" Buch. Der vordere Buchdeckel besteht aus dem Autokennzeichen H–E 30, der hintere aus M–AN 30.

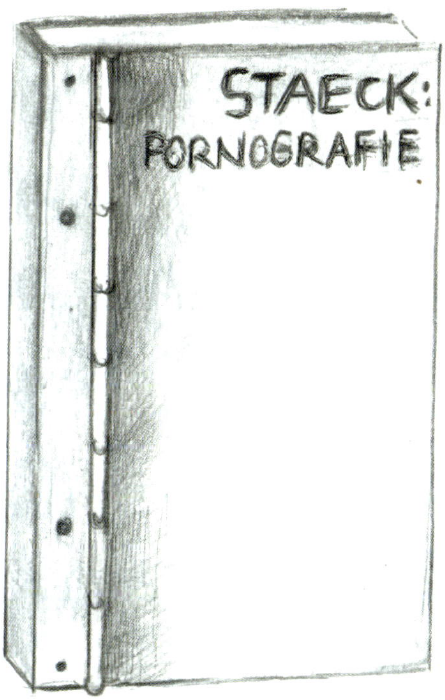

Klaus Staeck, Pornografie, 1971

INNENLEBEN: Die Veränderung vom Text her denken

Dass in einem Buch als Wissensspeicher sehr viel Text zu erwarten ist, scheint selbstverständlich. Die symbiotische Beziehung von Sprache (also Schrift) und Bildern auf Papier erweist sich als Ort der unmöglichen Möglichkeiten, künstlerische Spuren zu hinterlassen.

Klassisch ist die Buchgestaltung mit einem ausgefeilten Layout. Zur Inspiration dienen literarische Texte, die mit eigenen Bildwerken interpretiert werden. Diese Kleinauflagen haben eine lange Tradition und deren Ende als fantasievolle Buchgestaltung ist nicht abzusehen.
Die Buchstaben als sinnstiftender Text werden zum Vermittler einer Botschaft. Aber sind Lesbarkeit und Sinn überhaupt erwünscht? Werden Buchstaben noch als Text wahrgenommen, wenn nur schmale, farbige Zeilen ohne einzelne Lettern sichtbar sind? Oder wenn die Schrift dermaßen verdichtet ist, dass Lesbarkeit zerstört wird? Oder wenn die Zeile ganz geschwärzt ist wie bei Topsecret-Dokumenten?
Die Lettern selbst können gestempelt sein oder auf einer Schreibmaschine getippt. Oft sind Texte mittels Letterpress in kleinen Auflagen gedruckt. Die Wahl einer passenden Typografie ist Teil der Kunst.

Handgeschriebene Unikate, wie sie **Hanne Darboven** in ihren 33 Büchern „Schreibzeit" (1975 bis 1999) fertigt, wirken mühsam in geduldiger Konzentration ausgeführt. Schreiben bzw. Abschreiben ist eine Art Aneignung.

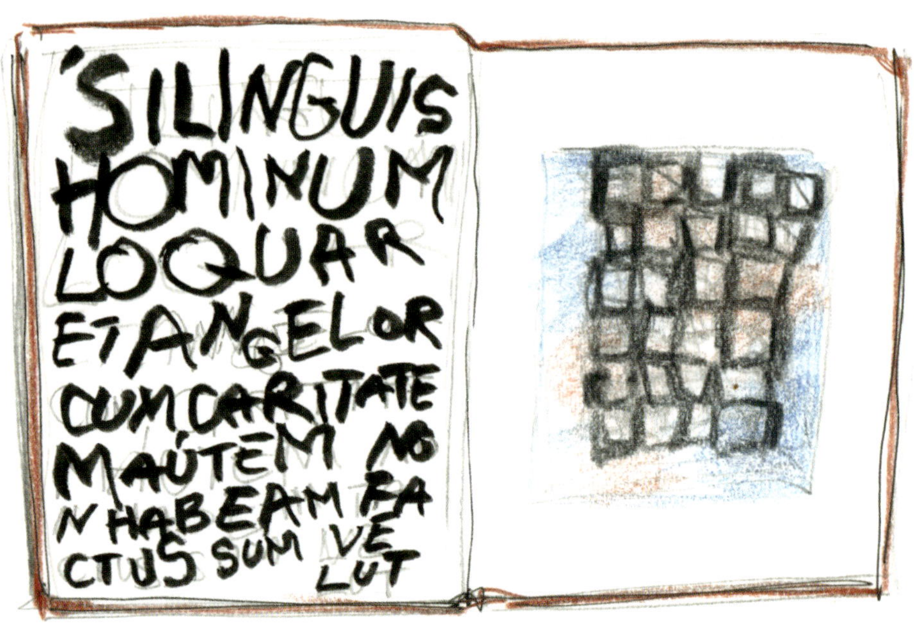

Massimo Danielis, Veränderung, 24 Blatt mit 12 Radierungen, 2004

Der handgeschriebene Textinhalt wird in der Langsamkeit des Schreibens erfasst, verinnerlicht, mit intensivierter Wahrnehmung aufgenommen und steht somit im Gegensatz zum flüchtigen Lesen. Durch ihre Wahl eines transparenten Papiers entsteht auf der umgeblätterten Seite, also links, eine Art Geisterschrift, die spiegelverkehrt die Handschrift durchscheinen lässt. Die Einzelblätter sind in 33 Klemmmappen gefasst und in einer Holzkiste aufbewahrt.
Einer schönen Schreibschrift konträr hingegen ist die Handschrift, wie Massimo Danielis sie einsetzt. Sie wirkt improvisiert, hingeschloddert. Mit dem Titel „Veränderung" erklärt sich diese Herangehensweise, die bewegte Schrift wird schon als Teil der Veränderung erfasst.

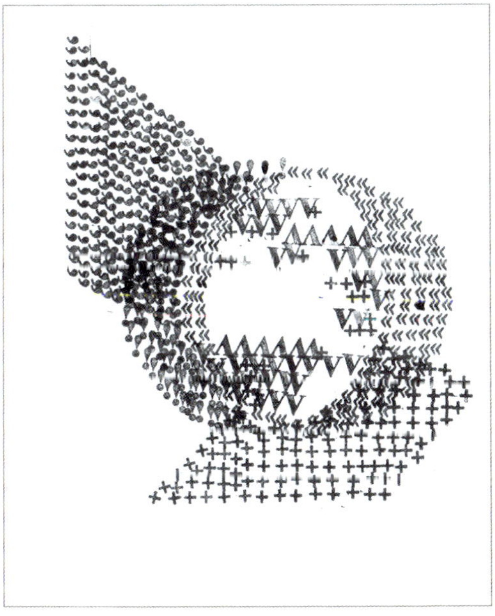

Jiří Kolář, hinauf und hinunter, 1969

Buchstaben oder Textzeilen können auch zum Bild (Figurengedicht) werden wie in der konkreten Poesie bei Jiří Kolář. In Schreibmaschinen-Lettern verfasst sind Buchstaben das Gestaltungsmittel, die sich durch eine Überlagerung zur Grafik verdichten. Einige Bildteile sind dunkler, andere heller. Mittels partieller Ausstanzungen werden Durchblicke zum folgenden Blatt ermöglicht, wodurch das grafische Verwirrspiel noch gesteigert wird. Der Künstler betitelt seine 13 Blätter umfassende Mappe „hinauf und hinunter tiefengedicht".

Schrift kann aus einem Buch komplett herausgeschnitten werden, was konsequenterweise eine partielle Zerstörung des Buches bedeutet. Corinna Krebber zum Beispiel schneidet den Text Zeile für Zeile in schmalen Partien vollständig aus und nennt diese Werkgruppe „lichten/tagebuch" (2009 bis 2015). Die Methode – ausschneiden – wählt auch Gerhild Ebel, wobei der Titel „Cut" und die Technik identisch sind (1999).
Mit dem literarischen Werk „Der Prozess" von Franz Kafka setzt sich Hans Peter Willberg auseinander. In seinem per Hand abgeschriebenen Text des Romans überlagert er immer wieder die Zeilen, bis durch ein Zusammenrücken der Buchstaben die Lesbarkeit ausgelöscht ist. So erhält Schrift eine emotionale Komponente. Durch die zunehmende Verdichtung bis hin zum Unlesbaren visualisiert das Schriftbild die innere Entwicklung des Protagonisten und bringt eine zunehmende Verdunklung des mysteriösen Geschehens zum Ausdruck.

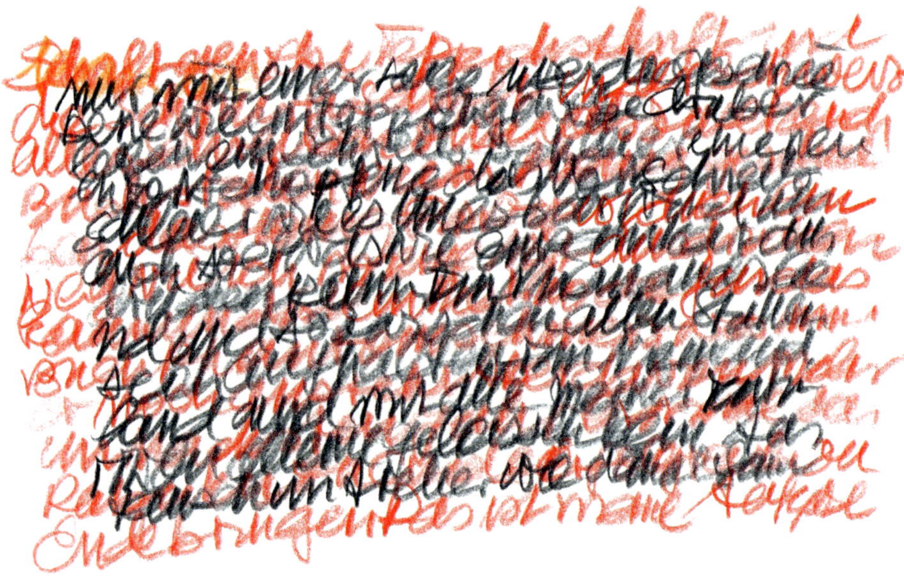

Charles Bernstein, Veil, 1987

Charles Bernstein nennt seine Schriftüberlagerungen passend „Veil", also Schleier (1987). Zwischen den Buchstaben, teilweise zwei- und dreifach überlagert, entstehen gleichwohl kleine Lücken, die aus der Schrift ein minimalistisches Bild entstehen lassen. Absichtsvoll ist dieses Vorgehen, um den Text von seinem Inhalt zu entkoppeln. Die Schrift entwickelt sich hin zur reinen Form, zum Duktus der Schrift als Bild.

Vorausgegangen ist Dom Sylvester Houédard, als er die ersten, experimentellen Bilder zur konkreten Poesie schuf. Für sein Origami-Buch benutzt er die kürzeste Gedichtform der Welt, ein bekanntes Haiku von Matsuo Bashō in der Übersetzung von James Kirkup, welches nunmehr noch einmal radikal auf drei Wörter verkürzt ist: frog pond plop. Auf dem Origami-Buch in Form einer „Himmel und Hölle"-Faltung sind nur noch die einzelnen Buchstaben der drei Wörter zu lesen.

Falten und Entfalten als Erforschung der Papierstruktur in Verbindung mit visueller Poesie ist auch das Thema der Künstler John Furnival, Ian Hamilton Finlay und etlicher anderer, deren Werke als „Paper-Poem-Objects" in den 1960er-Jahren publiziert wurden. Entfällt womöglich noch ein sinnstiftender Textinhalt, werden Schwünge, Kringel und Arabesken als reine Imitation von Schrift benutzt. Gleichwohl bleibt die grafische Wirkung erhalten und kann entsprechend im Künstlerbuch als kalligrafisches Bild genutzt werden (siehe „Brief Marks" Seite 43). „Satzspiegel" ist der Begriff, der die Nutzfläche auf einer Seite bezeichnet. Dieses

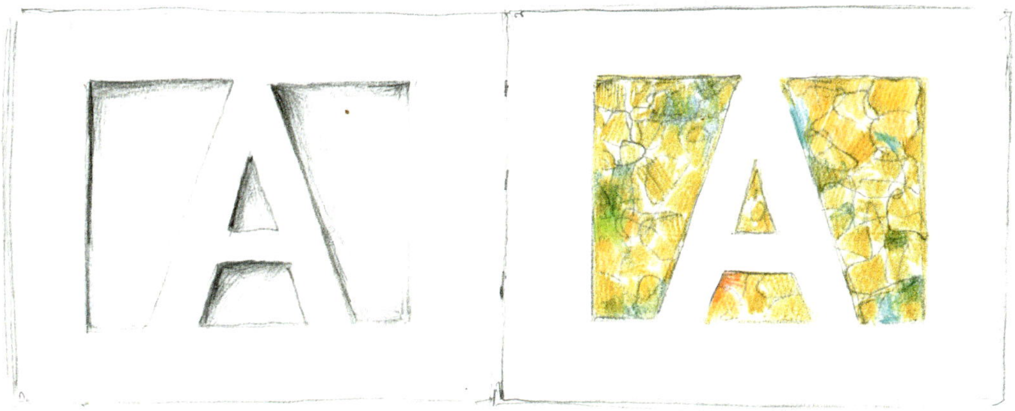

Christine Litke, Durch das Alphabet, 2001

Wort wörtlich zu nehmen, ist der Weg, wenn das Medium sich selbst reflektiert: Ineinander, übereinander, untereinander lesen die Betrachtenden dieses einzige Wort – „Satzspiegel". Zwei Bücher sind von Stefan Steiner auf diese Weise gestempelt worden. Ein weiteres, sehr schmales Buch von Stefan Steiner ist absolut minimalisch gehalten. Neben der Paginierung ist „kürzlich" das einzige Wort auf einer Seite.

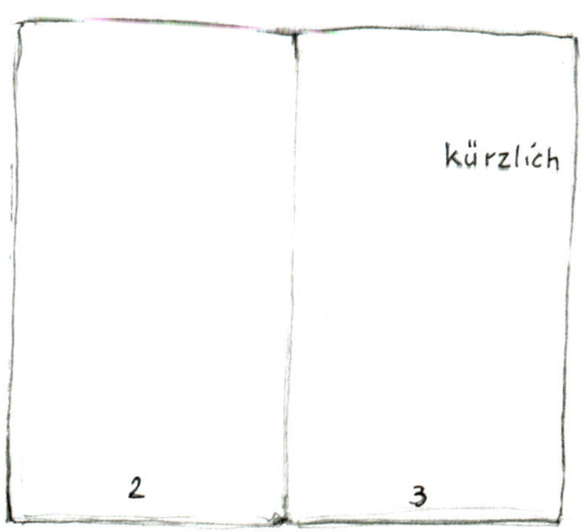

Stefan Steiner, Ein Buch, ein schmales, 2002

Die gesteigerte Wahrnehmung ist diesem Wort sicher!
Dem Alphabet erweist Christine Litke die Ehre. Jeder Buchstabe erhält eine andere Behandlung, mancher ist ausgeschnitten und mit einer Collage hinterlegt, andere Buchstaben sind fantasievoll mit weiteren künstlerischen Techniken in Szene gesetzt. „Durch das Alphabet" besteht aus 54 Seiten mit einem puristischen Einband aus Graupappe und schwarzem Rücken.
Ronald King lässt sein Künstlerbuch „Alphabeta Concertina" (1983) mit der Technik des Pop-ups entstehen. An den Talfalten des Leporellos stehen die Buchstaben dreidimensional hervor.

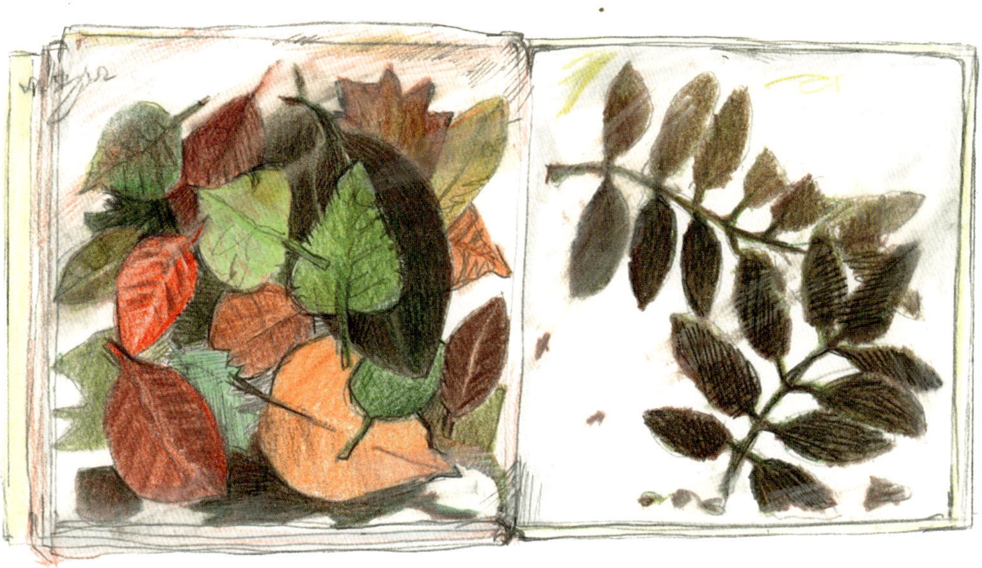

Timm Ulrichs, Lose Blätter, 1969

Die Grenze zur Installation überschreitet Christina Huch. Briefe, als Scherenschnitt frei schwebend in den Raum gehängt, weiten den Fokus vom Buchwerk hin zu angrenzenden Genres.

Timm Ulrichs benutzt bei seinem Buch-Objekt aus Plastiktüten zwei Buchschrauben, die den festen Einband zusammenhalten. Die Tätigkeit des Blätterns wird hier wörtlich

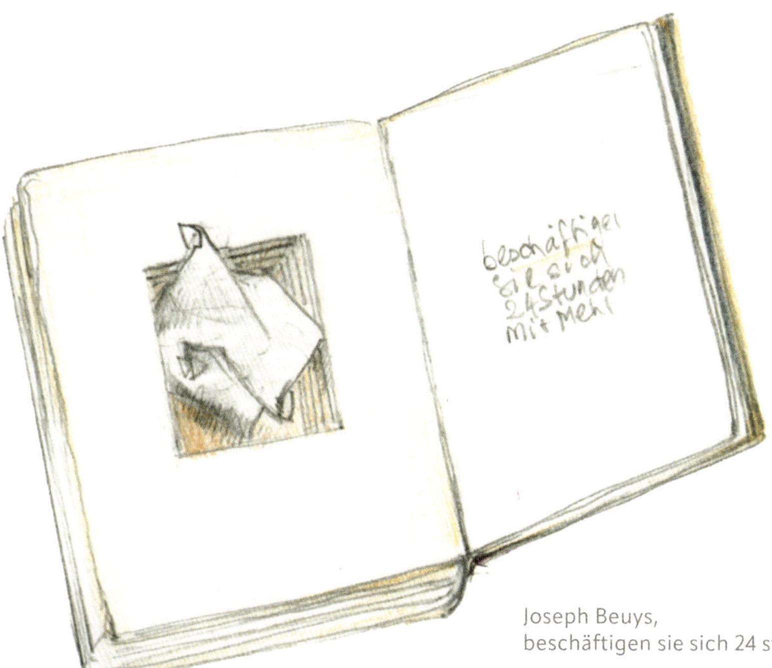

Joseph Beuys,
beschäftigen sie sich 24 stunden mit mehl, 1965

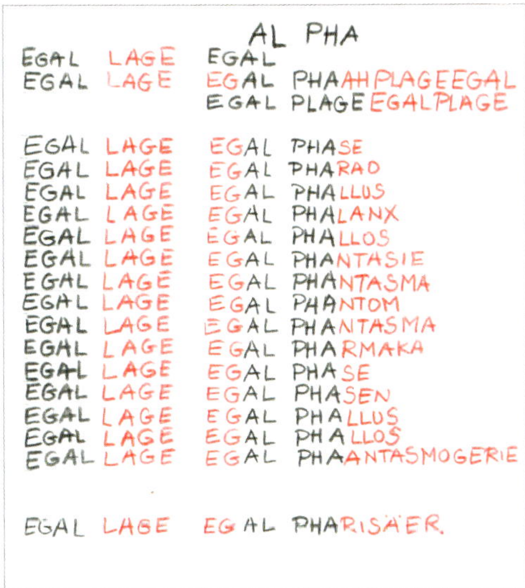

Reinhold Köhler, Alpha, 1989

genommen, denn die Tüten, die die Seiten darstellen, sind mit getrockneten Blättern verschiedener Pflanzen gefüllt. Ein textloses Buch also, welches sich der exakten Zuordnung verweigert, kann es doch vom Einband, vom Innenleben oder von der Materialwahl her gedacht werden.
Ähnlich einem Buch in einem Spionagefilm kann auch ein Teil des Textblocks ausgeschnitten sein, um in der gefertigten Öffnung einen Gegenstand zu platzieren. Joseph Beuys entschied sich, ein zerknülltes Papier in einen solchen Hohlraum zu legen. Auf der letzten Buchseite liest man die Aufforderung: „beschäftigen sie sich 24 stunden mit mehl." Ist hier die Grenze zum Buchobjekt überschritten? Oder ähnelt es immer noch in ausreichendem Maße dem Buch?

Wie man Schrift zum puren Vergnügen als Sprachspiel nutzen kann, zeigt das Heft von Reinhold Köhler aus seiner Werkgruppe „Alpha".
Und wie Sprache auch ironisch funktioniert, zeigen die folgenden Textbeispiele. Aus reiner Freude am sinnfreien Tun können solche Statements der Künstler:innen zur Stempelvorlage werden, wenn sie für den privaten Gebrauch verwendet werden (eine darüber hinausgehende Nutzung erlaubt das Copyright nicht). Interessanter Aspekt: Auch intelligente Computer, also KI-gesteuerte Systeme, können Ironie nicht verstehen. Es bleibt (vorerst) uns Menschen vorbehalten, solche Feinheiten der Sprache zu genießen wie auf dem Einband von A. R. Penck (1976):

A.R. Penck
Ich bin ein Buch
Kaufe mich
jetzt

Im Anhang des Werks von Gilbert & George findet sich auf der letzten Buchseite der Hinweis an die Leser:innen: „To the reader of *Side by Side* from the sculptors (…) The reader should not expect to understand the volume."

Laas Abendroth betitelt sein Buch, in welchem sich ausschließlich Bilder befinden, mit „Bitte belästigen Sie mich nicht mit Inhalt." Und zum Nachdenken regt Johan Deckmann an, wenn er auf den Umschlägen seiner geschlossenen Bücher schreibt: „Things I should tell my loved ones before we die" oder „Things that should last forever".

INNENLEBEN: Die Veränderung vom Material her denken

Papier ist sicher der meistgenutzte Werkstoff in der Buchgestaltung. Lumpensammler war in früheren Zeiten ein ehrbarer Beruf. Aus gesammelten Stoffresten und zerschlissenen Kleidungsstücken wurde in der Papiermühle das sogenannte Hadernpapier geschöpft. Denken wir über das Material nach und erforschen die Möglichkeiten und Grenzen, führt uns das zu einem tieferen Verständnis für das Potenzial eines Künstlerbuchs.

Das Medium Papier in den Fokus des Künstlerbuchs zu stellen, gelingt dem Land-Art-Künstler Richard Long. Im Sinne einer Dokumentation schöpft er Papiere aus dem Schlamm verschiedener Flussläufe. Eine subtile erdige Farbigkeit zeichnet sein Werk „Nile" aus. Lediglich ein rot gedrucktes Wort auf dem Blatt zeugt von der Herkunft und dem Prozess. Ein Buch besteht aus zwölf Doppelbögen und ist in einem Schuber aufbewahrt.

Während des Papierschöpfens per Hand kann auch Farbe in die Pulpe gegeben werden, oder es werden Veränderungen mittels Wasser – getropft, gesprenkelt, geschüttet – erreicht. Gotthard Graubner, bekannt durch seine „Kissenbilder", setzt sich in seinem Sickerbuch „Hommage à Ungaretti" mit dem Verhalten von Farbe auseinander und erforscht, wie die Farbe durch verschiedene Lagen von Vliespapier durch den gesamten Buchblock hindurchsickert.

Aus einer ziemlich rabiaten Zerstörung entsteht bei Oskar Holweck etwas Neues: das Buchobjekt. Es sind unbedruckte Buchseiten, die als Material wirken und durch ihre Auffaltung, Wölbung und das Heraustreten aus dem Buchkörper auf die Fähigkeit des Buches verweisen, sich auch zur Skulptur zu verwandeln. So macht die Spur der „Verwundung", der „Gewalttat" gleichzeitig die Stofflichkeit des Materials sichtbar.

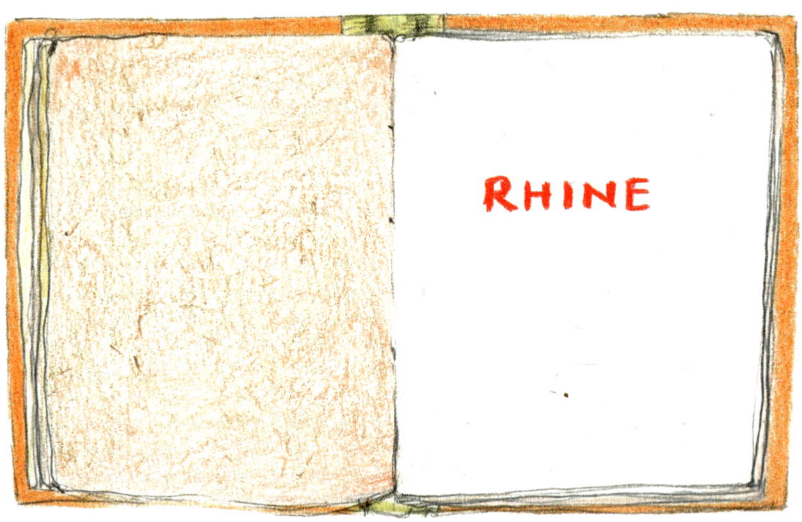

Richard Long, Nile - Papers of River Muds, 1990

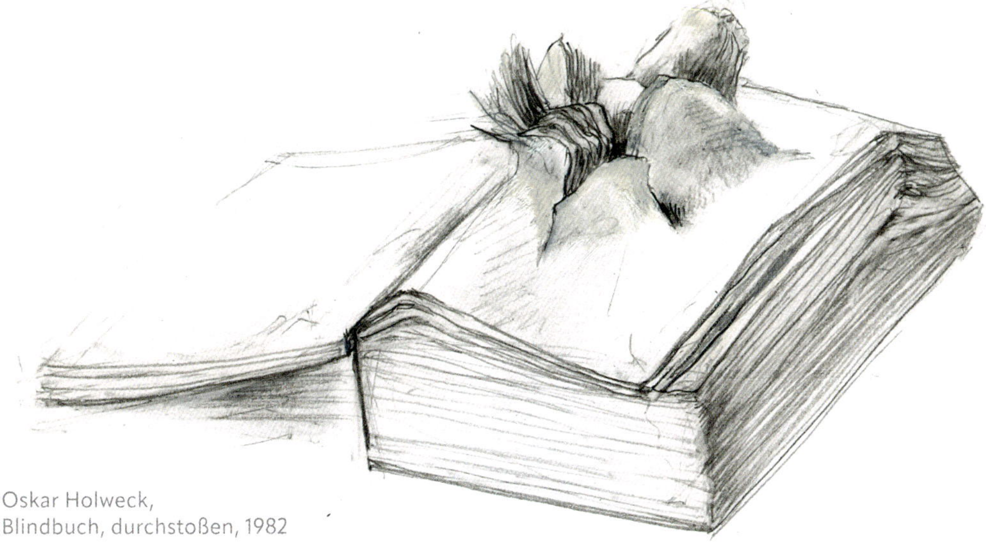

Oskar Holweck,
Blindbuch, durchstoßen, 1982

Der zerstörte, mit einer Axt zerschlagene Einband bei **Hubertus Gojowczyk** zeugt vom aggressiven Vorgehen. Der Titel des Buches „Buch mit Axthieben" (1974) ist offensichtlich und bedarf keiner weiteren Erklärung.

Mit **Robbin Ami Silverberg** lernen Sie eine Künstlerin kennen, deren Buch „Rondo" auch zur Kategorie „vom Text her denken" passt. Hier lege ich jedoch das Augenmerk auf den Gebrauch von Transparentpapier. Nicht nur verschleiert ein solches Material den Blick zur folgenden Seite, es macht durch seine milchige, semitransparente Eigenschaft auch neugierig auf ein Davor und Dahinter. Im Buch von **Silverberg** gibt es zudem die akustische Dimension, die im Blättern das Künstlerbuch bereichert. Durch das Video auf ihrer Webseite ist dies „anschaulich" zu hören (siehe Anmerkungen ab Seite 170).
Es erscheint vielleicht banal, wenn ich auf die unterschiedlichen Papier- bzw. Materialqualitäten verweise: Ist ein Papier vergilbt, morsch und mit Gebrauchsspuren versehen? Ist eine Verwendung für das Projekt angemessen oder ist es vielleicht bewusst konträr gewählt? Auch der Einsatz von Collage, Montage oder Décollage sind hier zu erwähnen.

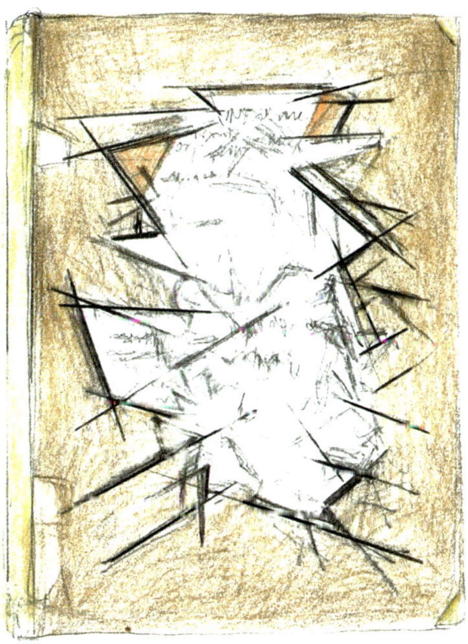

Hubertus Gojowczyk,
Buch mit Axthieben, 1974

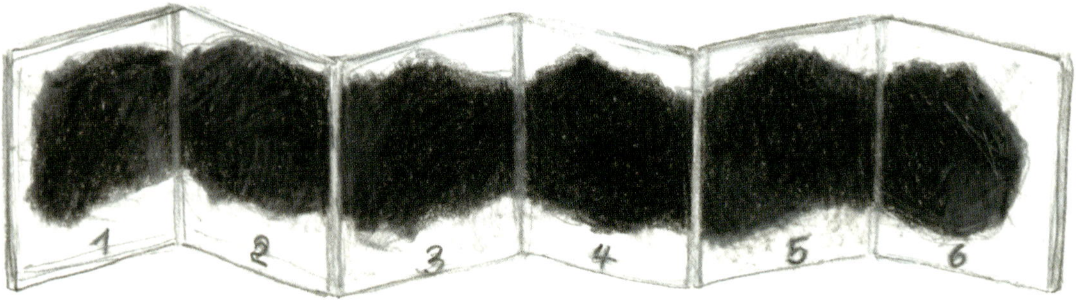

Gottfried Bechtold, 6=1, 1998

Mit der Nutzbarmachung unterschiedlicher Materialien sind Sie in guter Gesellschaft, seit sich in der Kunst die bisher üblichen Bewertungskriterien verschoben haben. Als Marcel Duchamp eine umgedrehte, signierte Kloschüssel dem Publikum präsentierte, brach eine neue Ära an.

Was geht noch alles mit Papier? Ein kleines Brainstorming gefällig? Zerreißen, zerschneiden, falten, verbrennen oder teilweise ankokeln, eine Schicht abreißen (Décollage), mit Papierbohrer oder Ahle durchlöchern, Teile mit dem Cutter herausschneiden, perforieren, ein Schneiderrädchen einsetzen … mit einer Collage versehen, Text hinzufügen, eigene Texte stempeln oder Texte als ausgeschnittene Fragmente hinzufügen, Texte zerstören bzw. auslöschen durch ein Darüberstempeln – zum Beispiel „Blablabla", Handabzüge mittels Letterpress erstellen …

Wenn wir rein von der Farbe her denken, fallen mir folgende Möglichkeiten ein: Gesso, Gouache, Acryl auftragen und hineinkratzen, dabei gegebenenfalls einzelne Partien abdecken und so aussparen, Bildteile in Tusche tauchen oder andere Farben verwenden … Vielleicht mögen Sie Kinder-Abklatschbilder zur Perfektion bringen, wie es Susanne Themlitz in ihrem Buch: „MORE OR LESS SPOTS" getan hat?

Seiten unterschiedlich zu falten und mit Farbe großflächig zu überarbeiten – dazu gibt Axel Heibel wunderbare Inspirationen (siehe „Eselsohren aus Prinzip", Seite 104). Gottfried Bechtold bemalt jede der sechs Seiten seines Leporellos, wie eine kleine Leinwand, in der Farbe Schwarz. Die Farbe wird so zum alleinigen Wirkungs-Merkmal.

VOLUMEN: Die Veränderung vom Raum her denken

Als Raumerweiterung bezeichne ich hier zum einen die physische Veränderung des Buchkörpers, zum anderen eine Erweiterung auf einer gedanklichen Ebene.

In der räumlichen Erweiterung liegt der Ansatz zur Schachtel und zur Mappe, die das Spektrum des Künstlerbuchs bereichern. Auch Koffer, einfache Holzschachteln oder jedwede andere Behälter eignen sich als „Buch-Raum".

Mit einer Buchschraube versehen, bringt Shinkichi Tajiri beispielsweise seine Blätter in die Rotation, was eine Möglichkeit der Buchraum-Entfaltung darstellt.

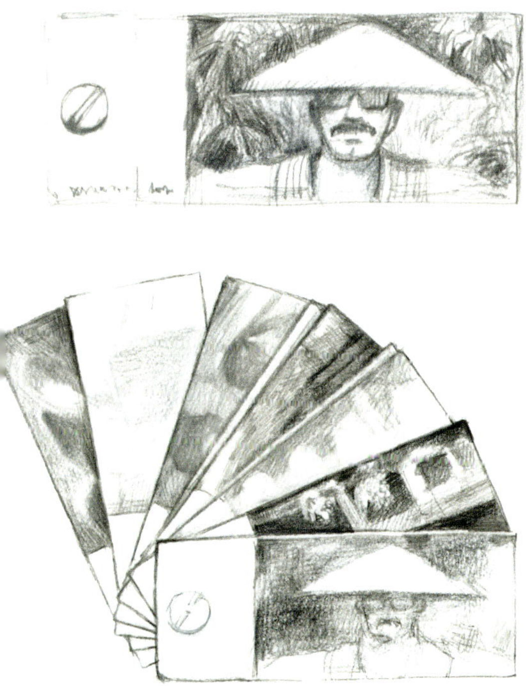

Shinkichi Tajiri, Skulpturer, 1971

Richard Tuttle faltet ein kreisrundes Papier, mit farbigen Motiven bedruckt, welches sich aufgeklappt aus dem Buchraum hinaus in den umgebenden Platz ausdehnt.

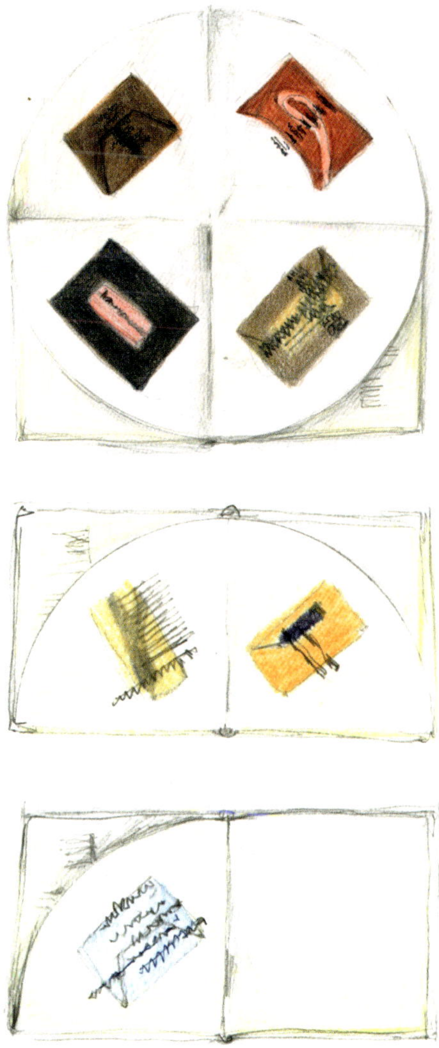

Richard Tuttle, Reading red, 1998

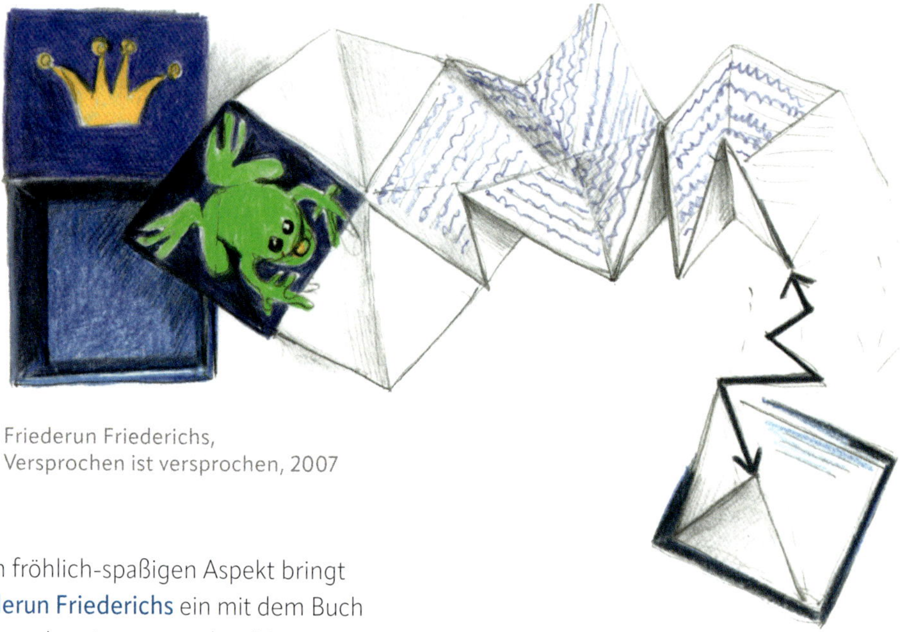

Friederun Friederichs,
Versprochen ist versprochen, 2007

Einen fröhlich-spaßigen Aspekt bringt **Friederun Friederichs** ein mit dem Buch „Versprochen ist versprochen". In einer Box verbirgt sich ein Origami-Buch, auf dem ein alternativer Märchentext geschrieben steht.

Eine Raumerweiterung entsteht selbstverständlich auch durch die verschiedenen Möglichkeiten, Buchseiten zu falten, einzuschlagen oder durch Ankleben zu vergrößern. Denken Sie an **Axel Heibel**, der zudem damit den Buchschnitt verändert.
Auf der Metaebene scheint mir die Gedanken-Raum-Erweiterung von **Mona Yahia** durch ihre besondere Materialwahl – Bierdeckel – zu liegen. In einem Umschlag mit dem Titel: „Nur für Arier" befinden sich sechs Bierdeckel, die jeweils rückseitig mit Abbildungen von KZ-Situationen versehen sind. Die Assoziation „Stammtischparolen" gibt diesem ernsten Thema eine politische Dimension, die (zu Recht) einen bitteren Beigeschmack bekommt.

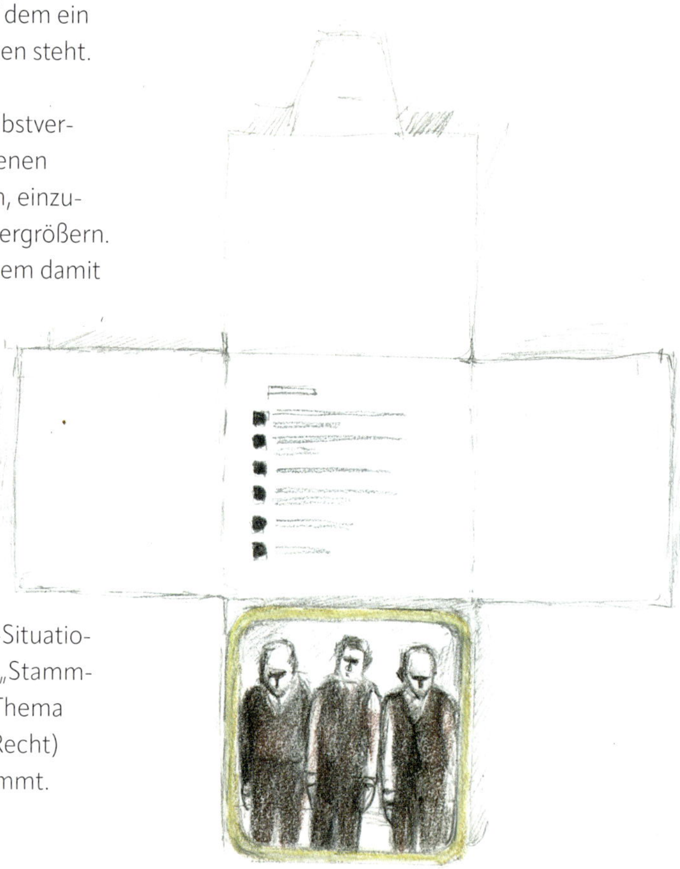

Mona Yahia, Nur für Arier, 1988

GRENZGÄNGER: Die Veränderung vom Konzept her denken

Schachteln, Mappen, Koffer werden als „Container mit Botschaft" in die Rubrik Künstlerbücher integriert.

Marcel Duchamp installiert in einem Koffer eine Art Museum seiner Werke, mit seitlich ausziehbaren Behältern und beweglichen Paneelen: La Boîte-en-valise (1936–1941). Die zündende Idee bleibt nicht isoliert. Andere Künstler:innen lassen sich davon beeinflussen.

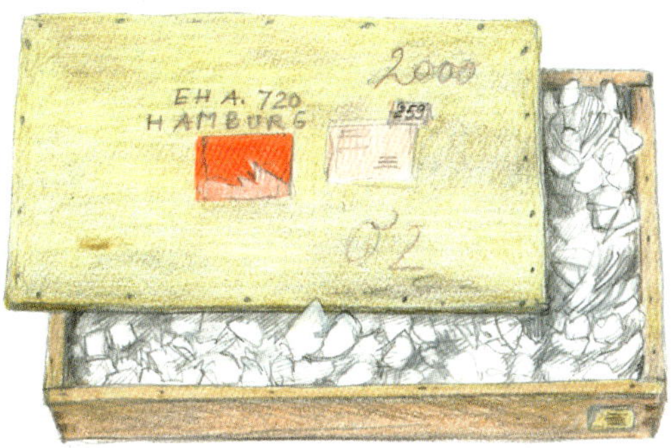

Dietrich Helms,
Holzkiste mit zerrissenen Zeichnungen, 1979

Dietrich Helms füllt eine Holzkiste mit zerrissenen Zeichnungen (1976) – auch eine Methode, sich von unliebsamen Blättern zu trennen und aus der Beschädigung etwas Neues zu erschaffen.

S.M.S. heißt im folgenden Beispiel nicht, eine kurze Nachricht zu senden. Die Abkürzung steht für den englischen Satz „Shit Must Stop." In mehreren Ausgaben und unter Beteiligung unterschiedlicher Künstler:innen wird jeweils eine Mappe mit variablem Inhalt bestückt. Es werden gleichsam Geschichten erzählt, vermittelt durch kleine Objekte, Architekturzeichnungen, gefaltete Blätter und vieles mehr. Die Erzählungen haben ein offenes Ende. Liegt es doch im Erleben und in der Wahrnehmung der Betrachter:innen, sich auf das Angebot an Dingen einen eigenen Reim zu machen.

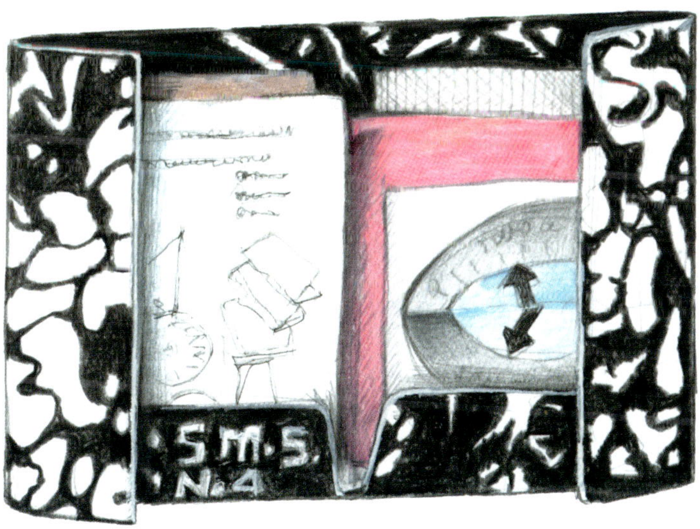

S.M.S. (Shit Must Stop), 1968

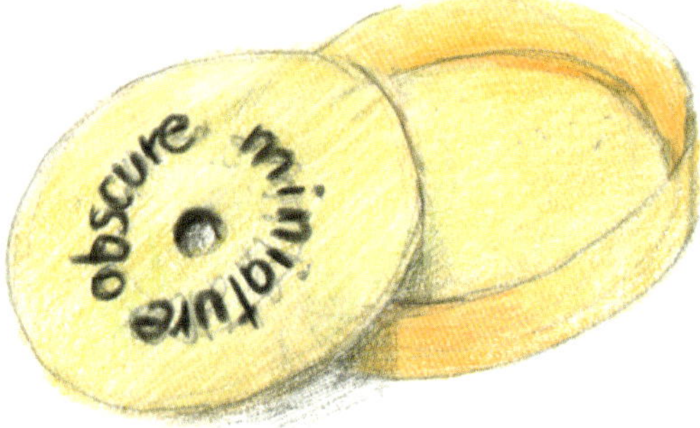

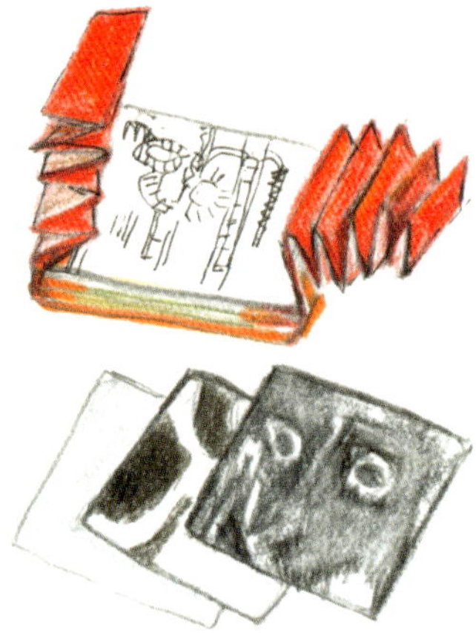

Miniature obscure 2, 1992

Ein weiteres gutes Beispiel für die Kollaboration verschiedener Künstler:innen ist das Objekt „Miniature obscure 2". Ich bin im Zwiespalt, ob es nicht auch zur Einband-Gestaltung zählen könnte. Hier überschneiden sich die Betrachtungsweisen, wenn sich eine recycelte Verpackung mit dem Inhalt, der aus einigen Drucken besteht, zu einem Objekt verbindet. Spannend ist: Die Drucke werden in den Falten eines Leporellos aufbewahrt und können so bequem aus der Box mit Guckloch im Deckel herausgehoben werden. Bei der Initiatorin **Gerhild Ebel** finden Sie weitere obskure Objekte.

Wir lernen: „Klammheimlich" vollzieht sich eine Entwicklung im Bereich Künstlerbuch. Es integrieren sich Multiples und Readymades, das Künstlerbuch verändert sich hin zum Objekthaften. Die Entwicklung neuer Techniken, wie die Fotokopie, ermöglicht zudem eine Buchraum-Erweiterung und eine Vereinfachung in der Vermarktung und hat damit direkten Einfluss auf das Künstlerbuch. So insbesondere die neue Reproduktionstechnik: der Kopierer Xerox. Erfunden in den USA, macht er erst die konzeptuelle Copy Art möglich. So erstellen Künstler:innen auch in Kleinauflagen ihre Publikationen.

Die Mail Art, die auch Correspondence Art genannt wird, erinnert mich an die künstlerische Zusammenarbeit von **Uta Schneider** und **Ulrike Stoltz**, die sich als Duo **„usus"** nennen. Im Beispiel „fax dialog" ist die Technik das Programm. Sie schicken sich Zeichnungen und Texte als Frage und Antwort per Fax zu. Das jeweils bei der anderen ankommende Fax wird überarbeitet (Zeichnung oder Collage) und zurückgefaxt. Die „Originale" fügen sich abschließend als Kopiervorlage (Master-Copy) zu einem langen Streifen zusammen. Das Leporello hat 44 Seiten und eine Gesamtlänge von etwa sieben Metern. Immer sind die beiden Künstlerinnen im Hinblick auf den künstlerischen Ausdruck an den Einflüssen der technischen Produktion interessiert.

Mail Art ist eine Entwicklung, die es vermag, die Kunst vom hehren Sockel herunterzustupsen und einem breiten Publikum zugänglich zu machen. Die kostengünstige Vervielfältigung macht dies möglich. Der Gedanke, sich auch international mit Briefen und Postkarten auszutauschen, etablierte sich in der Buch-Kunst-Welt. **Ray Johnson** gilt als Begründer dieser Initiative. **Chuck Welch, Corita Kent, Robert Morillo** oder **Richard**

Tuttle, um nur einige Namen zu nennen, haben vehement künstlerisch korrespondiert. Ein lehrreiches Video findet sich beim Minnesota Center for Book Arts mit zahlreichen Beispielen und Inspirationen (siehe Anmerkungen ab Seite 170).

Zur Mail Art gehört zwingend eine Briefmarke. Auch dieses Terrain wurde für künstlerische Zwecke erobert. Die Portland Stamp Company engagiert sich bis heute für dieses Thema. Auf ihrer Webseite finden Sie viele Beispiele. Im Bereich „Blank Templates" können Sie sich kostenlos leere Seiten mit den typischen Markierungen für Briefmarken ausdrucken (siehe Anmerkungen ab Seite 170).

Young Voss spielt mit dem Wortwitz in seiner Arbeit „Brief Marks". Im Englischen heißt *brief* leicht, kurz, bündig und *marks* bedeutet Zeichen oder Tupfen. So kreiert er auf der Briefmarkenfläche rasch hingeworfene, kalligrafisch anmutende Kringel und zeichnerische „Kürzel". Sie könnten auch „Mark Making" genannt werden.

Gesa Lange ließ sich für ihr Künstlerbuch „Sammlung Minna Menz" von einem real existierenden Raum inspirieren. Gut dokumentiert präsentiert sich in einem Video dieses erstaunliche Buch auch als akustisches Vergnügen durch den Papierklang beim Blättern.

Die Preisträgerin des Wettbewerbs des Minnesota Center for Book Arts (MCBA) von 2022, Keri Miki-Lani Schroeder, brilliert mit einer elaborierten, perfekt gearbeiteten Schachtel. Der Titel: „If you need anything". Die Ausführung erinnert mich an die Ursprünge bei Marcel Duchamp, wo ein Koffer zum transportablen Museum wird.

Zuletzt kommt die vielleicht skurrilste Idee, ein Multiple zu erschaffen, sie stammt von Piero Manzoni. Sein Konzept widerspricht allen Erwartungen an ein Buch und demontiert die „Heiligenverehrung", die einem berühmten Künstler oder einer berühmten Künstlerin mitunter entgegengebracht wird. Er hält mit seinem Multiple, einer mit Künstlerscheiße gefüllten Büchse, dagegen: „Merda d'artista", sagt das Etikett. Die Ironie dabei: Wer die Büchse öffnet, um den Inhalt zu prüfen, zerstört das Kunstwerk.

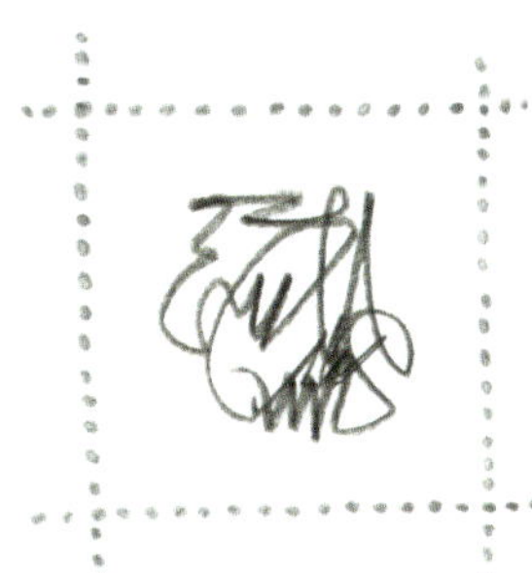

Young Voss, Brief Marks, 1979

GRENZGÄNGER: Das Buch als Objekt denken

Ein Buchobjekt, häufig ein Unikat, nähert sich der Skulptur, wenn Kunstschaffende Bücher transformieren, indem sie den Buchcharakter als klassischen Kodex verschwinden lassen, beispielsweise durch Einschränkungen bei der Lesbarkeit und bei der Beweglichkeit des Buches.

Die Grenze zwischen Buch und Skulptur kann auch aufgrund der gewählten untypischen Materialien oder wegen seiner Größe überschritten werden. In einer neuen Gestaltung wird das Buch zum „Baumaterial", aus dem eine Skulptur oder ein Objekt gefertigt ist. Den so entstandenen Werken liegt immer die künstlerische Bearbeitung eines Buches zugrunde. Mit der Transformation entsteht das eigenständige Kunstwerk, welches eine Veränderung hin zur Skulptur erfahren hat und somit etwas gänzlich Neues darstellt. Dies kann im Ergebnis sowohl ein physisches Objekt sein wie auch eine gedankliche Erinnerung an den ursprünglichen Sinn und Kontext im Zusammenhang mit „Buch".

Peter Wüthrich schafft 2016 diesen Buch-Kaktus: „Cactus Succulentus Literally".

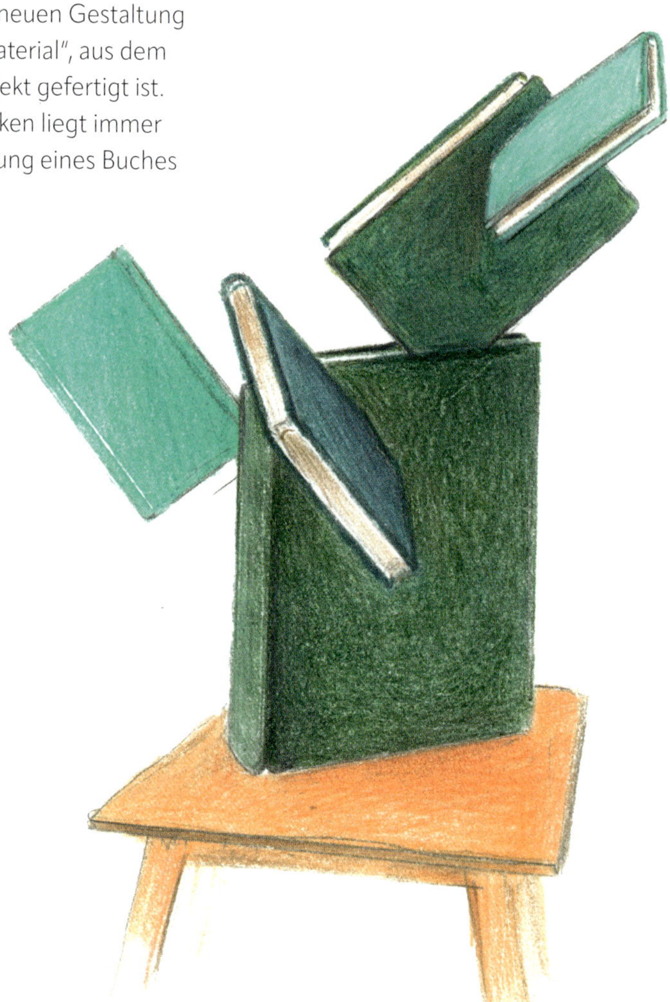

Peter Wüthrich, Cactus Succulentus Literally, 2016

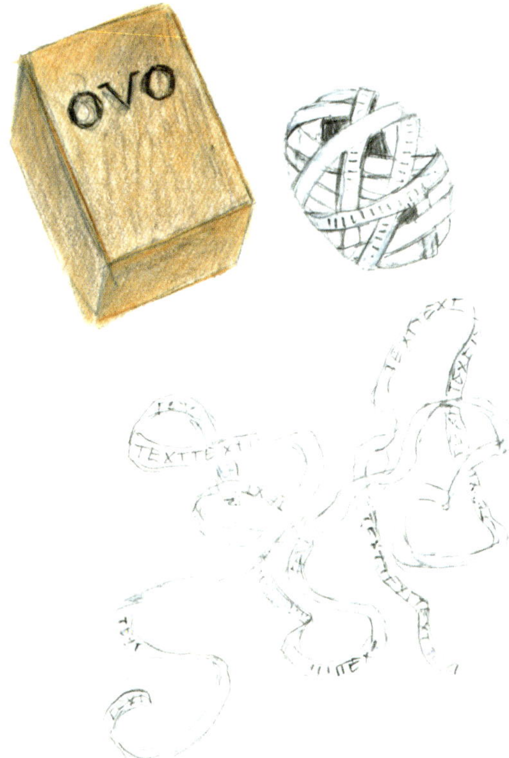

Marianne Nagel, OVO, 2013

Humorvoll interpretiert er Bücher als dreidimensionales Material, welches sich beliebig umdeuten lässt.

Marianne Nagel fertigte eine Eiform aus aufgewickeltem Schriftband, in einer Box liegend. „OVO" (2013) lässt sich nur lesen, wenn die Unversehrtheit des Objekts geopfert wird.

Takako Saito schuf etwas Ähnliches, allerdings schon 1984: das Kugelbuch. Ein zerknülltes, leichtes Papier in Kugelform ist mit zwei Banderolen umwickelt, die kreuzweise übereinanderliegen.

Sind wir nun schlauer als zuvor? Oder bleibt die klare und exakte Definition vom Phänomen Künstlerbuch unbeantwortet? Vielleicht liegt die Lösung bei Ihnen, wenn Sie sich zukünftig mit diesem Thema beschäftigen und dabei zur ursprünglichen Frage zurückkehren: „Was ist das Minimum an Buch, das ein Buch zu einem Buch macht?"

Hier nun endet meine kleine Buchphilosophie und überlässt Sie Ihrem eigenen Kunst-Schicksal. Nehmen Sie diese Herausforderung humorvoll oder ernsthaft an, und starten Sie mit Enthusiasmus, gestärkt von diesen Beispielen, ihre persönliche Entwicklung und erfinden Sie eigene Künstlerbücher!

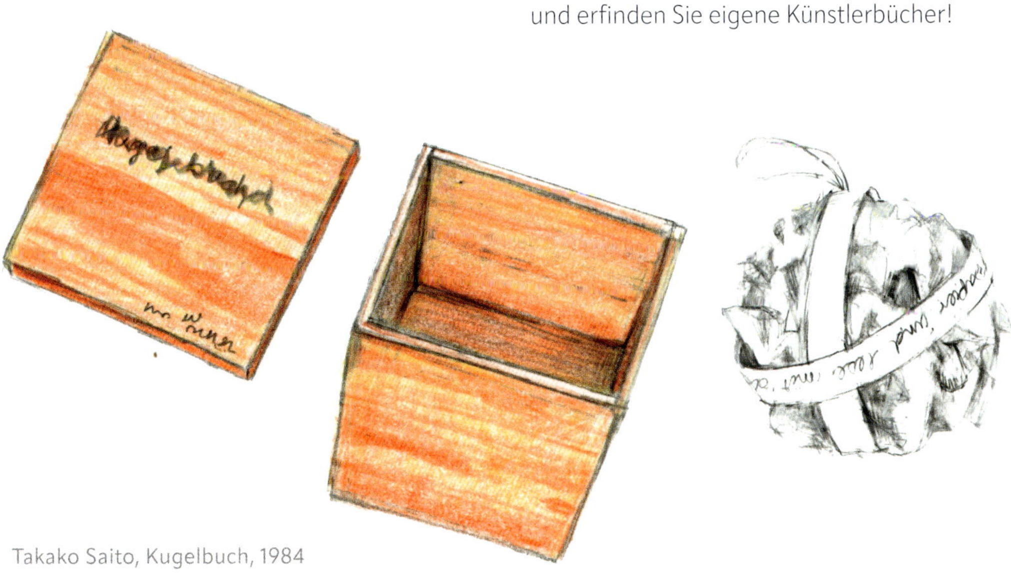

Takako Saito, Kugelbuch, 1984

Material
und Werkzeug

Es geht nichts über eine selbst gemachte Erfahrung!

Für die hier vorgestellten Buchstrukturen, Bindungen und Projekte gibt es keine exakten Vorgaben oder präzise Angaben zu den Maßen. Das vorliegende Buch soll Ihnen möglichst viele Freiheiten geben.

Sie kennen den Inhalt Ihrer Schubladen am besten und entscheiden, in welchem Format, mit welchem Papier Sie Ihre Ideen umsetzen möchten. Es gibt keine sklavisch zu befolgenden Normen, was Garn oder andere Materialien angeht. Lediglich experimentieren, der Logik und Notwendigkeit folgen und sich an dem Ergebnis erfreuen – deshalb sind die Anleitungen als schematische Darstellungen illustriert, die Sie Ihren persönlichen Bedingungen entsprechend umsetzen können. Sie wählen das Papier aus Ihren Vorräten, benutzen vielleicht bedrucktes oder recyceltes Material oder eine kunstvoll verkleckste Pappe. Solche Entscheidungen gehören zum fantasievollen Umgang mit dem Medium Künstlerbuch, welches nicht zu vergleichen ist mit gekauften oder vom Profi gefertigten Büchern. Es werden Unikate entstehen, die möglicherweise charmant unperfekt sind und vielleicht gerade deswegen wirkungsvoll überzeugen und in den Bann ziehen. Die Bewertungskriterien für ein Material werden verschoben, ob bedeutungslos oder wertvoll entsteht erst im Kontext und im Bezug auf ein sinnvolles Ganzes, gekennzeichnet durch einen angemessenen, passenden Gebrauch. Lassen Sie sich inspirieren vom Künstler Richard Long und ersetzen Sie seine „Schlamm-Papiere" durch „Die Erde unter meinen Füßen" und schöpfen Sie Ihre eigenen Papiere. Beim Thema Schreiben kann eine Fülle an Werkzeugen erkundet werden, die auf experimentelle Weise Schrift-Spuren, also „Marks" hinterlassen. Und auch beim Schneiden sind neben den üblichen Werkzeugen Schere, Cutter, Skalpell und Hebelschneidemaschine ebenso digitale Herangehensweisen, Plotter oder Lasercutter sinnvolle Optionen.

So sind alle Projekte in diesem Buch beispielhafte Vorschläge, die in der Regel als Hommage an einen Künstler, an eine Künstlerin zu verstehen sind. Nicht jeden meiner Einfälle verfolge ich als meinen persönlichen künstlerischen Stil. Erlauben Sie den einzelnen Buchseiten, Stoffen oder anderen Materialien miteinander in Korrespondenz zu treten und sich miteinander im visuellen Austausch zu steigern. In diesem Sinne:

GUTES GELINGEN!

PAPIER: Es ist leicht nachvollziehbar – Papier ist das Medium, aus dem Bücher bestehen! Dazu zählt auch, Papier mit der Hand zu schöpfen oder jegliche Veränderung des Materials als Teil einer Buchkunst-Aussage, zum Beispiel ein Papier mit einem Wachsüberzug zu versehen. Es stehen unterschiedlichste Papierqualitäten zur Verfügung, etwa transparente Papiere, um Leichtigkeit oder eine geheimnisvolle Spannung zu erzielen. Glattes oder raues Papier ist für das Fühlen wichtig. Die Farbe des Papiers spielt natürlich eine Rolle: Ist es brillant neu und strahlend weiß oder vergilbt und abgenutzt? Hier kommt auch die DIN-Norm ins Spiel, erleichtert sie uns doch, Bücher herzustellen, vor allem beim Falten und Anpassen der Lagen. Kompliziert wird es bei der Laufrichtung. Bei industriell hergestelltem Papier laufen die Fasern in eine Richtung, gemäß der Richtung im Produktionsprozess. Die Laufrichtung finde ich „zum Weglaufen", denn bei meiner intuitiven und improvisierenden Herangehensweise hilft sie nicht wirklich weiter. Sobald Sie aber „richtig professionelle", maßgeschneiderte Bücher herstellen möchten, müssen Sie sich mit dem Thema auseinandersetzen, um ein gelungenes Ergebnis zu erzielen.

Papier hat Gewicht und wird in g/m^2 gekennzeichnet. Japanisches Papier kann extrem dünn und leicht sein und ist dennoch sehr reißfest. Da es mit einem anderen Verfahren hergestellt wird als bei uns üblich, sind die Fasern gleichsam miteinander „verhakt". Bei einem Papier mit Laufrichtung zeigen alle Fasern in die gleiche Richtung. Tonpapier und festere Papiere haben ein höheres Gewicht, welches sich steigert bis hin zu den Pappen. Beim Kauf von Papier ist das Gewicht immer angegeben, wodurch Sie sich gut orientieren können.

BUCHBLOCK: Papier ab 70 g/m^2 bis etwa 120 g/m^2 können Sie für den Buchblock verwenden, der ja aus den „Lagen" besteht. Es kann ein Zeichenpapier sein oder ein gutes Schreibpapier, oder ein experimentelles Papier Ihrer Wahl.

EINBANDPAPIER: Es gibt speziell gute und gemusterte Papiere, sogenanntes Schmuckpapier, die als Einband verwendet werden können. Auch eigene Drucke oder Papierreste sollten ausprobiert werden. Buchleinen ist ebenfalls eine Option, es handelt sich dabei um ein festes, textiles Material.

VORSATZPAPIER: Ein Ingrespapier mit seiner gerippten Struktur eignet sich beispielsweise sehr gut als Vorsatzpapier oder zum Kaschieren.

PAPIER FALTEN: Wenn Sie ein Leporello falten, entstehen Berg- und Talfalten. Bei der Bergfalte liegt der Knick oben, bei der Talfalte unten.

FALZBEIN: Es besteht aus Bein, Plastik oder Teflon und wird benutzt, um Papier zu falten und um mit der Spitze eine Rille, eine Nut, in das Papier zu drücken. Beim Papierfalten und bei der Fertigung von Einbänden entstehen die Falze, also geknicktes Papier.

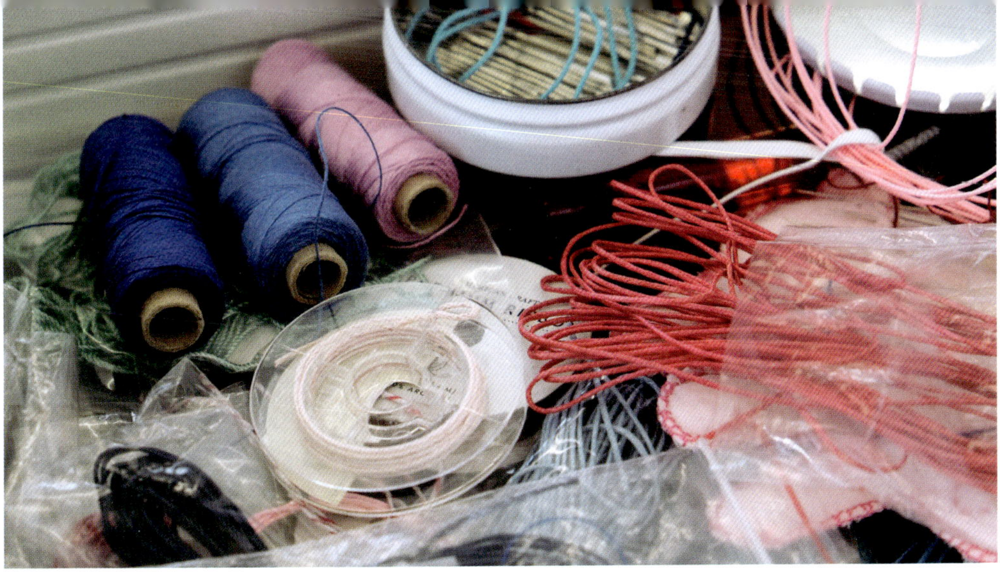

LEIM: Zum Kleben verwenden Sie einen speziellen Buchbinderleim aus dem Künstlerbedarf. Er kann mit Wasser oder mit fertig vorbereitetem Kleister gestreckt werden.

SELBSTKLEBENDE TEXTILBÄNDER: Das Profiband ist einseitig mit Buchleinen beschichtet und auf der anderen Seite mit einer klebenden Fläche – perfekt, um schnell einen festen Rücken oder ein Gelenk zu fertigen (im Fachhandel erhältlich). Aber auch jedes ähnliche Band vom Baumarkt können Sie probieren, zum Beispiel Abdeckbänder.

DER STICKRAHMEN ersetzt vielleicht einen Zirkel oder bildet den Einband für ein rundes Buch, welches an einem „seidenen Faden" zusammenhält?

NADELN: Es gibt spezielle, sehr lange Buchbindernadeln, sie erleichtern bei verschiedenen Techniken das Heften. Stumpfe Stopfnadeln bevorzuge ich bei der Japanischen Bindung und bei der Crisscross-Bindung. Gebogene Nadeln können nützlich sein. Um einfache Hefte zu binden, reichen simple Stopfnadeln, weil Sie alle Löcher ohnehin mit der Ahle vorstechen.

FADEN UND GARN: Verwenden Sie verschiedene Garne aus Ihrem Fundus. Bedenken Sie dabei, dass ein mit Bienenwachs gewachster Faden sich leichter verarbeiten lässt. Spezielle Garne zum Buchbinden sind sowieso nützlich und können im Fachhandel erworben werden (mehr dazu in den Bezugsquellen). Achten Sie bitte darauf, das Garn immer mit Gefühl stramm zu ziehen. In der Regel in die Richtung, in die Sie binden. Ansonsten reißt das Papier ein.

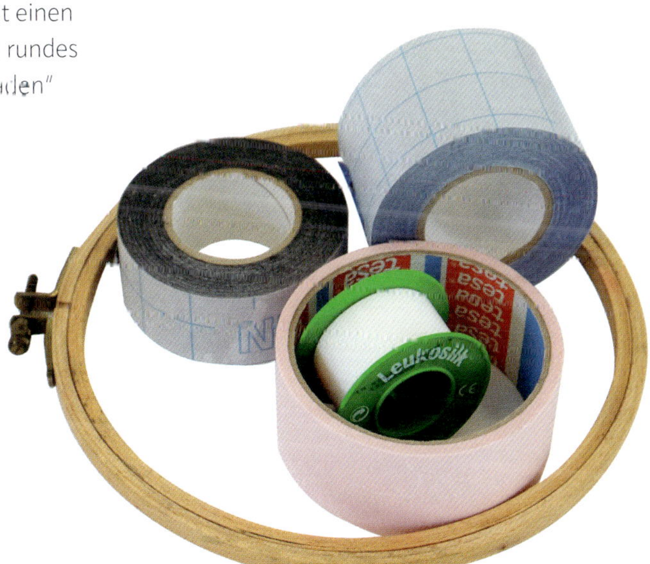

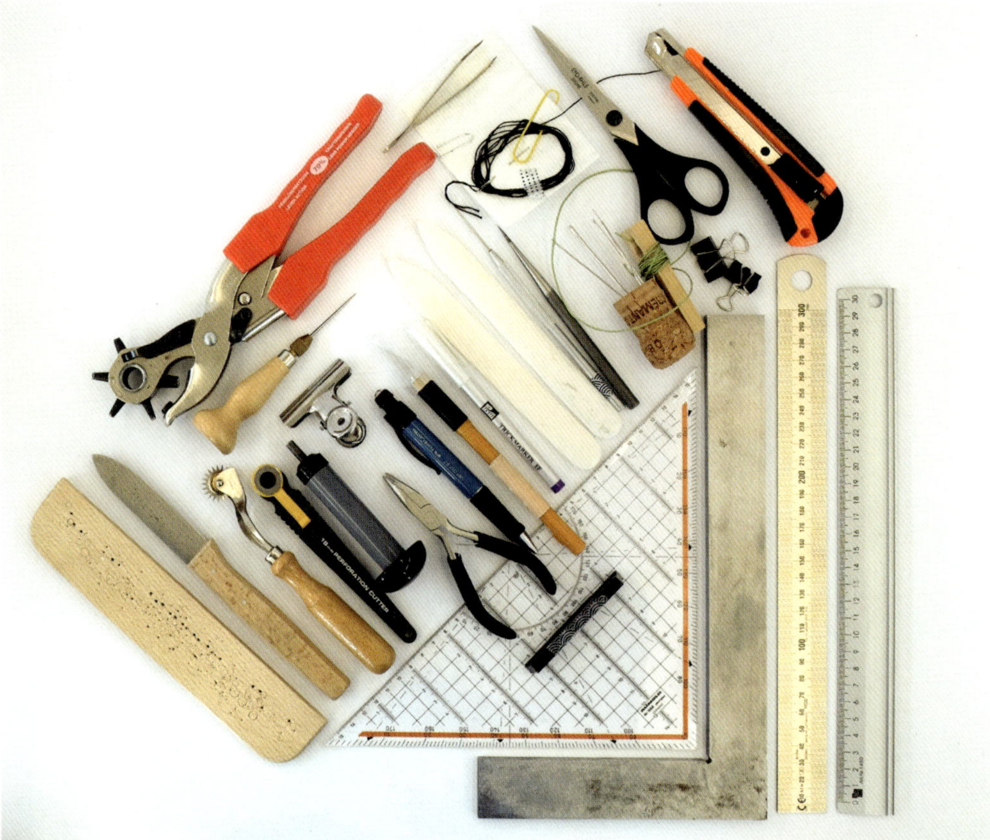

DIE ÜBLICHEN VERDÄCHTIGEN werden zu ständigen Begleitern. Die abgebildeten Werkzeuge sind dringend zu empfehlen, wenn Sie beim Buchbinden Freude haben möchten.

SCHERE: Eine scharf schneidende Schere, eventuell auch eine Papierschere, ist selbstverständlich nötig.

CUTTER: Ein Cutter mit einer Klinge zum Wechseln kann immer scharf schneiden, ebenso ein Skalpell mit Wechselklinge für die Cutout-Technik.

SCHNEIDEMATTE: Als Unterlage beim Schneiden; wenn die Matte ein Raster aufweist, gibt sie eine gute Orientierung. Alternativ kann man eine Pappe verwenden.

LOCHZANGE ODER BOHRER: Bei dickeren Pappen benutzen Sie zum Fertigen von Löchern bitte die Lochzange, für Papierlagen einen Papierbohrer. Diese gibt es in unterschiedlichen Größen, der Bohraufsatz ist austauschbar.

BLEISTIFTE: Bevorzugt wird ein weicher Bleistift (2B), praktisch sind Minenbleistifte mit 0,5- oder 0,7-Minen. Gerne benutze ich einen sogenannten Phantomstift, eigentlich für den Schneiderbedarf gedacht. Markierungen dieses Stifts verschwinden von alleine, auch auf Buchleinen, es muss also nicht radiert werden.

LINEAL UND GEODREIECK: Ein Geodreieck ist extrem nützlich, um den rechten Winkel zu ermitteln und um ein Lochschema aus der

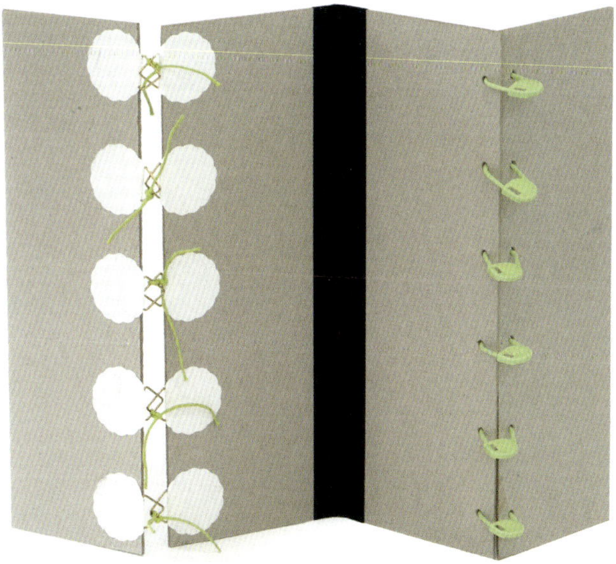

Alternative Verbindungen, um Seiten oder Pappen zu bewegen.

Mitte zu den Buchseiten hin zu berechnen. Ein Metalllineal sollte eine Anti-Rutsch-Beschichtung aufweisen; das ist wichtig, wenn Sie mit dem Cutter schneiden.

METALLWINKEL (optional): Um Papier oder Pappen rechtwinklig auszurichten, dient auch als Anschlag.

KLAMMERN: Büroklammern, Mehrzweckklammern oder Wäscheklammern helfen in unterschiedlichen Situationen, Papierstapel und Lagen kurzzeitig zu halten. Besonders bei der Crisscross-Bindung braucht es einen Halt, um Rücken und Einbanddeckel während des Bindens am gewünschten Platz zu fixieren. Gut ist, ein kleines Stück Pappe zwischen Mehrzweckklammer und Bucheinband zu legen, damit keine unliebsamen Druckstellen zurückbleiben.

ZANGE UND PINZETTE: Hilfsmittel, um widerspenstige Nadeln durch ein Loch zu ziehen oder unwillige Fäden zu packen.

SCHNEIDERRÄDCHEN (Perforierrädchen): Hilfsmittel bei der Stamp Art oder um regelmäßige Spuren auf Papier zu hinterlassen, auch um Papier zu reißen.

ZWECKENTFREMDETE GEGENSTÄNDE: Betrachten Sie Werkzeuge in ihrer Funktion und definieren Sie diese neu! Beispielsweise können mit Farbe gefüllte Pipettenflaschen zum Schreiben verwendet werden oder um Linien aller Art zu generieren.

HAFTNOTIZBLOCK: Wenn Sie beim Heften der Lagen Schrift oder Bilder verwenden, hilft es, die Seiten oben oder unten durchgängig mit einem Klebezettel zu markieren, damit Sie nicht „lechts und rinks" verwechseln (wie bei Ernst Jandl). So behalten Sie die Orientierung und den Durchblick.

Zählt letztendlich auch die Einweg-Kamera zum Material?

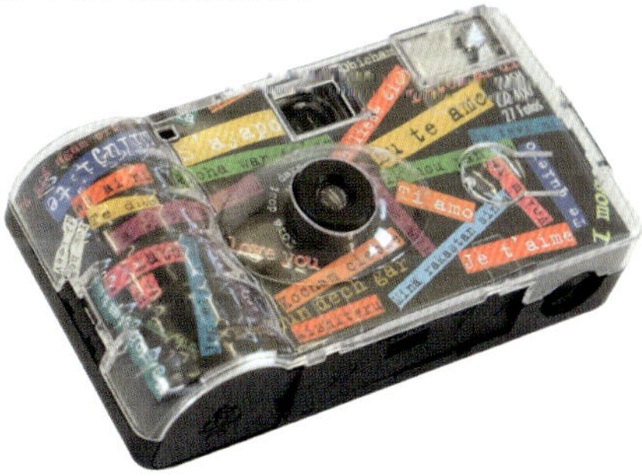

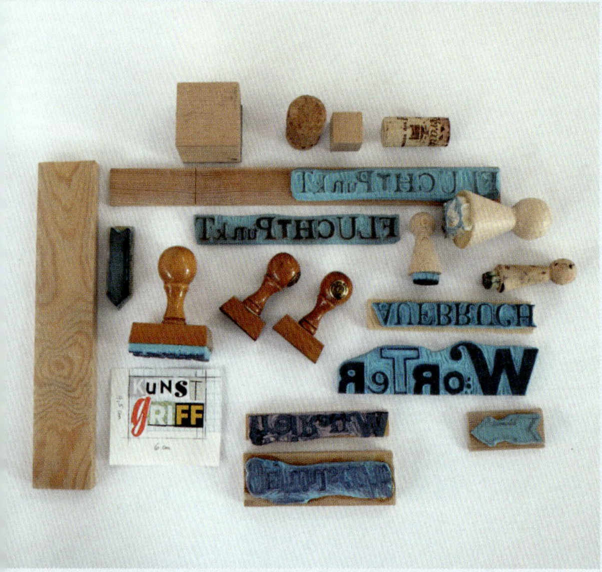

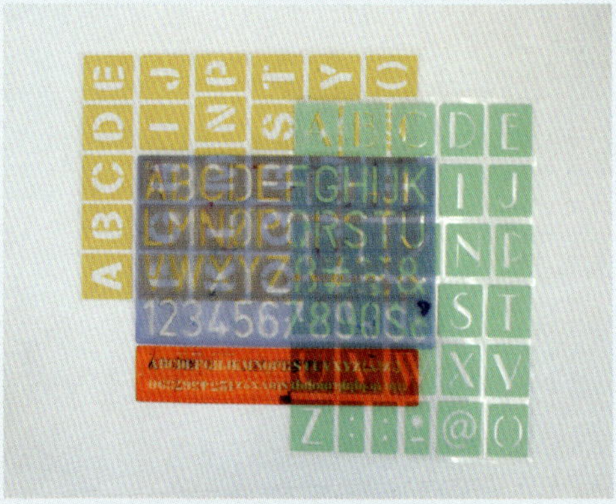

Schablonen

Stempel schnitzen: Worthülsen in Gummi gemeißelt

SCHRIFTSCHABLONEN UND -STEMPEL: Nützlich sind Schriftschablonen, wenn man sich nicht allein auf die käuflichen Schriftstempel verlassen möchte. Titel und kurze Gedichte lassen sich auch ohne Erfahrung in Kalligrafie und Handlettering umsetzen. Zum Stempelschnitzen benötigen Sie das Gummimaterial vom Künstlerbedarf, kleine Stempel lassen sich auch sehr gut aus einem handelsüblichen Radiergummi herstellen. Zum Ausschneiden reichen für einfache Motive die Schneidewerkzeuge vom Linolschnitt; bei feinen und komplizierten Motiven helfen ein Skalpell, ein gutes Cuttermesser und spezielle Profi-Werkzeuge.

Das Stempeln ist eine Hochdrucktechnik Was gedruckt werden soll, bleibt im Gummimaterial stehen. Dort wird die Farbe zum Druck aufgetragen. Das kann neben der üblichen Stempelfarbe auch Linoldruckfarbe sein oder Acrylfarbe.
Kopieren Sie Ihren Entwurf mit einem weichen Bleistift auf Transparentpapier. Wenden Sie dieses Blatt, legen Sie es auf das Stempelmaterial und reiben Sie mit Falzbein oder Daumen den Grafit ab. So entsteht das seitenverkehrte Abbild. Nun schneiden Sie alles weg, was auf dem Druck nicht sichtbar sein soll. Ich persönlich mag diese unperfekten, selbst geschnittenen Schriftstempel sehr. Vielleicht fällt Ihnen ein markiger Satz ein, mit dem Sie Ihrem Buch eine Botschaft geben? „Text mit hohem Sinngehalt" oder „Finger weg – mein Buch!"

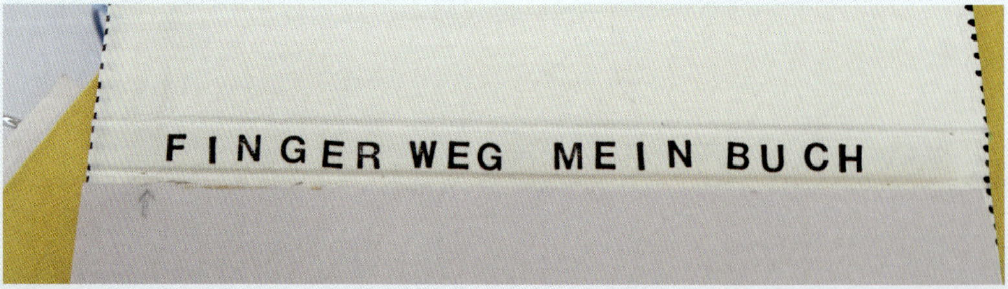

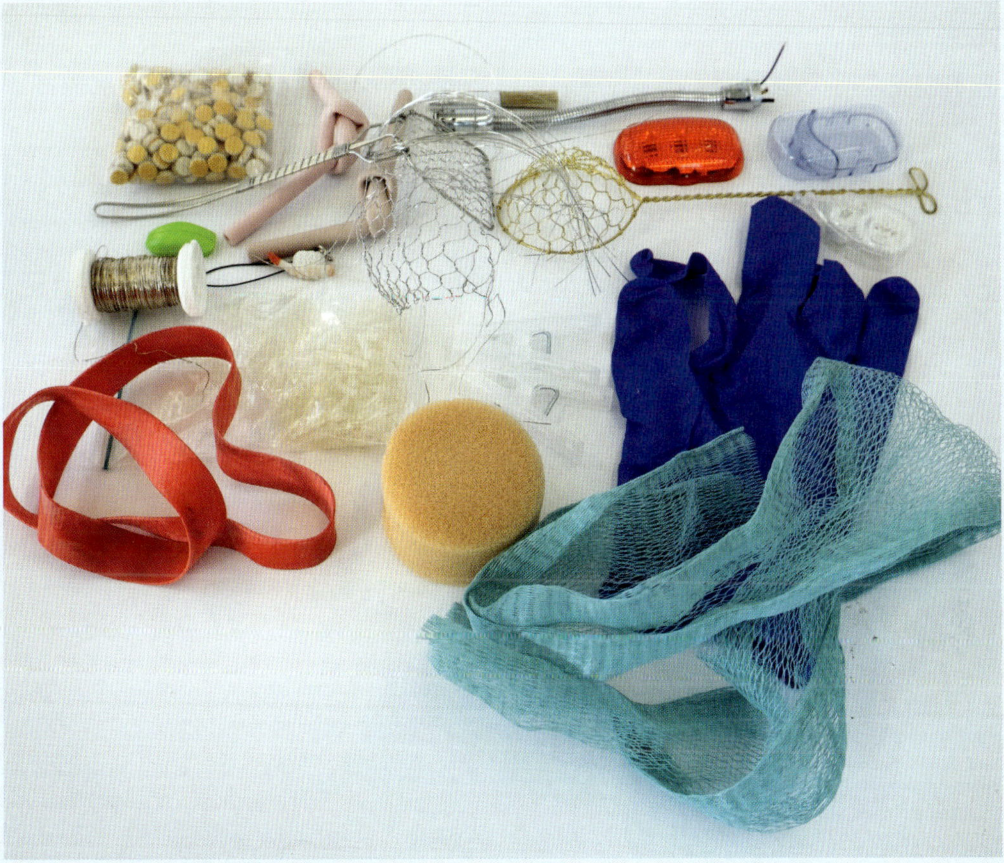

MATERIALIEN FÜR EIN EXPERIMENT: Denken Sie an die Readymades, wenn Sie Ihrem Ziel, ein individuelles Künstlerbuch zu schaffen, näherkommen wollen. Neben unabdingbaren Hilfsmitteln finden auch vollkommen andersartige Gegenstände für Kunst-Buch-Zwecke Verwendung. Wenn Optik und Inhalt kongruent sind, die gleiche Botschaft ausdrücken, trifft sich Buch mit Kunst. Mit anderen Worten: Unnützes Material wird bei kreativer Verwendung, recycelt und verwandelt, zum nützlichen Begleiter. Das Positive daran: Materialien müssen nicht teuer sein.

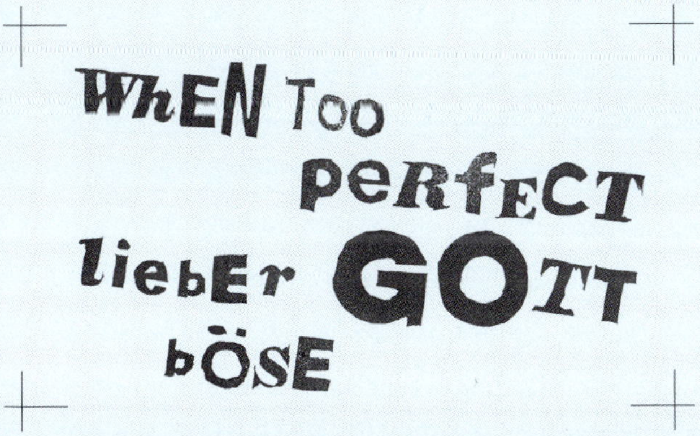

Ein eigener Stempelentwurf aus ausgeschnittenen Buchstaben; das Zitat stammt von Nam June Paik.

Buchkunst

Geschraubt und geringelt: Bücher mit einfachen Hilfsmitteln

Die wohl einfachsten Bindungen lassen sich mit Buchschrauben, Buchringen oder einem Klemmordner anfertigen.

Ob Sie eine bezogene Pappe als Buchdeckel oder die puristische Variante vorziehen (zum Beispiel die Rückseiten von Blöcken recyceln), bleibt ganz Ihnen überlassen. In wenigen Minuten entsteht aus Papier, Buchringen und Löchern ein einfaches Buch. Der große Vorteil liegt in der Möglichkeit, hier einzelne Blätter, auch aus kräftigem Papier, zusammenzufassen. Fertigen Sie eine Schablone mit der gewünschten Anzahl und Position der Löcher an. Diese Markierungen übertragen Sie auf alle Lagen des verwendeten Materials. Benutzen Sie den Papierbohrer (mit einer Holzunterlage), alternativ die Lochzange. Buchringe öffnen, durch alle Lagen fädeln und wieder verschließen. Das war's schon. (Die Japanische Bindung bietet dazu ein Lochschema auf Seite 69.)
Bei der Bindung mit Buchschrauben ergeben sich weitere fantastische Möglichkeiten für „Drehbücher". Schneiden Sie mehrere Seiten aus festerem Papier (Tonpapier) zurecht, die jeweils mit einem Loch versehen sind und von der Buchschraube beweglich zusammengehalten werden. Buchschrauben in Kombination mit einem Gelenk am vorderen Buchdeckel wie auf dem Foto unten sind etwas aufwendiger, gleichwohl lohnend.
Auf den Seiten 82 ff können Sie nachvollziehen, wie Sie mit einseitig klebendem Leinenband das Gelenk herstellen. Löcher nach Belieben durch alle Lagen inklusive rückwärtiger Pappe bohren, Buchschrauben durchstecken, fertig! Sofort bereit zur gefälligen Nutzung.

Geradezu fantastisch schnell verwandelt sich der gekaufte Klemmordner in ein Buch. Durch Aufsperren des Einbands öffnet sich die Feder im Rücken. Sie müssen nur noch das Papier einlegen und die Feder zuschnappen lassen. Damit der Buchblock beim Einlegen in die Mappe nicht verrutscht, diesen übergangsweise mit einer Banderole fixieren.

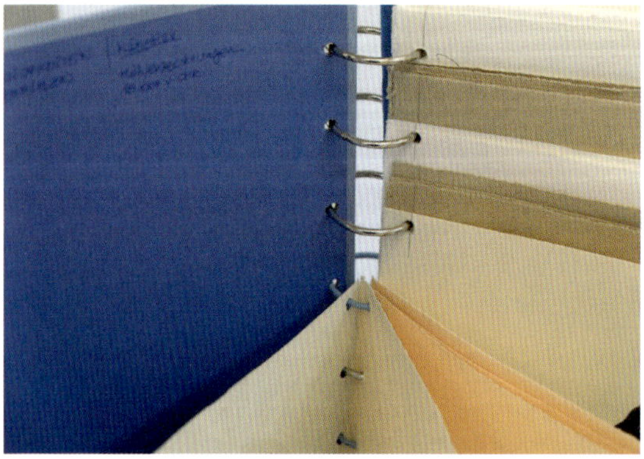

Buchringe

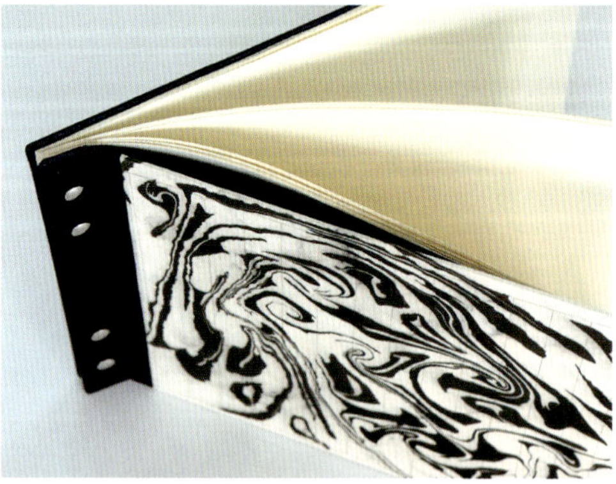

Buchschrauben

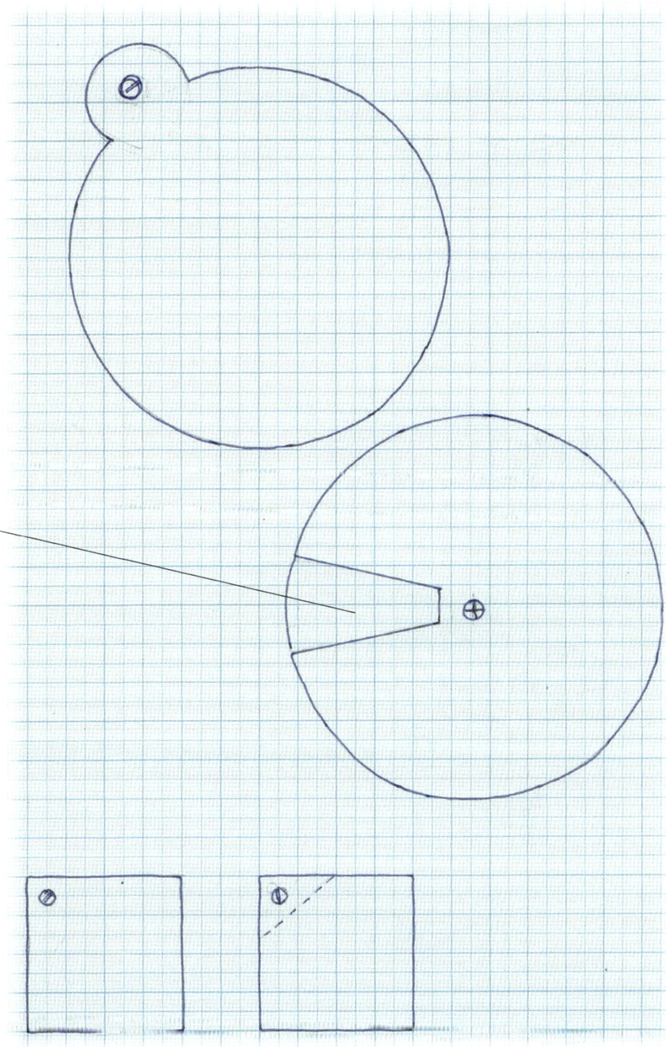

Ein Ausschnitt in der rotierenden Scheibe kann Wörter oder Symbole freilegen.

Variationen für mit einer Buchschraube gefertigte Bücher

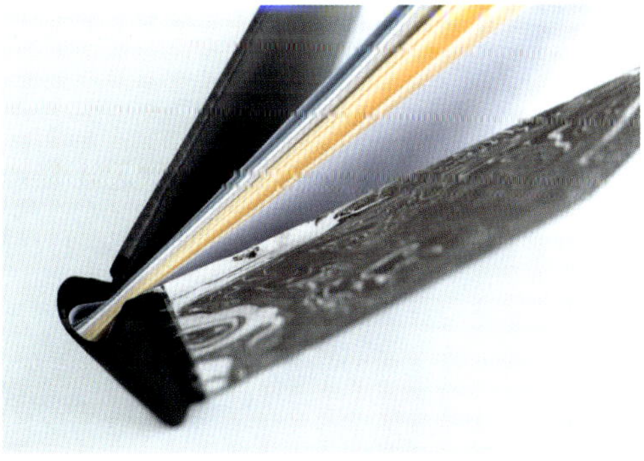

Klemmordner

Schöne Schulerinnerungen: Hefte binden

Mit dieser Bindung, die auch Schulbuch-Heftung oder Rückenstichheftung genannt wird, haben Sie leichtes Spiel. Dabei ist sie nützlich und vielseitig einzusetzen. Vom Skizzenbuch bis hin zum politischen Statement kann alles, was aus gefalteten Blättern besteht, durch diese Heftung zusammengehalten werden.

Die Löcher mit einer Ahle vorstechen. Dazu das Heft entweder an der Tischkante angelegt im 45-Grad-Winkel einstechen oder das Heft mittig in einen aufgeschlagenen Katalog legen, mit der Ahle durch den Falz die Löcher stechen. Hilfreich ist, die Blätter jeweils seitlich mit Büroklammern vor dem Verrutschen zu sichern.

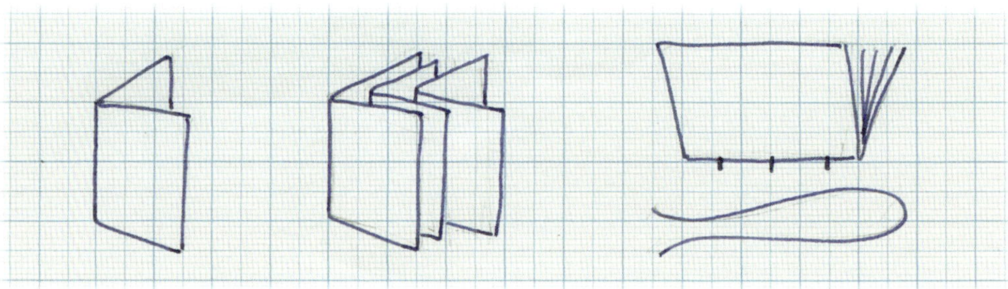

Gefaltetes Blatt Die Lage Fadenlänge gut 2 x die Buchhöhe

Beginnen Sie mit einem Einband aus festem Papier (zum Beispiel aus Tonpapier) und acht bis zehn Blättern Schreibpapier, der sogenannten „Lage". Falten Sie alles in der Mitte und stecken Sie das Papier in den Einband. Garn auswählen und zweimal die Hefthöhe abmessen.
Markieren Sie sich mit Geodreieck und Bleistift ein Lochschema im Falz: Die Mitte ist Loch eins; Loch zwei und drei jeweils in gleichem Abstand links und rechts davon anlegen. Es dürfen je nach Heftgröße auch mehr als drei Löcher sein – aber immer eine ungerade Anzahl von Löchern wählen, wenn Sie diese Heftung anwenden möchten.

Lage durchstechen mithilfe von einem Buch oder Katalog

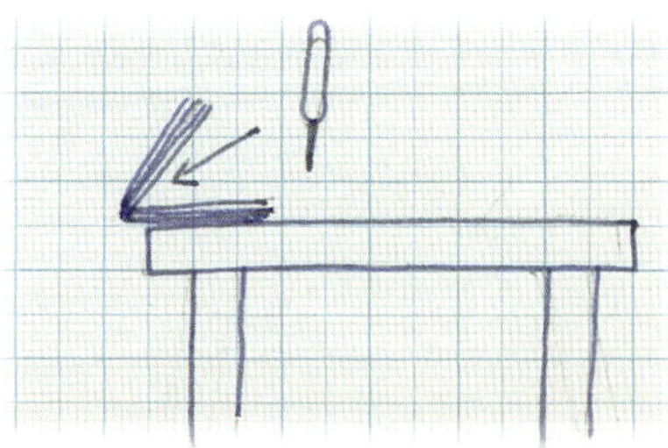

An der Tischkante arbeiten und mit der Ahle Löcher vorstechen

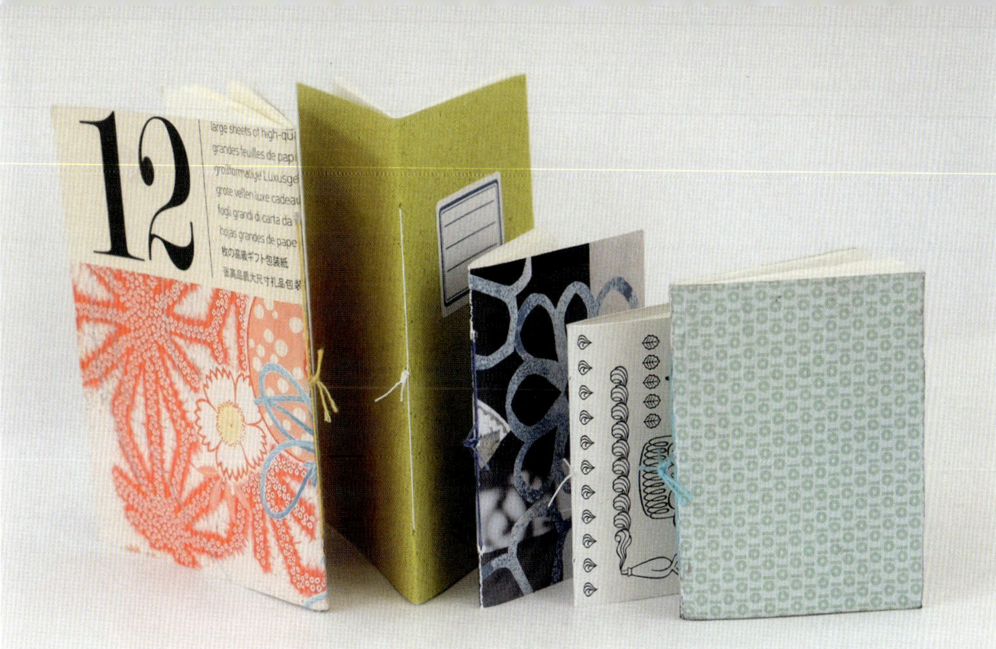

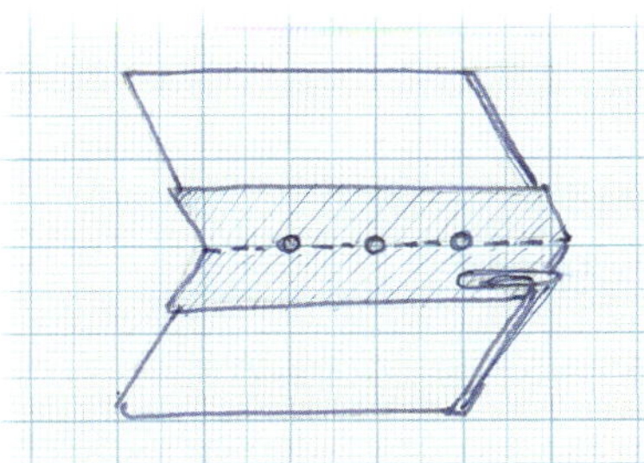

Schablone mit Büroklammer fixieren

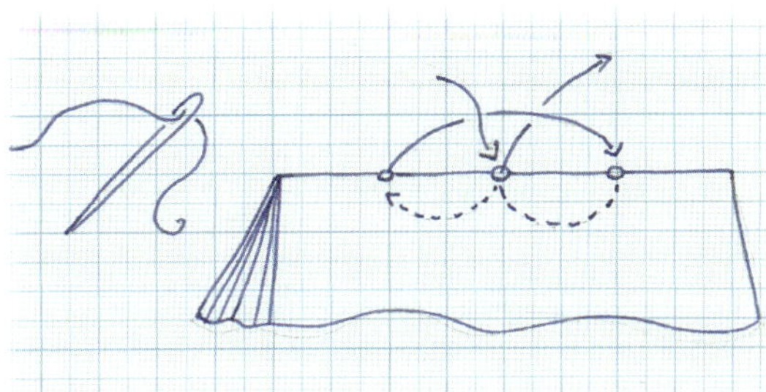

Drei Löcher heften

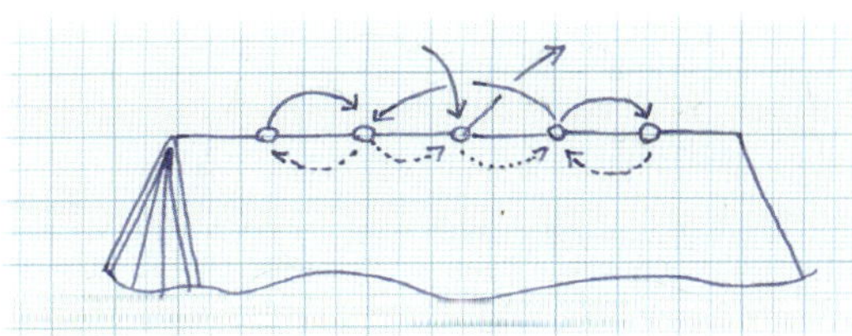

Fünf Löcher heften

Bitte Nadel, Garn oder Faden (eventuell gewachst) auf die Lochgröße der Heftung abstimmen. Ob Sie den Faden zu Beginn von innen oder von außen durch das mittlere Loch führen, ist für die Technik egal, bestimmt aber die Position vom Knoten. Führen Sie den Faden zum benachbarten Loch, überspringen Sie das mittlere Loch und stechen Sie in das verbleibende Loch fur die Heftung. Durch das Startloch die Heftung abschließen. Die Fadenenden mit einem doppelten Knoten über dem mittleren Loch verknoten. Nicht vergessen, zwischendurch den Faden nach Gefühl und Bedarf stramm ziehen.

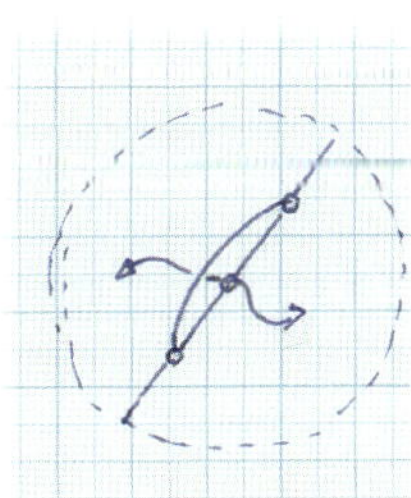

Knoten über dem Faden

TIPP: Ob Sie links herum mit der Heftung beginnen oder rechts herum, beides ist richtig!

Ein schöner Rücken kann entzücken: Heftung im Schlingelstich

Witzig und leicht kommt ein Heft daher, welches einen Rücken mit „Dekoration" erhält. Der Begriff „Schlingelstich" ist nicht offiziell, sondern von mir erfunden.

Der Name ist aber Programm, denn mit dem „Schlingel" umschlingen Sie einen Gegenstand, ohne den der Faden wieder durch das Loch ins Innere der Lagen rutschen würde. Als Einband fungiert ein festes Tonpapier. Auch ein Material, das veganes Leder genannt und zum Beispiel unter dem Namen SnapPap verkauft wird, funktioniert hier prima – es ist fest, biegsam, der Falz bleibt bestehen und es lässt sich beliebig einfärben.

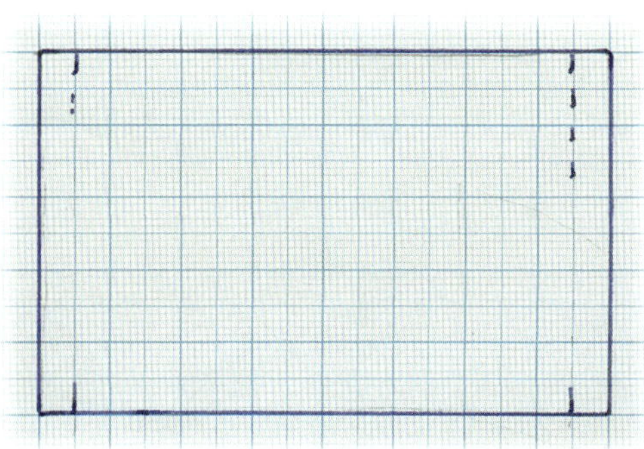

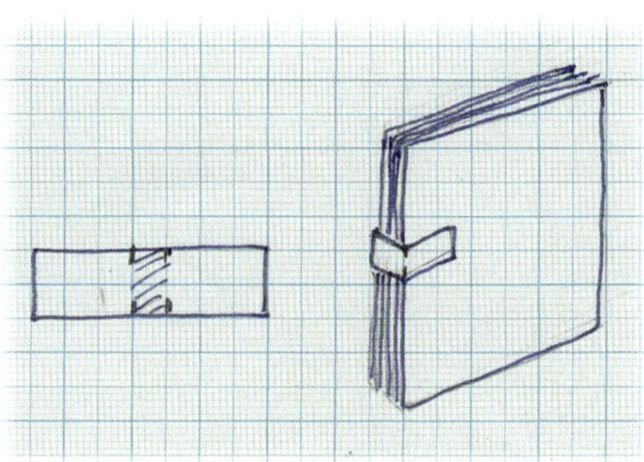

Ausmessen der Rückenbreite

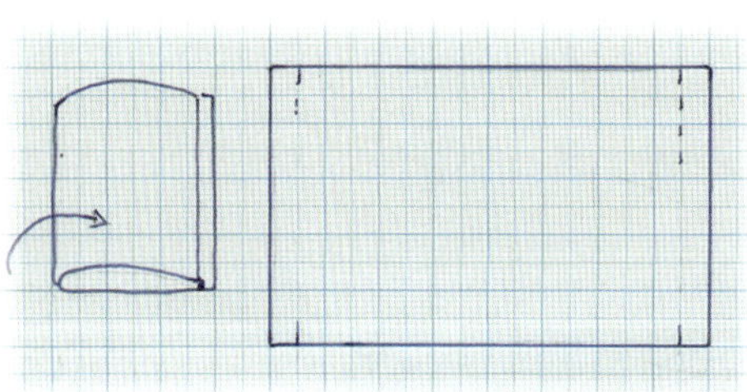

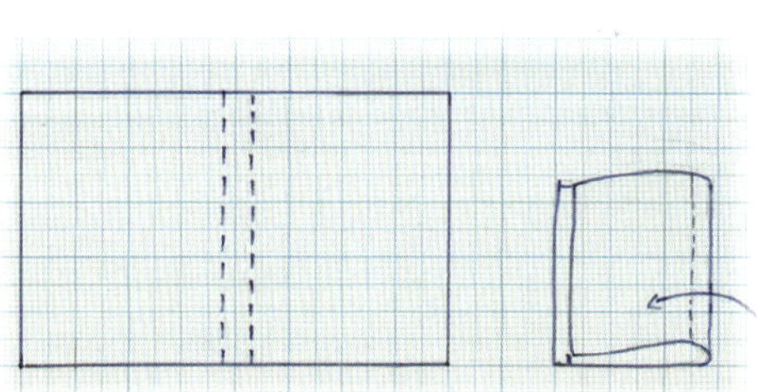

Ausmessen der Rückenbreite jeweils rechts und links an den Markierungen

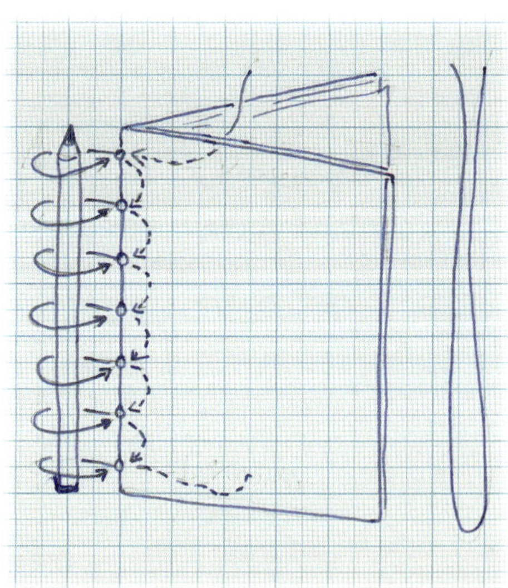

Anleitung „Schlingelstich"

Bestimmen Sie die Rückenbreite und schneiden Sie sich den Einband passend zu. Die Rückenbreite messen Sie an beiden Seiten aus und markieren dieses Maß.
Falten Sie das Einbandpapier zu dieser Markierung hin und falten Sie die Seite flach. Durch den breiteren Rücken können Sie nun auch drei Lagen mit je 8 bis 10 Blättern heften.

Anleitung

Aus dem Inneren der Lage durch das oberste Loch den Faden nach außen führen, kleines Stück stehen lassen, Gegenstand umschlingeln, durch gleiches Loch zurück. Das verbliebene Fadenende mit dem Faden verknoten. Weiter zum darunterliegenden Loch fädeln, Gegenstand umschlingeln, durch das gleiche Loch zurück, usw., bis beim letzten Loch der Faden innen verknotet wird.
Nicht vergessen, zwischendurch den Faden nach Gefühl und Bedarf stramm zu ziehen.

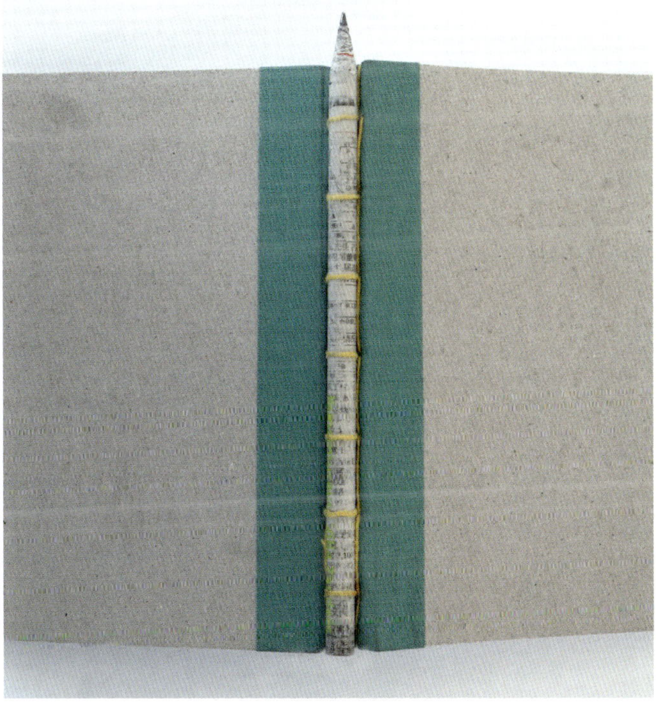

Beispiel 1: Ein Objekt in der Mitte im „Schlingelstich" und jeweils rechts und links davon die einfache Rückenstichheftung

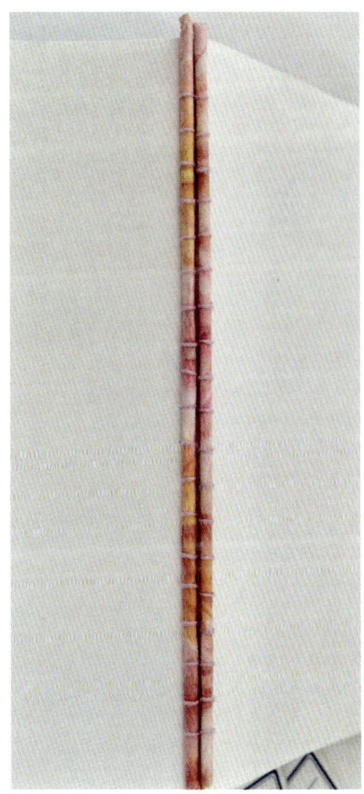

Beispiel 2: Holzstäbe mit (farbigem) Papier umklebt und zwei Lagen im „Schlingelstich"

Falten – schneiden – legen: Einblattbücher

Einblattbücher sind vielfältig, im wahrsten Sinne des Wortes: Sie können aus jedem beliebigen Blatt jedweder Größe gefaltet werden.

Wählen Sie ein durchschnittliches Format aus, entsteht je nach Faltung ein Miniaturbuch. Bevorzugen Sie ein richtig üppiges Format, könnten Sie auch mit einem Stück Leinwand experimentieren. Dann verwandelt sich diese Buchstruktur allein schon wegen ihrer Größe in ein Buchobjekt.
Wenn Sie ein bereits bemaltes Blatt verwenden, entsteht entlang der geschnittenen Linien eine neue „Kontaktstelle". Hier treffen durch das Falten und neu Aufstellen die gemalten Formen und Farben zufällig aufeinander. Alles „Gewollte" entfällt, was häufig eine positive Wirkung entfaltet und eine Komposition spannungsvoller machen kann.
Die sechs verschiedenen Anleitungen auf der gegenüberliegenden Seite bestehen aus gestrichelten Linien – hier wird gefaltet. Entlang der grünen Markierungen müssen Sie im zweiten Schritt schneiden. Die Richtung, in die Sie ein aufgeschnittenes Blatt zu einem Buch aufstellen oder auffalten, kann intuitiv erfasst werden. Teilweise werden Seiten rückwärts umgeschlagen oder aufgestülpt oder in bereits vorhandene Nuten zurückgelegt, um gegenläufig weiter gefaltet zu werden. Die Illustrationen mögen Ihnen helfen, diese Buchstruktur mit Fantasie und Freude am Experiment zu erforschen.

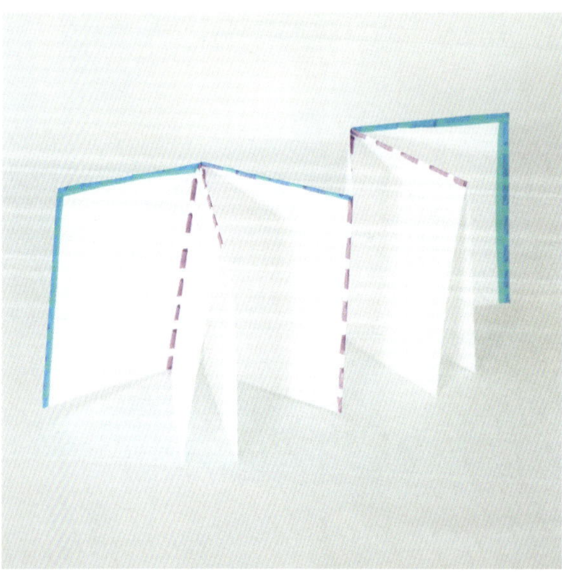

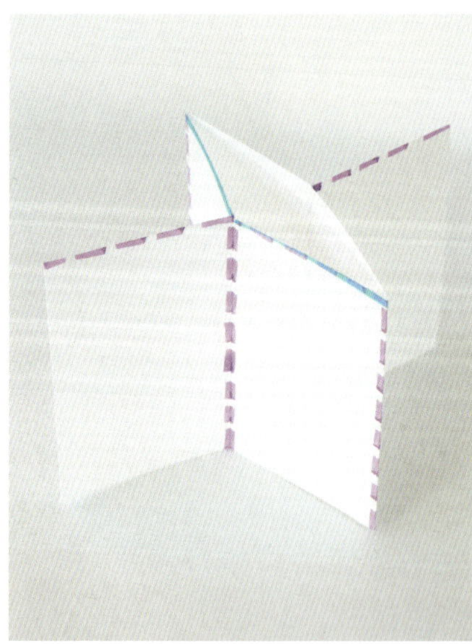

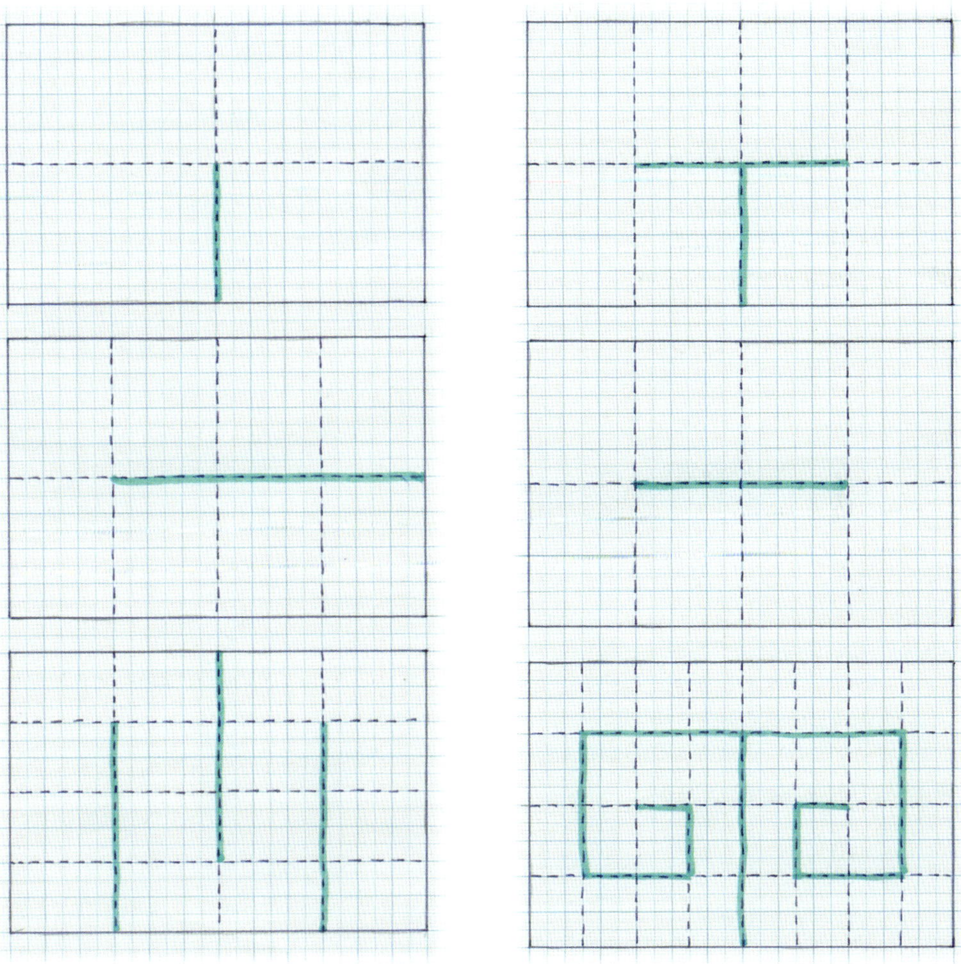

gestrichelte Linien = Faltlinien
grüne Linien = Schnitte

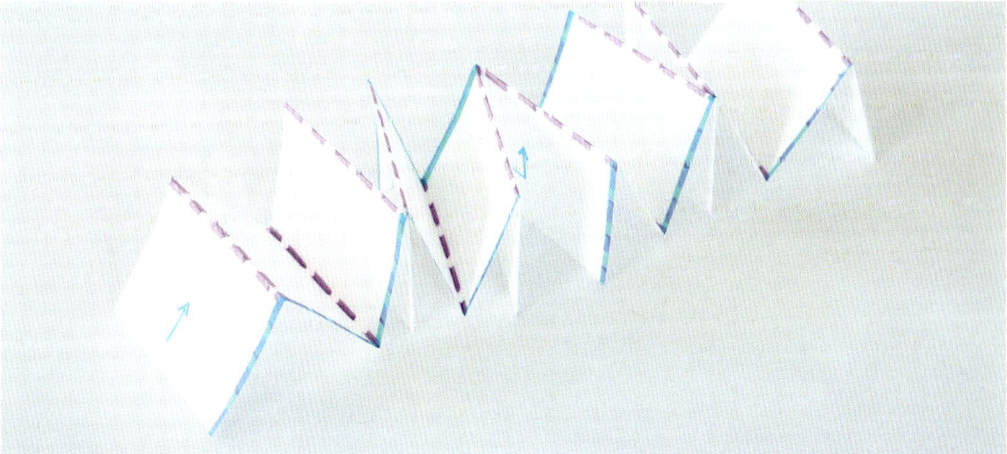

Falten erwünscht: Origami-Bücher

Erinnern Sie sich noch an die Stadtpläne aus Papier? Wie sich auf wundersame Weise ein taschentaugliches Format zur vollen Pracht entfalten ließ?

Auch in der Weltraumtechnik werden gefaltete Sonnenkollektoren platzsparend transportiert, um sich erst im Weltraum zur vollen Sonnensegelgröße auszubreiten. Mit dieser Falttechnik können Sie ausgehend von einzelnen Elementen zu fantastischen Buchlängen gelangen, sobald sie, einem Leporello ähnlich, aneinandergeklebt werden.

1. DREIECKSBUCH

Falten Sie das quadratische Papierformat jeweils in der Diagonalen. Wenden und zudem die Horizontale falten und öffnen Sie es wieder. Legen Sie entlang der Horizontalen die seitliche Falte von Punkt zu Punkt. Drücken Sie das Gebilde flach, und ein Dreieck ist entstanden.

Haben Sie ein langes Papier, unterteilt in Quadrate, können Sie diese als zusammenhängendes Blatt Stück für Stück, Quadrat für Quadrat, falten. Alternativ können Sie mit doppelseitigem Klebeband die Teile aneinanderkleben und verlängern. Diese Origami-Bücher können Teil eines größeren Werks sein, wenn sie in ein Buch hineingeklebt werden (siehe Seite 40).

2. ORIGAMI-LEPORELLO

Gefaltete Papierquadrate können zu einem langen Leporello zusammengeklebt werden, welches als Quadrat getarnt, aufgeblättert als dynamische Form in die Diagonale wächst. Falten Sie entlang der beiden Diagonalen, entfalten Sie das Blatt wieder und wenden es zurück. Der Mittelpunkt der Knicke zeigt etwas nach oben. Wenn Sie daraufdrücken, kommen Ihnen die Ecken entgegen, die Sie nun auf die Punkte (siehe Illustration 2) zusammenlegen und flach drücken. Es entsteht ein Quadrat. Markieren Sie die offene Spitze mit einem Symbol (O) und die gegenüber-

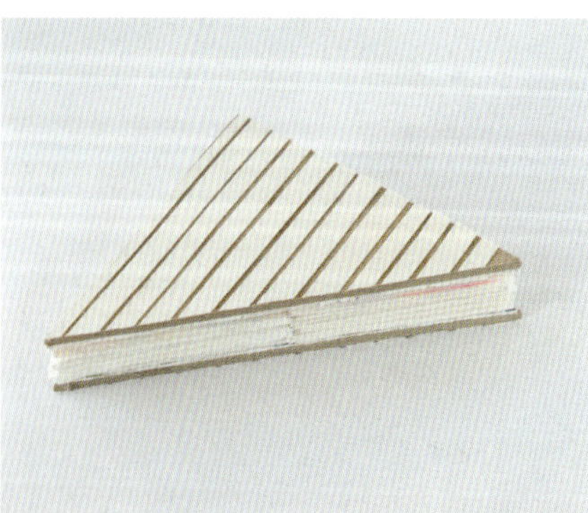

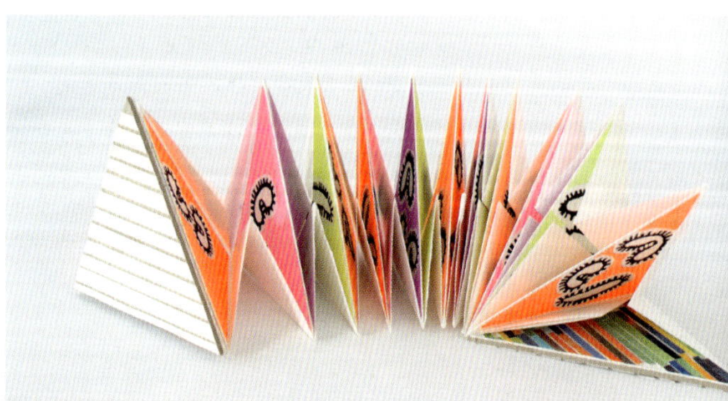

Dreiecksbuch aus der Anleitung 1

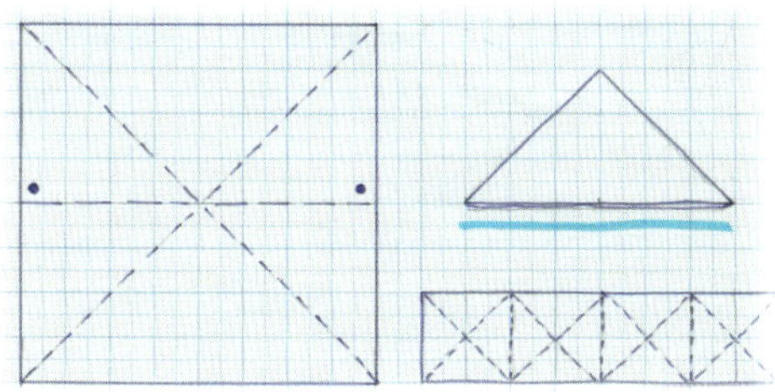

Anleitung 1: Dreiecksbuch
Kann auch am Stück gefaltet werden.

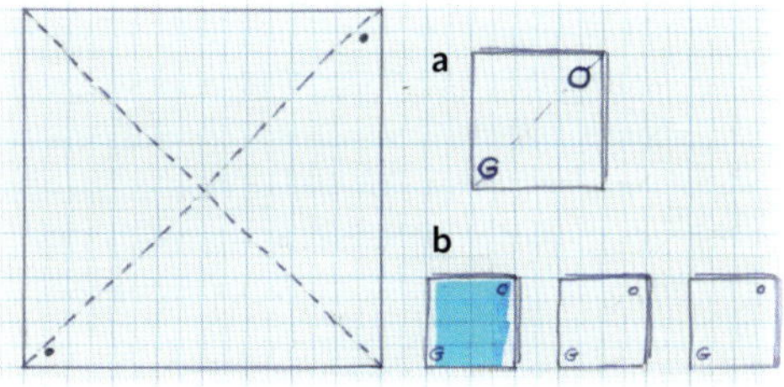

Anleitung 2: Origami-Leporello
a. So sieht das Ergebnis aus.
b. So werden mehrere gefaltete Blätter zusammengeklebt.

liegende, geschlossene Spitze mit einem anderen Symbol (G). Wenn Sie die Flächen gegengleich aufeinanderkleben (also immer G auf O bzw. O auf G), entsteht das Leporello.

3. TURKISH MAP FOLD

Falten Sie wie bei Abbildung 1 das Papier zum Dreieck. Nun klappen Sie die unteren seitlichen „Flügel-Dreiecke" jeweils zur Mittelachse. Wenden und auch auf dieser Seite falten. Sie sehen jetzt eine „Hausform". Öffnen Sie das Blatt und „stupsen" Sie die entstandenen seitlichen Mini-Quadrate nach innen und drücken Sie die Falten flach. Aufgefaltet ist eine spannende, bewegliche Seite entstanden (siehe auch „Eselsohren" auf Seite 104 und „Raumerweiterung" auf Seite 39). Die Faltungen können mit Einbanddeckeln seitlich gefasst werden oder in ein „Junk Journal" eingeklebt sein.

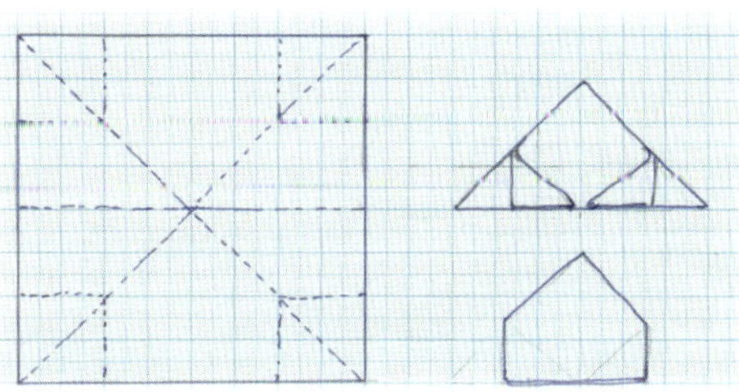

Anleitung 3: Turkish Map Fold

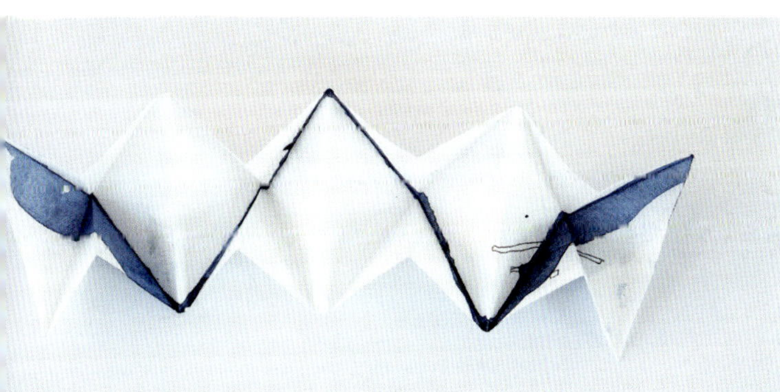

Anleitung 1 : Leporello am Stück gefaltet, mit Aquarellfarbe bearbeitet

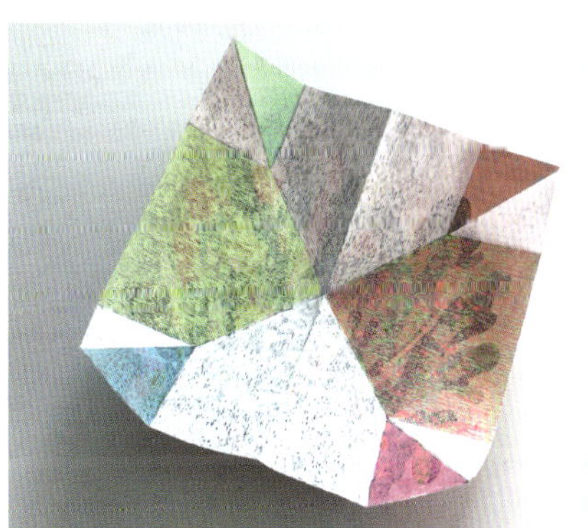

Anleitung 3: Turkish Map Fold aus übermaltem Magazinpapier

„Himmel und Hölle"

Eine Kindheitserinnerung möchte ich hier wieder wachrufen. Kennen Sie das Spiel „Himmel und Hölle" noch?

Auch dies ist eine Origami-Technik, die von Dom Sylvester Houédard genutzt wurde, um konkrete Poesie auf Papier zu bringen (siehe Seite 32). Für das Kunstorakel (siehe Seite 106) oder andere experimentelle Zwecke scheint mir diese Faltung nützlich.

Im Folgenden sind verschiedene Beispiel-Faltungen zu sehen, die veranschaulichen, wie Sie bei einer einfachen Rückenstichheftung die Seiten ausklappbar gestalten können. Die Illustrationen zeigen Möglichkeiten, die Seiten zu verändern, den Buchraum zu erweitern (wie unter anderem bei Richard Tuttle, siehe Seite 39) oder geben nützliche Anregungen für die Idee mit den Eselsohren (siehe Seite 104).

1 Falten und entfalten.

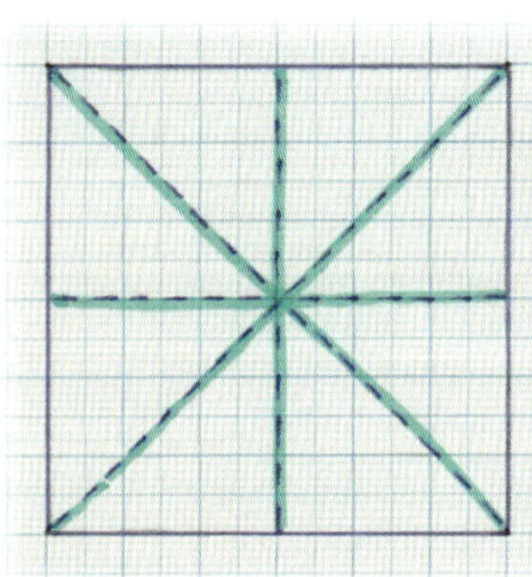

2 Die Ecken zur Mitte falten.

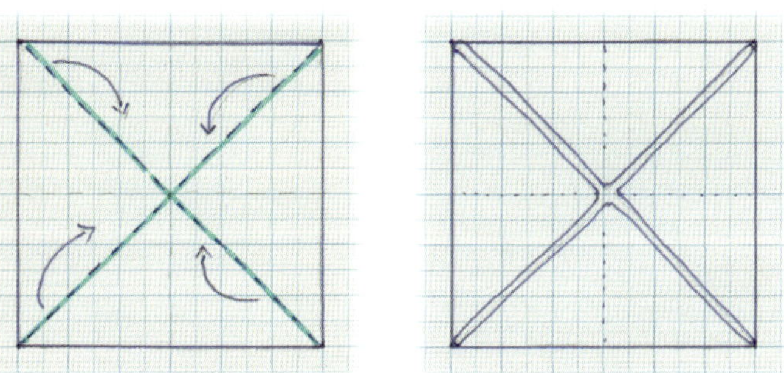

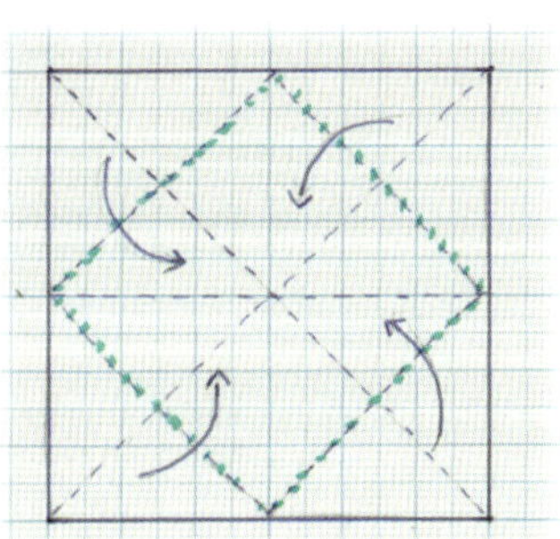

3 Bitte wenden und auch auf dieser Seite die Ecken zur Mitte falten.

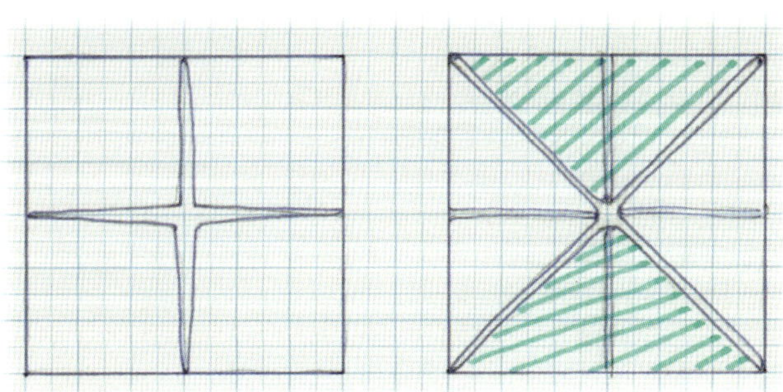

4 Als Ergebnis entstehen zwei Seiten mit unterschiedlicher Optik.

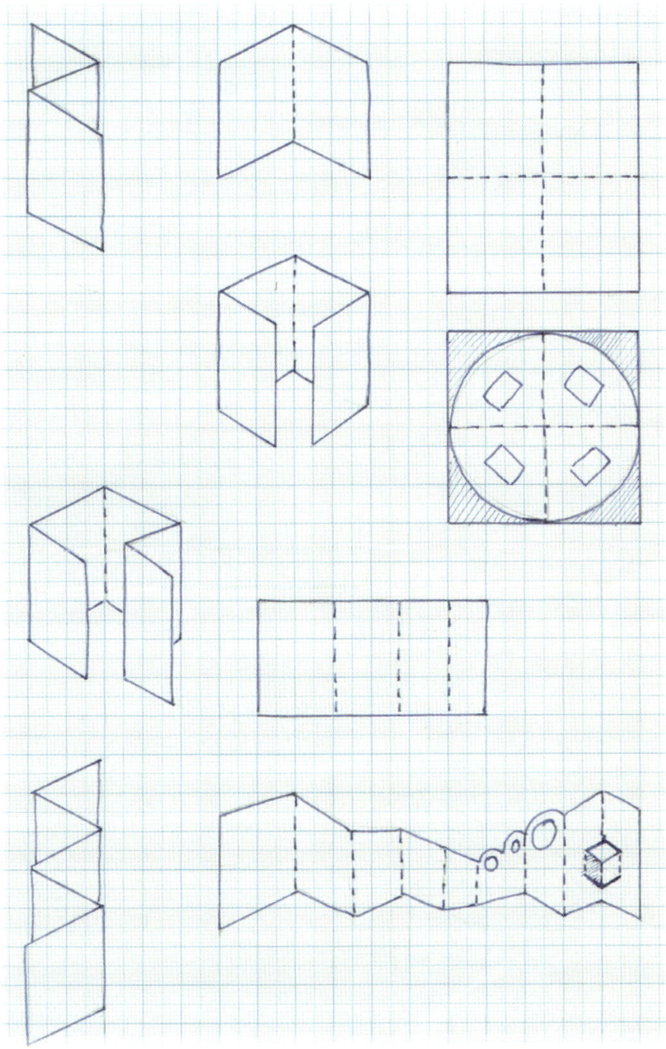

Variationen zum Falten einzelner Seiten.

Erste Schritte zum Pop-up.

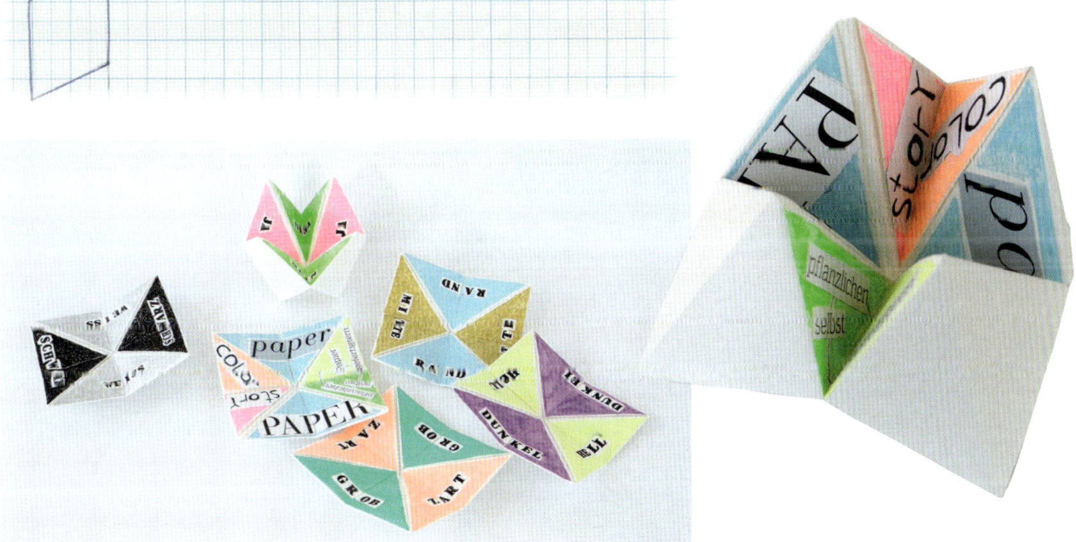

Rückwärts lesen geht auch: Japanische Bindung

Der Vorteil bei der Japanischen Bindung ist die Verwendung einzelner Blätter, die zu einem Buch zusammengefasst werden können.

Spielerisch kann das japanisch gebundene Buch gewendet werden und es erlaubt die Leserichtung „von hinten nach vorne", wenn die Bindung auf der rechten Seite liegt. Ein einfaches Heft entsteht aus Tonpapier für den gesamten Einband oder in Kombination mit einer Pappe für den festen rückwärtigen Einband. Mit diesen Zutaten gelingt ein Buch mit der Japanischen Bindung. Etwas aufwendiger ist es, ein Hardcover herzustellen, da diese Buchvariante als vorderen Buchdeckel zum Aufklappen ein Gelenk benötigt.

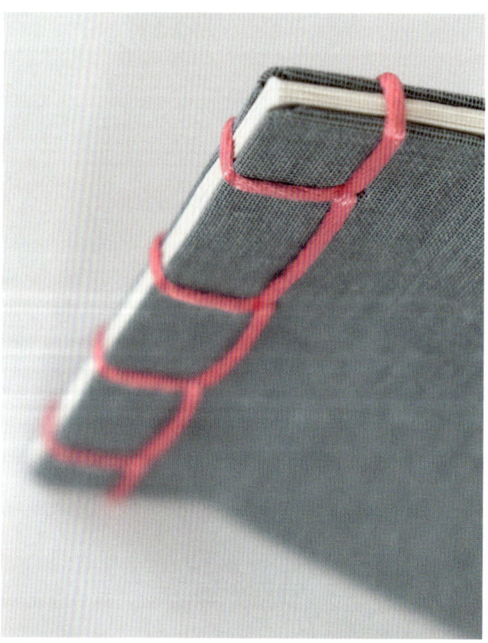

Anleitung

1,5 cm vom Rand entfernt Löcher durch Umschlag und Papierlagen bohren oder mit der Ahle stechen. Beginnen Sie von der Rückseite her, den Faden durch die Löcher zu ziehen, indem Sie die Nadel zwischen die Blätter vom Buchblock einschieben und durch das Startloch auf die sichtbare Arbeitsseite (Buchrückseite) ziehen. Ein kleines Reststück vom Garn bleibt vorerst hängen. Folgen Sie zuversichtlich den Schritten in den **Abbildungen 1 bis 7**. Erst auf dem Rückweg vollendet sich die Bindung.

Zum Schluss fertigen Sie einen Knoten, ziehen den Faden durch das Loch nach vorne, wo er knapp abgeschnitten wird. Bei einem Einband aus Tonpapier legen Sie nach dem Knoten ein kleines Fadenende parallel zum Bindefaden und kleben ihn fest. Das Fadenende vom Anfang wird zwischen die Blätter geschoben. Wichtig: Den Faden während des Bindens immer straff ziehen und halten.

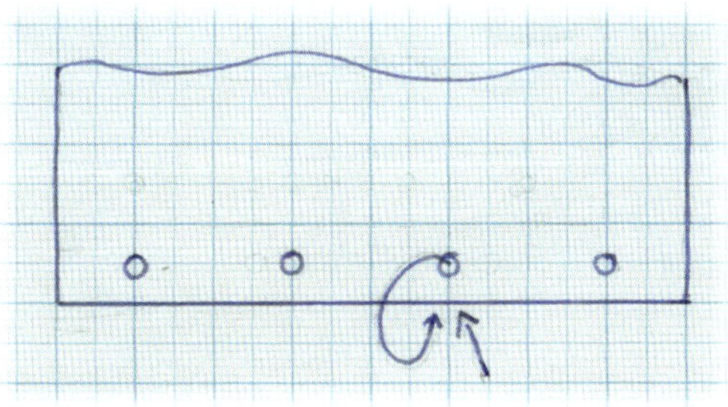

Abb. 1

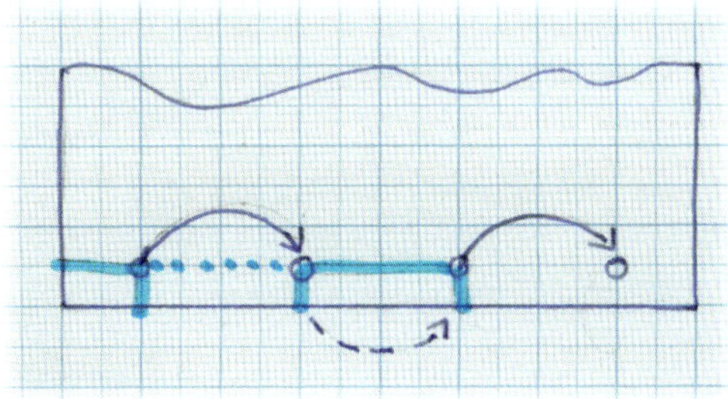

Abb. 5

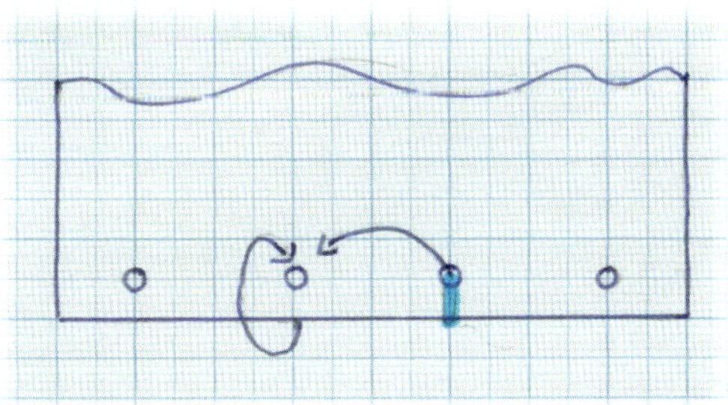

Abb. 2

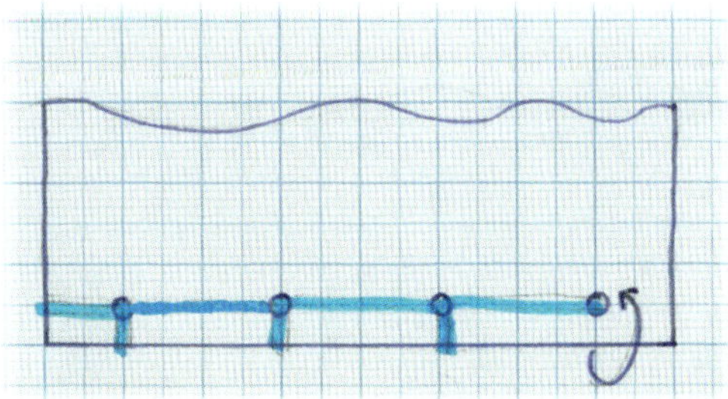

Abb. 6

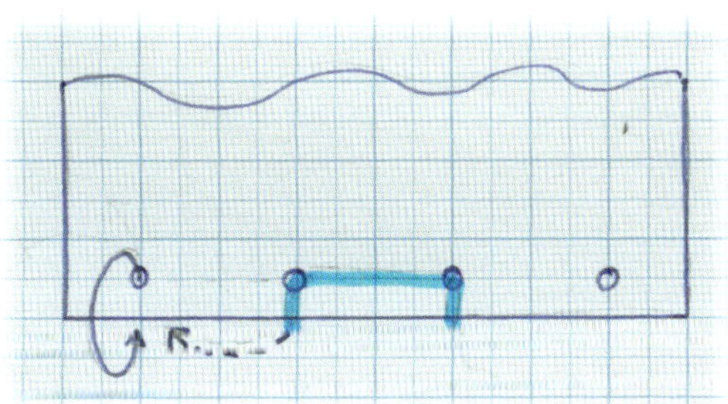

Abb. 3

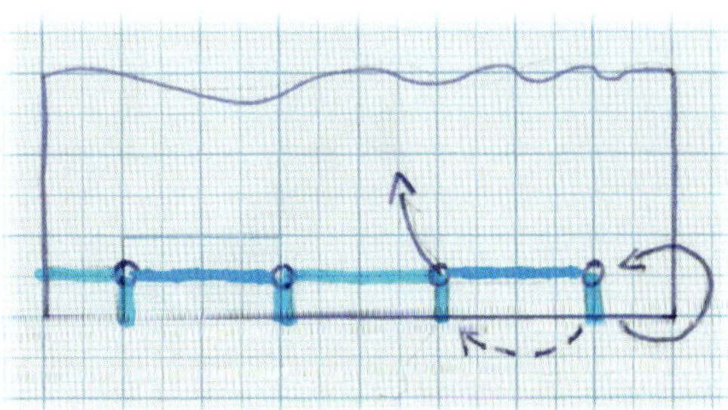

Abb. 7

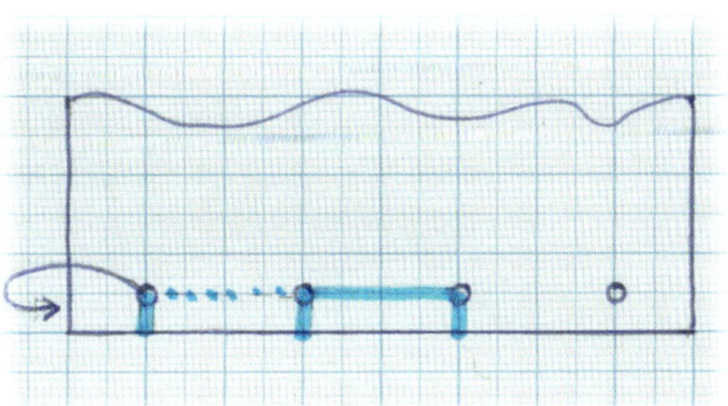

Abb. 4

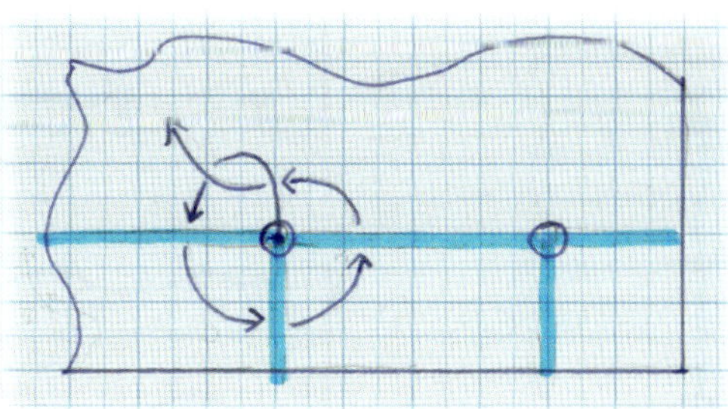

Vergrößerte Abbildung Knoten

Ein Geheimnis wird gelüftet: Crisscross-Bindung

Die Crisscross-Bindung wurde von Anne Goy entwickelt und 1986 während einer Ausstellung zum ersten Mal gezeigt. Als „Secret Belgian Binding" geistert sie nun durch das weite Netz, als verborgene, mystische Bindung aus fernen Zeiten.

Was auf den ersten Blick ziemlich kompliziert erscheint, ist für mich eine der spannendsten Bindungen, die ich je probiert habe. Zum einen sind es die markanten Linien auf den Buchdeckeln, die mich begeistern, zum anderen die Möglichkeit, den Buchrücken aus unterschiedlichsten Materialien zu gestalten. Flache Gegenstände, Fremdkörper, werden zum Hingucker für ein künstlerisches Buch. Auch die Einbände umfassen ein breites Spektrum und bieten viel Potenzial für die Gestaltung durch die Linien vom Bindefaden. Sogar die Balsaholz-Verpackung einer japanischen Schokolade, die normalerweise die Köstlichkeit vor dem Zerbröckeln schützt, kann genutzt werden. Vielleicht haben Sie noch etwas anderes aus Holz übrig, zum Beispiel einen Druckstock, der Ihrem Buch das einzigartige „Outfit" gibt?
Die Buchdeckel mit dem Rücken werden zuerst gefertigt. Im zweiten Schritt werden die Lagen (eine Lage aus vier gefalteten Blättern) eingehängt.

DIE BINDUNG DES EINBANDS

Beide Buchdeckel bekommen, gemäß dem grafischen Entwurf, die gewünschte Anzahl an Löchern; die Auswahl des Rückens erfolgt nach Belieben. Berechnen Sie die benötigte Fadenlänge: Die Distanz zwischen den Löchern, über den Rücken hinweg, wird ausgemessen und mit 3 multipliziert.
Zum Beispiel: von Loch zu Loch sind es 5 cm × 3 = 15 cm. Dies ist die Fadenlänge für diese „Zwillingslöcher" **(Abbildung 1)**. Jede weitere Reihe mit Lochpaaren und Rücken wird ebenso berechnet. Hinzugerechnet werden zweimal die Buchhöhe plus etwas Reserve für jeden Knoten.

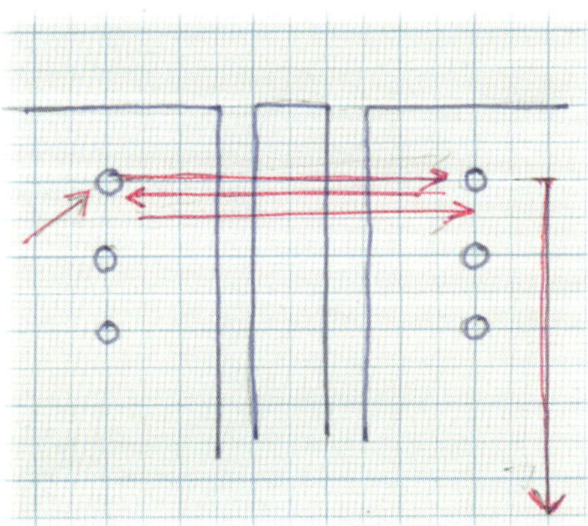

Abb. 1: Fadenlänge für die Zwillingslöcher

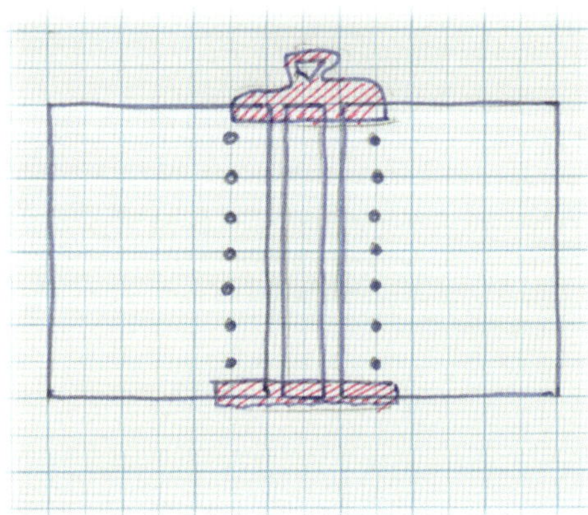

Abb. 2: Fixierung der Buchdeckel und des Rückens vor dem Binden

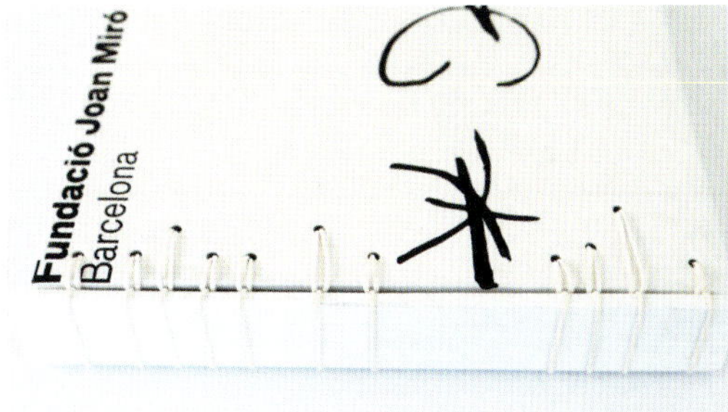

Ansicht der Innenseite mit unregelmäßiger Wahl der Löcher

Wichtig: Die Buchdeckel und den Rücken nebeneinander wie in Abbildung 2 zu sehen ausrichten und provisorisch mit Klammern oder Masking-Tape fixieren.

Beginnen Sie die Bindung beim obersten linken Loch. Auf der Innenseite des Covers lassen Sie einen Rest Faden zum Verknoten stehen und schieben den Faden durch das Loch nach außen. Sie führen den Faden durch den Spalt zwischen Cover und Rücken wieder nach innen, legen den Faden nach rechts über den Rücken, gehen durch den Spalt zwischen Rücken und Einband wieder nach außen und durch das rechte obere Loch wieder nach innen. „Weben" Sie den Faden über den Rücken gegengleich zurück zum Startloch, wo Sie das Fadenende mit dem Arbeitsfaden verknoten und/oder später mit Leim festkleben. Nun „weben" Sie wie im ersten Durchgang wieder zur rechten Seite des Einbanddeckels. Gehen Sie senkrecht zum darunter liegenden Loch. Diese drei Webvorgänge wiederholen Sie für jedes „Zwillingsloch". Am Ende angekommen, verknoten Sie den Faden, wie Sie es bei der Japanischen Bindung gelernt haben.

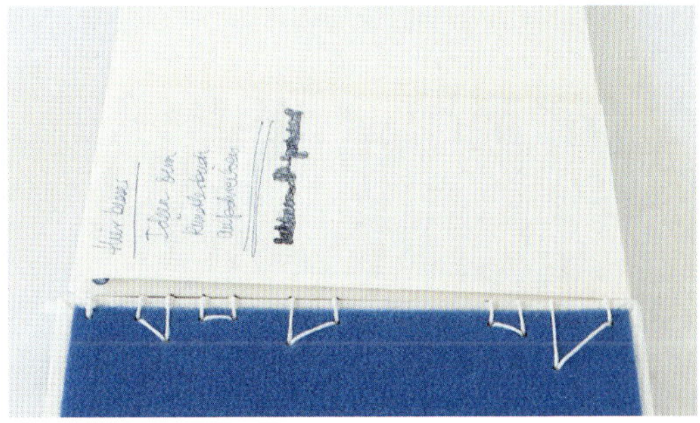

Innenansicht vom obigen Buch

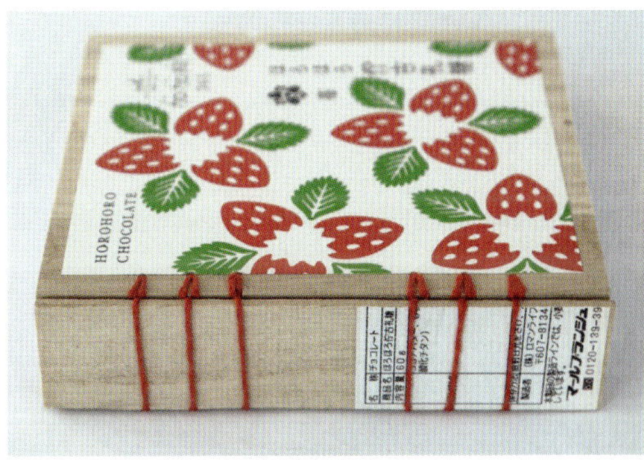

Die Innenseite dieses Buches ist auf der folgenden Seite zu sehen.

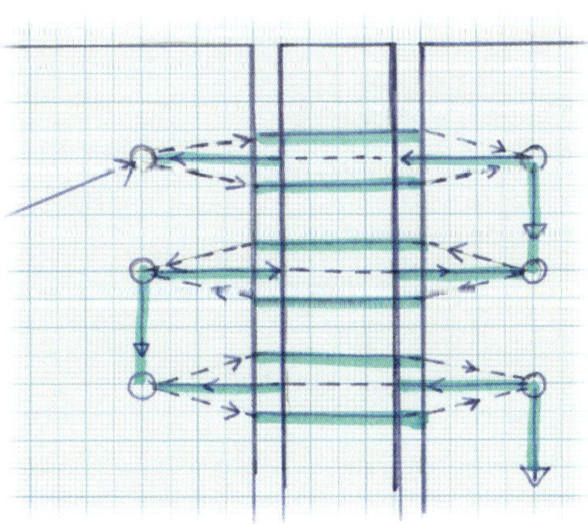

Schematische Darstellung der Abfolge, wie ein Faden auf der Innenseite des Buches „gewebt" wird

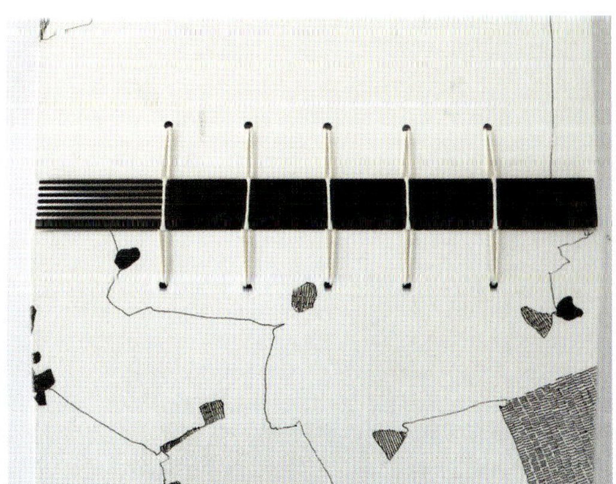

Buch mit Fremdkörper

Das Einhängen der Lagen

Das Garn zum Einhängen der Lagen wird immer unter die „Webfäden" des Rückens geführt.

Anfänglich geht das mit einer geraden Nadel, später sollte man mit einer gebogenen Nadel weiterarbeiten oder die gerade Nadel mit einer Pinzette oder Zange hinter dem „Webfaden" packen und durchziehen (da ich mit gebogenen Nadeln auf Kriegsfuß stehe, ist die zweite Möglichkeit mein Favorit). Die Schablone für die Position der Löcher in den Lagen wird von der Crisscross-Bindung des Einbands übernommen. Sie gleichen sich wie Zwillinge. Es gibt, wie so oft, mehrere Möglichkeiten:

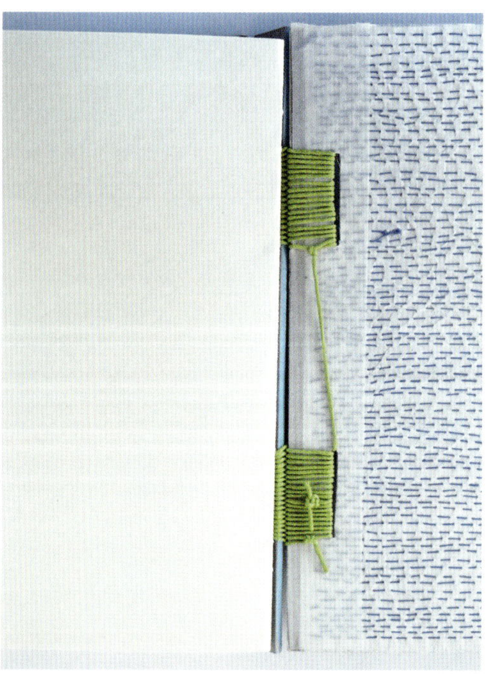

Beispiel mit einem Schlitz anstatt einzelner Löcher

Abbildung 1
Erstens kann jede Lage einzeln mit einem separaten Faden geheftet werden, wie die Abbildung 1 zeigt. Dies entspricht in etwa dem „Schlingelstich" von Seite 60. Dabei jedes Mal den Faden im Inneren der Lage verknoten.

Abbildung 2
Zweitens können, ähnlich der Fadenheftung von Seite 78, mehrere Lagen mit einem Garnstück geheftet werden, wobei am ersten und letzten Loch (quasi die Wendelöcher) das Heftgarn zur nächsten Lage wechselt. Die Fadenenden verknoten.

Abbildung 3
Alternativ können die Löcher in den Lagen auch anders angelegt sein, je nach Linien-Muster, welches Sie für den Einband entworfen haben. Wenn Löcher nah beieinander liegen oder sogar ein Schlitz angelegt ist, kann es nötig sein, diese dritte Möglichkeit zu wählen, um die Lagen ordentlich zu fixieren. Sie wissen schon, auch hier die Fadenenden verknoten.

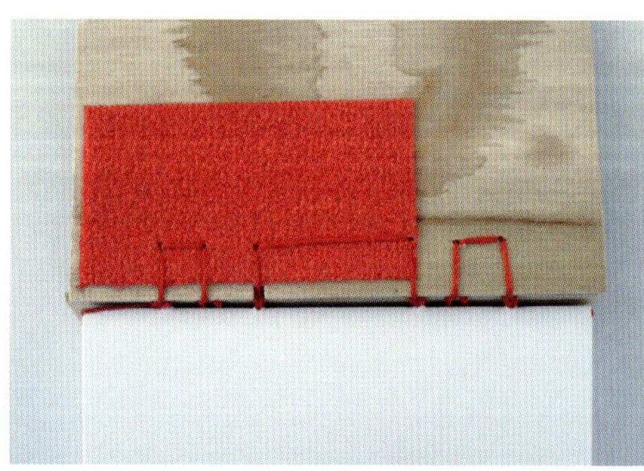

Innenseite vom Buch (mit Erdbeeren) auf Seite 71

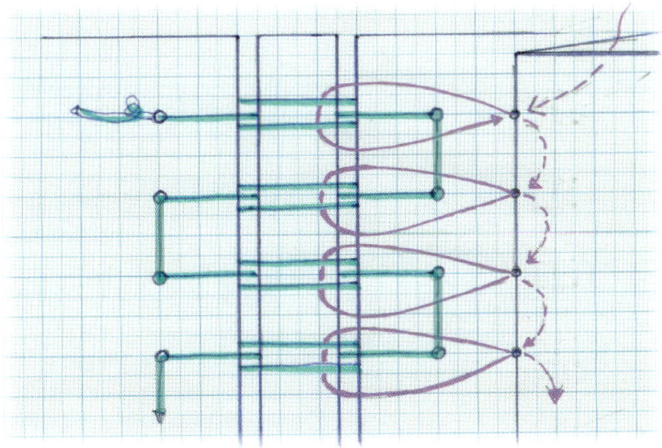

Abb. 1

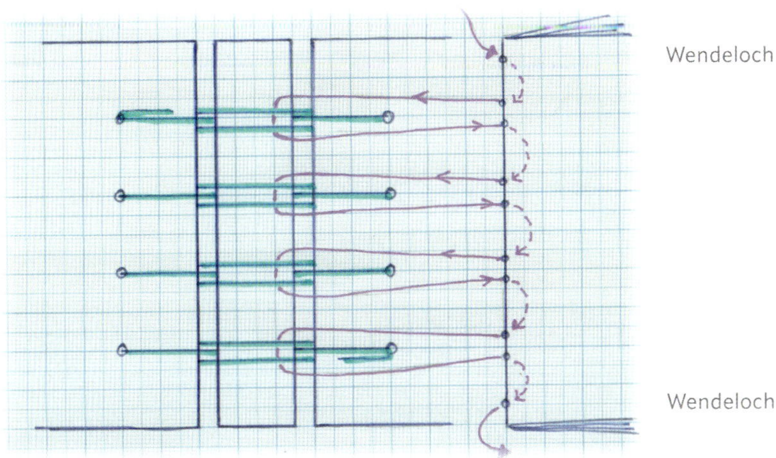

Abb. 2

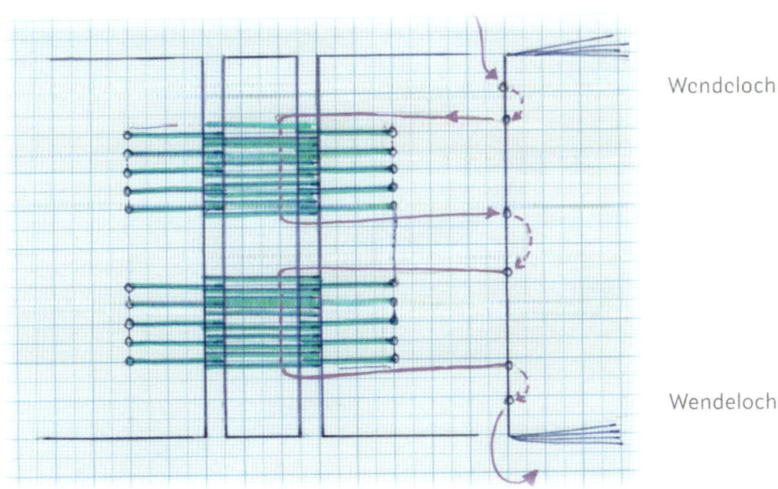

Abb. 3

Musikalisch über Berg und Tal: Leporello-Faltung

Die Leporello-Faltung wird auch als Akkordeon-Faltung bezeichnet, wodurch sich eine weitere Erklärung erübrigt.

Es gibt verschiedene Varianten, wie man eine Verlängerung des gefalteten Papierstreifens erhält, anhand der Illustrationen zeige ich Ihnen einige Möglichkeiten. Es gibt auch noch die Option, durch Schneiden und Umklappen ein Pop-up zu fertigen.

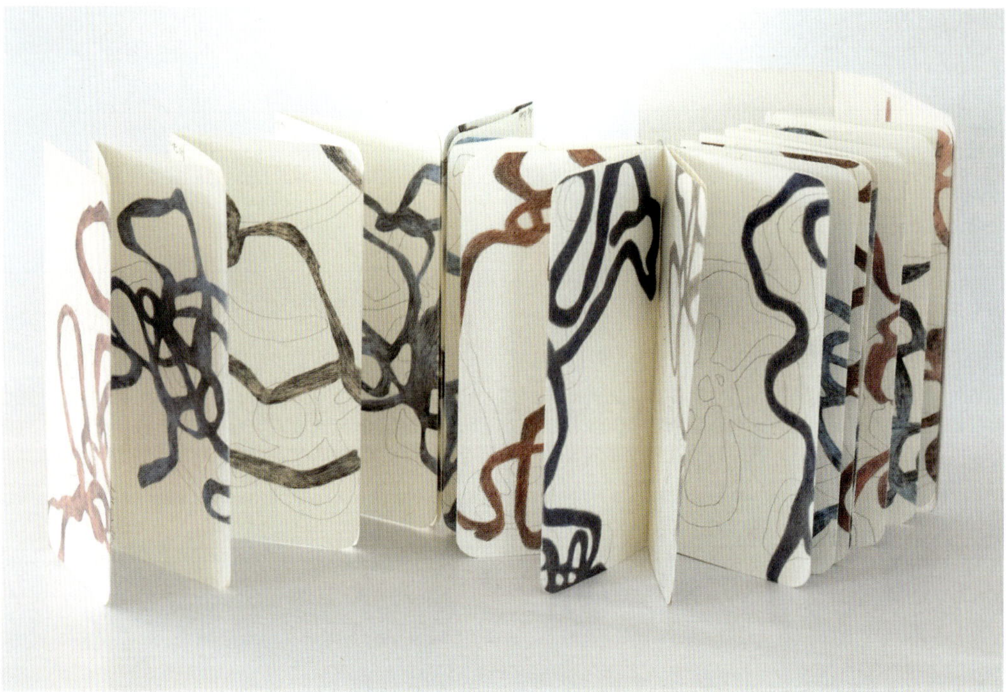

Vielfalt der Möglichkeiten (unten)
Wird zu Beginn der Faltung ein kleiner Steg umgeklappt, ist dies der Bereich zur Verlängerung. An diesen Stegen werden die einzelnen Teile mit doppelseitigem Klebeband, mit Leim oder Klebestift zum Leporello zusammengeklebt. Die Abbildungen zeigen die Möglichkeiten, ein Leporello zu verlängern.

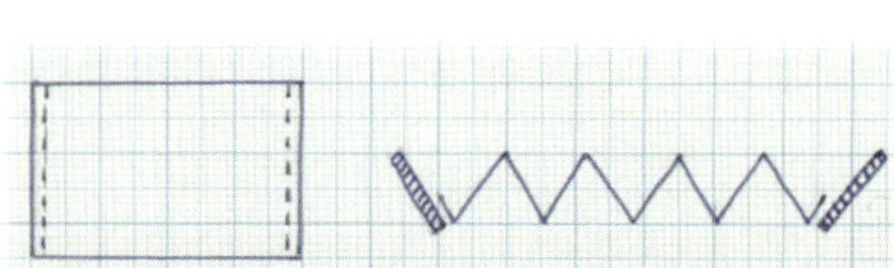

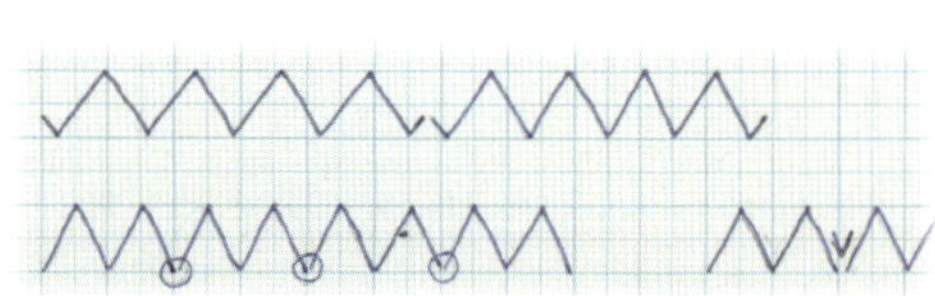

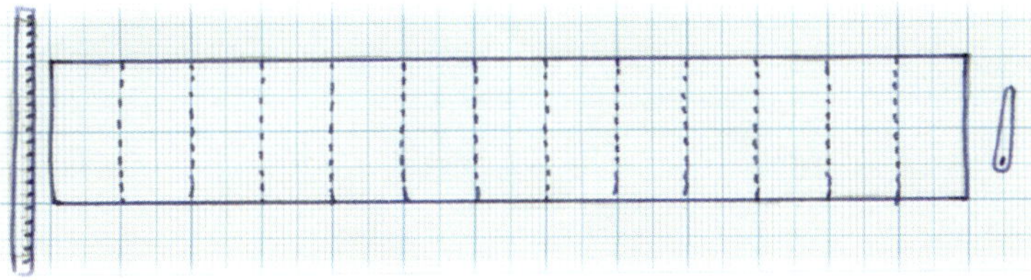

Abbildung 1
Ist Ihr Papier besonders lang und die Faltung entsteht in einem Stück, dann nutzen Sie bitte einen „Anschlag". Hier kann die bereits gefaltete Papierkante immer passend angelegt werden. Verwenden Sie zudem einen immer gleichen Abstandshalter aus Pappe in der gewünschten Blattgröße. Auf dem Leporello aufgelegt, am Anschlag anstoßend, ziehen Sie jeweils mit dem Falzbein entlang der gegenüberliegenden Seite dieser Kante eine Nut und falten das Papier im Wechsel. So entsteht das „Akkordeon".

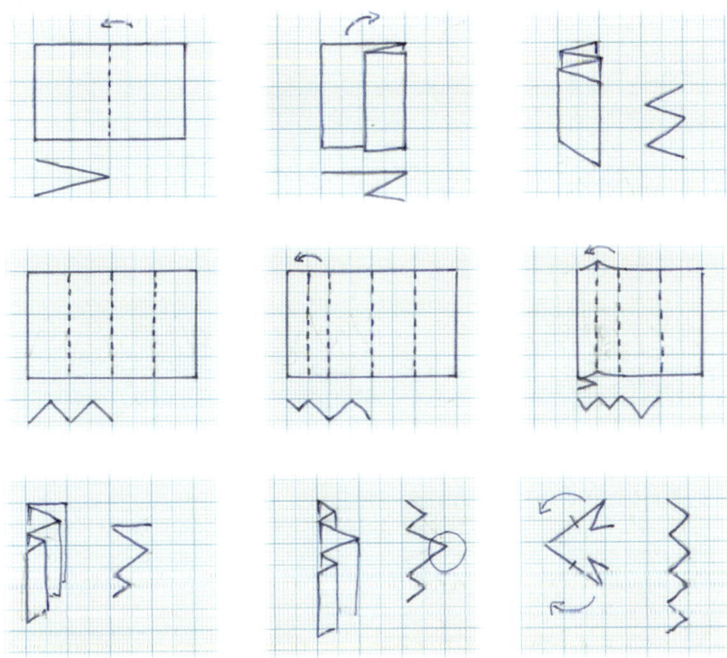

Abbildungen 2 - 10
Kleinere Blätter werden immer „mit sich selbst" gefaltet, wodurch sich jegliche Berechnung erübrigt. Es passt immer genau.

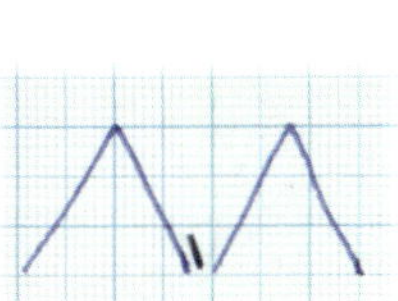

Blatt für Blatt aneinanderkleben.

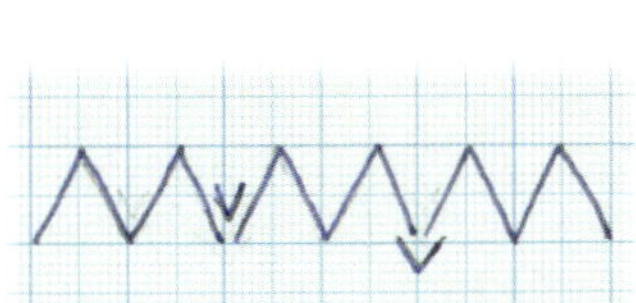

Blätter mit kleinem Extra-Steg von innen oder von außen verbinden.

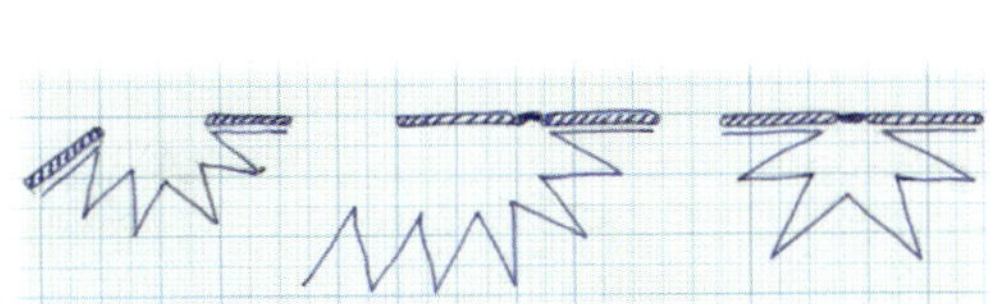

Drei Varianten, wie das Leporello mit einem festen Einband versehen werden kann.

Bitte freundlich winken: Flaggenbuch

Das Flaggenbuch ist eine sehr dynamische Buchstruktur und besteht aus kleinen Elementen, die als „Flaggen" an den Leporello-Rücken angeklebt sind.

Ob ein Farbenspiel dargestellt werden soll, eine Fotosequenz die Gestaltung ausmacht, eine Abfolge ähnlich einem Daumenkino zum Thema gewählt wird oder es lediglich ein grafisches Formenspiel werden soll – es ist eine der vergnüglichsten, spielerischsten Buchformen, die ich mir vorstellen kann. Anfassen und das Buch sofort „in Bewegung versetzen" – wen juckt es da nicht in den Fingern?
Das Flaggenbuch braucht einen festen Einband, der mit der Größe der Flaggen übereinstimmt.

Als Rücken fertigen Sie ein Leporello und kleben die Flaggen gemäß der Anleitung auf der gegenüberliegenden Seite fest. Es ist hilfreich, sich die Position vorher zu markieren. Beginnen Sie an der letzten Position am Leporello mit der letzten Flagge der obersten Reihe und enden Sie entsprechend vorne. Kleben Sie die Flaggen mit Leim, Klebestift oder doppelseitigem Klebeband, je nach Papiersorte, am Leporello fest. Ein wenig Abstand zwischen den Reihen ist notwendig, damit die Flaggen sich nicht gegenseitig in der Bewegung behindern.
Die erste und letzte Fläche des Leporellos bleiben frei (das ist die schraffierte Fläche in der Abbildung), um sie an den Einbanddeckeln festzukleben.

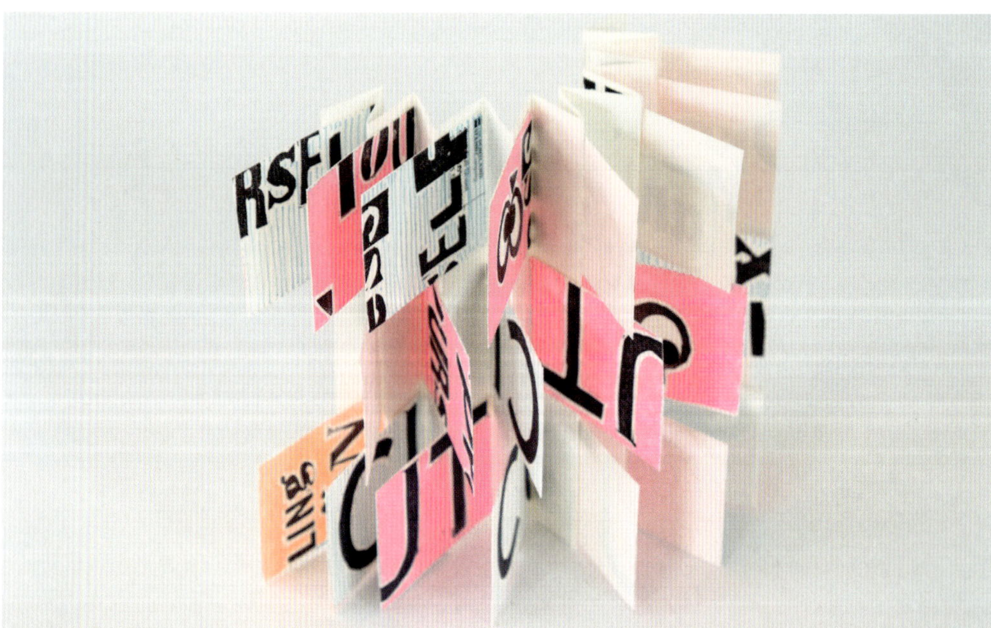

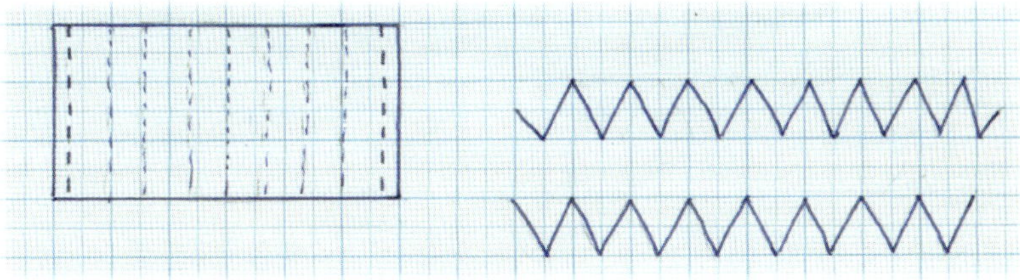

Leporello-Faltung

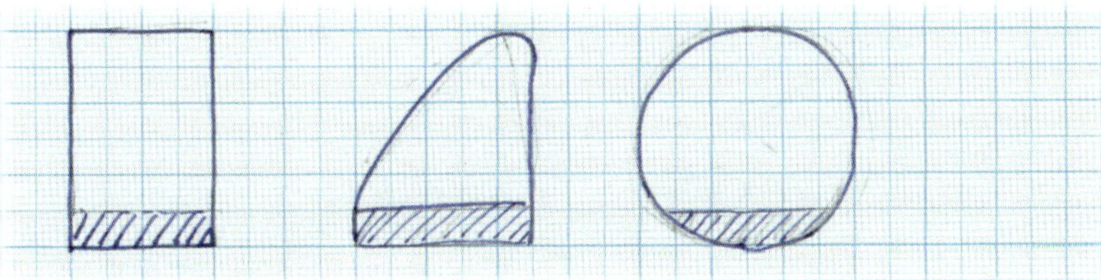

Flaggenformen mit Klebefläche

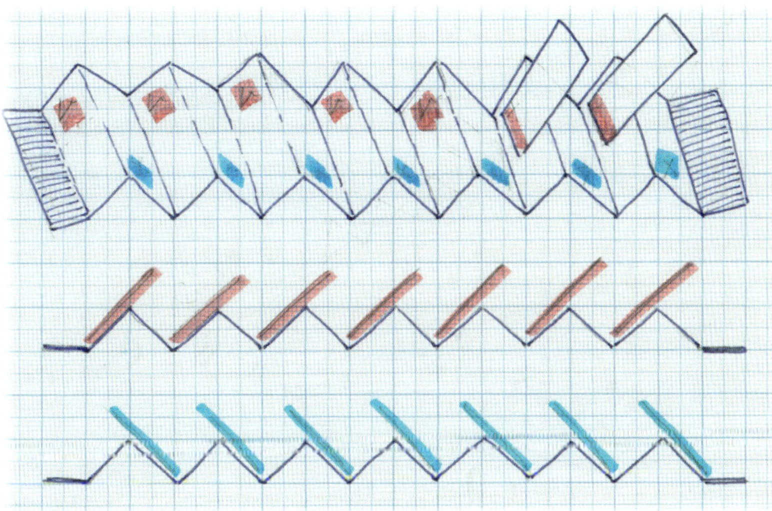

Anordnung der Flaggen

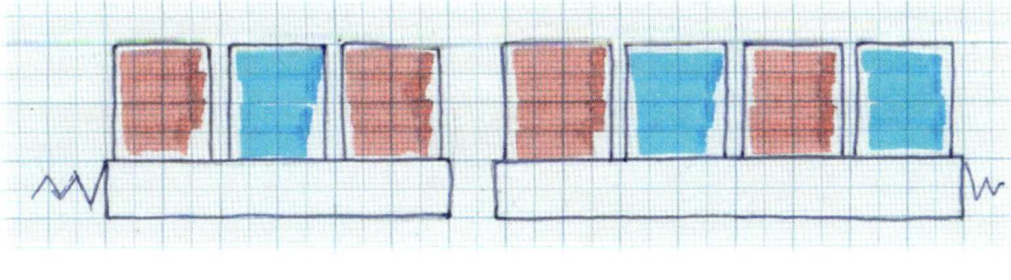

Anzahl der Flaggen – drei oder vier nebeneinander

Ein langes Fädchen ist kein Zeichen für Faulheit: Fadenheftung

Eine Fadenheftung funktioniert wunderbar in Kombination mit einer sogenannten Schweizer Broschur (siehe Seite 108, Experiment nach Daniel Spoerri). Das heißt, ein fadengehefteter Buchblock wird nur am rückwärtigen Buchdeckel angeklebt (siehe Buch mit stabilem Rücken, Seite 82). Der Vorteil der Fadenheftung ist: Der Buchblock bleibt flach liegen, wenn er geöffnet ist.

Mir persönlich gefällt der „offene Rücken" mit den sichtbaren Rippen der Heftung. Im vorliegenden Beispiel ist der Einband gleich als vorderer und hinterer Buchdeckel mit eingebunden, er bildet die erste und letzte Lage. Das gefaltete Papier (ca. 200 g/m^2) kann wie beim XeroX-Projekt von Seite 136 gestaltet werden: Zwei DIN-A4-Kopien werden mittig gefaltet und später auf ihrer weißen Innenseite zusammengeklebt. So sind die beiden Buchdeckel innen wie auch außen mit einem Motiv versehen. Der Heftfaden wird am Ende in den beiden Buchdeckeln verschwinden, wenn diese zusammengklebt werden. So bilden die Kopien nun eine stabile Hülle. Eine recyclingverdächtige Methode, um „Junk Journals" oder ein Skizzenbuch zu fertigen.

Erstellen Sie eine Schablone für ein Heft mit 21 cm Höhe. Messen Sie mit dem Geodreieck für die äußeren zwei Löcher jeweils 1,5 cm vom Rand ab und markieren Sie die Stellen. Die dazwischen liegende Strecke von 18 cm teilen Sie durch 4, das ergibt einen Abstand von je 4,5 cm für zusätzliche drei Löcher. Die Fadenlänge sollte einmal die Buchhöhe für jede Lage betragen.
Alternative Berechnungen können Sie selber anstellen und zwischen einer geraden oder ungeraden Anzahl von Löchern wählen. Die Abstände der Löcher müssen nicht zwingend symmetrisch sein. Mehr Löcher ergeben einfach mehr sichtbare Rippen am Rücken.

VORBEREITUNG DER LAGEN:

Falten Sie jeweils vier Blätter mittig und legen Sie sie ineinander zu einer Lage. Bereiten Sie so viele Lagen vor, wie Sie möchten, na ja, vielleicht reichen maximal sieben für den Anfang. Arbeiten Sie bevorzugt an der Tischkante. Alle Lagen gemäß der Schablone mit der Ahle vorstechen, indem sie die Schablone ins Innere der Lage legen. Das gefaltete rückseitige Umschlagpapier bildet die erste Lage. (Zur Erinnerung: Den Umgang mit der Ahle schauen Sie auf Seite 58 nach.)

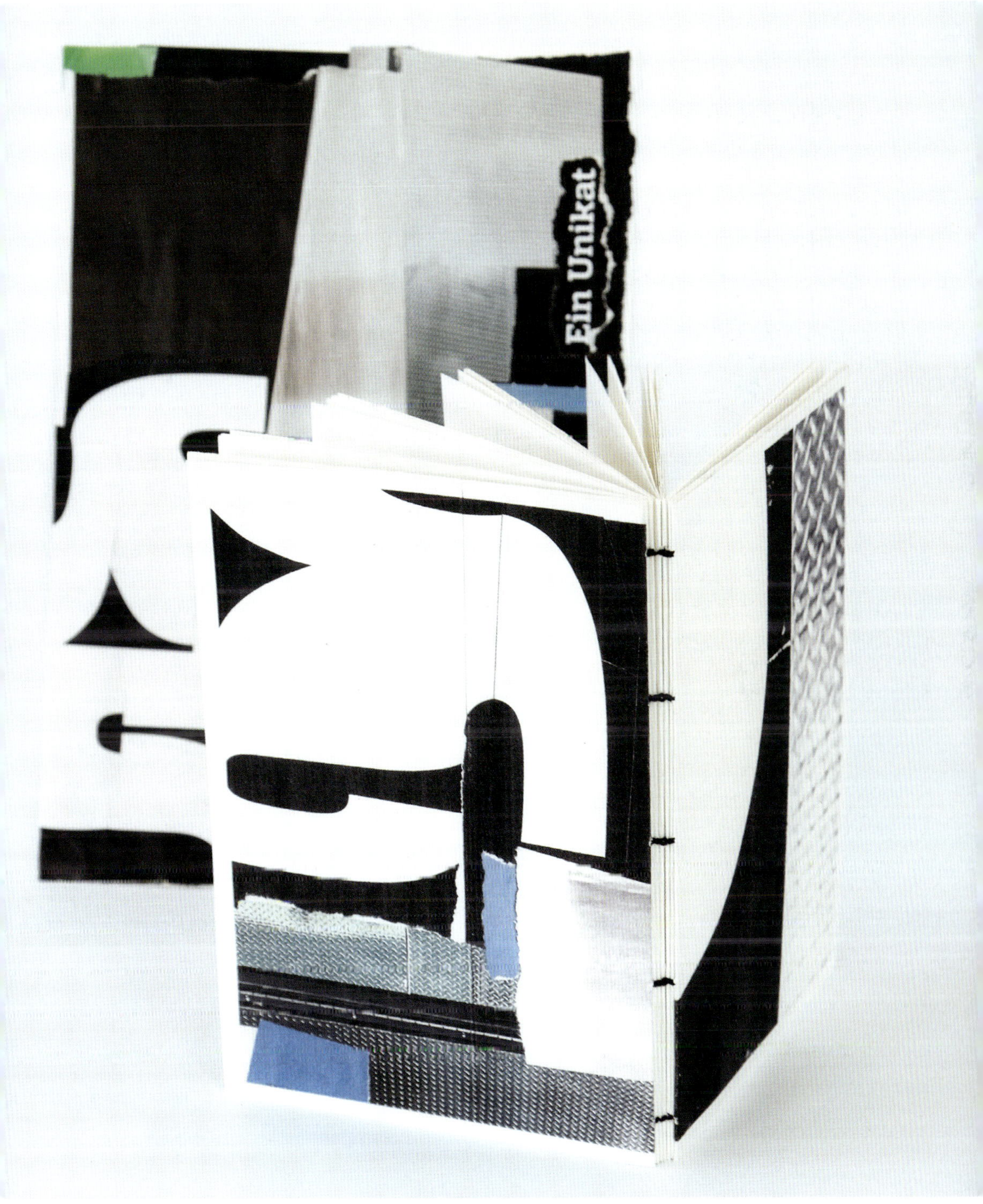
Ein Unikat

Abbildung 1
Beginnen Sie mit der Fadenheftung bitte an der gefalteten Umschlagrückseite und arbeiten Sie sich zur gefalteten Umschlagvorderseite vor. Führen Sie die Nadel von außen durch das **Startloch 1** und lassen Sie ein Stück Faden außen hängen. Führen Sie den Faden im Inneren der Lage zum links daneben liegenden **Loch 2** und kommen Sie durch dieses Loch nach außen. Führen Sie Nadel und Faden in das darüberliegende **Loch 3** der zweiten Lage ein, gehen Sie im Inneren der Lage erneut nach links und kommen Sie bei **Loch 4** nach außen. Stechen Sie in das darunterliegende **Loch 5** und gehen Sie weiter zu **Loch 6**. Heften Sie weiter, indem Sie den Faden durch das darüberliegende **Loch 7** führen. Folgen Sie der Illustration. Es werden immer übereinanderliegende Löcher „bedient". Wenn Sie am linken Heftrand angekommen sind, kommen Sie aus dem Inneren der Lage bei **Loch 8** heraus und wechseln zur unteren Lage, stechen die Nadel in **Loch 9** und ergänzen im Inneren der Lage die Fehlstelle, kommen bei **Loch 6** heraus und stechen in das darüberliegende **Loch 7** zur anderen Lage, ergänzen die Fehlstelle ... und so weiter, bis Sie bei **Loch 10** der zweiten Lage über dem Startloch herauskommen. Hier das lose Fadenende mit dem Heftfaden verknoten. Diesen Faden ziehen Sie später in das Innere der Einbandlage, bevor Sie diese verkleben.

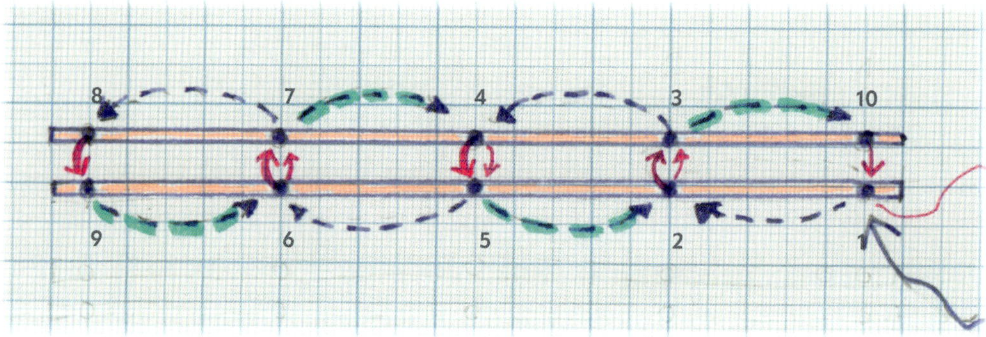

Abb. 1

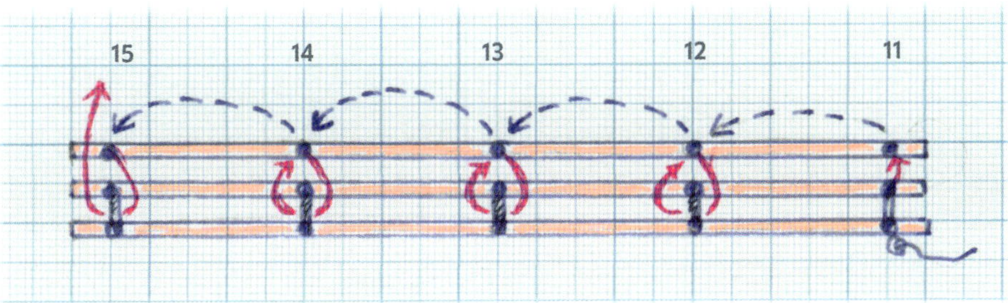

Abb. 2

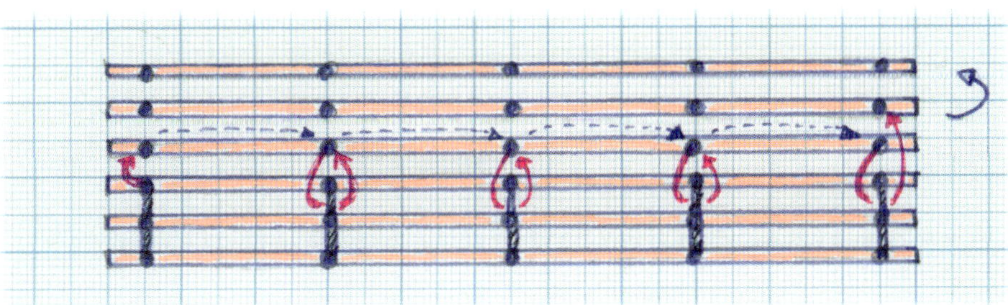

Abb. 3

Abbildung 2

Nun legen Sie die dritte Lage auf und stechen von außen in **Loch 11** ein, welches über **Loch 10** und dem Startloch liegt. Gehen Sie im Inneren der Lage nach links und treten aus dem **Loch 12** aus. Nun führen Sie die Nadel in den Spalt zwischen Lage eins und zwei, schlingen das Garn um die vorhandene Bindung und gehen in das gleiche Loch zurück, aus dem Sie herausgekommen sind (**12**). Wiederholen Sie diese Schritte bis zum Ende. Beim letzten Loch am linken Rand angekommen, schlingen Sie den Faden noch einmal um die vorhandene Heftung.

Abbildung 3

Nehmen Sie sich die vierte Lage und legen Sie sie passend über die bereits gehefteten. Gehen Sie dort in das linke Loch (vom Rand aus) ins Innere der Lage. Sie gehen innen nach rechts zum nächsten Loch. Aussteigen, ziehen Sie den Faden in den Spalt zwischen der vorigen Lage, umschlingen Sie die vorhandene Heftung, gehen Sie ins gleiche Loch zurück usw. Fortfahren gemäß der Illustration. Wenn alle Lagen gebunden sind – also die letzte Lage das Einbandpapier ist –, fertigen Sie den Knoten im Inneren dieser letzten Lage. Nun kleben Sie die kopierten Einbände jeweils zusammen und Ihr Buch ist fertig. Wenn Sie die Fadenheftung mit einer geraden Anzahl Löcher fertigen, werden Sie am linken Rand beim Loch der unteren Lage herauskommen und steigen logischerweise in das darüberliegende Loch der zweiten Lage ein, um zum Startloch zurückzukehren.

Purist: Buch mit stabilem Rücken

Puristisch kann ein Buch als Hardcover gefertigt werden, wenn wir ein selbst klebendes Band benutzen in Kombination mit beklebter oder karger Pappe. Auf der einen Seite ist dieses Band (aus dem Fachhandel) mit einem Buchleinen beschichtet, mit einer Klebefläche auf der anderen Seite. So ist es mit diesem Hilfsmittel sehr einfach, rasch und ohne klebrige Finger zu einem zufriedenstellenden Ergebnis zu gelangen.

Je nach gewählter Breite des Textilbands kann auch zusätzlich ein passender Pappstreifen auf das Textilband geklebt werden (Abstände beachten). Der Rücken kann dadurch auch üppiger ausfallen. Der Gelenkspalt wird der Dicke der Pappe angepasst.

Ein Rechenbeispiel für ein Buch mit 20 mm Rückenbreite plus zweimal die Dicke der Pappe – beispielsweise 1 mm = 22 mm.

Für den Gelenkspalt nehmen Sie für den Abstand zum rechten und linken Einbanddeckel je 7 mm = 14 mm.

Im Ergebnis erhalten Sie:
22 mm + 14 mm = 36 mm

Planen Sie bei der Breite des Textilbandes die seitlichen Klebeflächen mit ein, an denen die Pappen festgeklebt werden.
Eine Schneidematte mit Zentimeter-Einteilung hilft, die Pappen zu positionieren. Seitlich die Pappen kurzfristig fixieren, damit Sie die Klebefläche akkurat treffen, wenn die umgeklappte Pappe zurückfällt. Eine Markierung an den Kanten der Pappen hilft, damit das Band parallel zur Kante der Pappe verläuft.

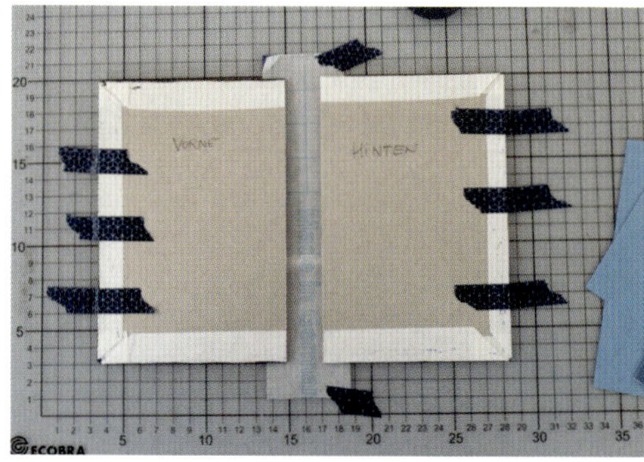

Zwei Pappen mit Papier bezogen, liegen fixiert und ausgerichtet neben dem vorbereiteten Klebeband.

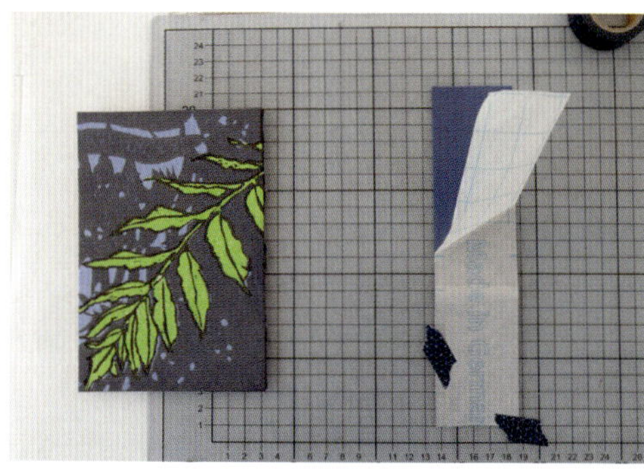

Die beiden Pappen sind umgeklappt, die Schutzfolie vom Klebeband teilweise abgezogen.

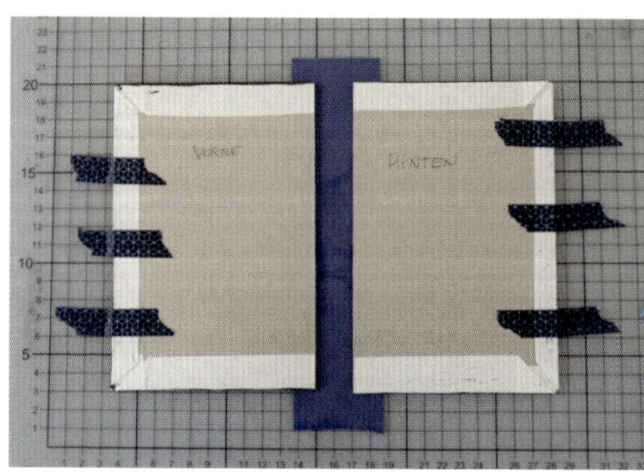

Die Buchdeckel sind zurückgefallen auf die Klebefläche des Bands. Beenden Sie die Arbeit mit dem Aufkleben des Spiegels.

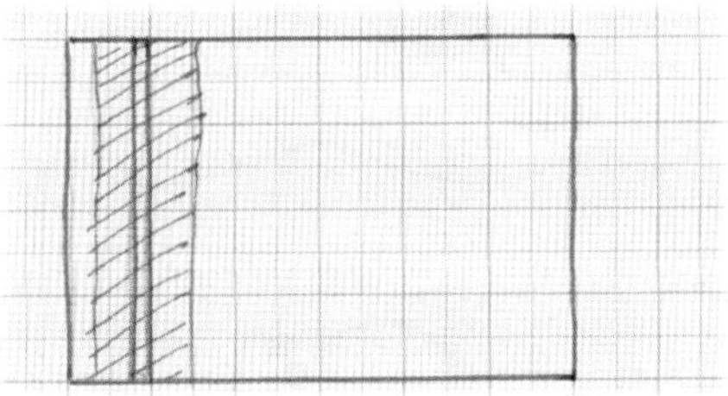

Ein Gelenk mit dem Textilband an einer Seite der Pappe anbringen, z.B. für die japanische Bindung

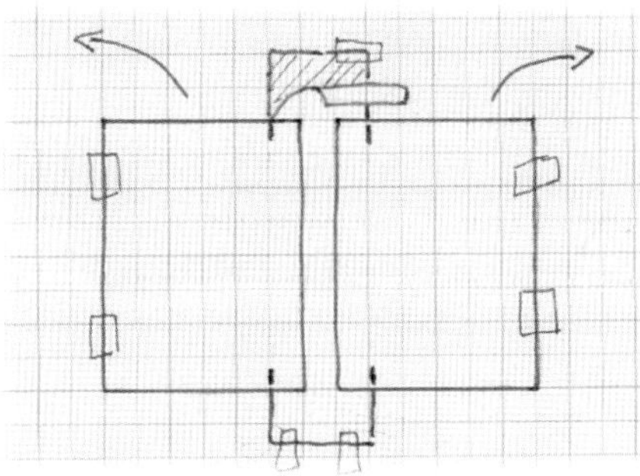

Pappen auswählen, seitlich fixieren und Band ebenfalls rutschfest anordnen

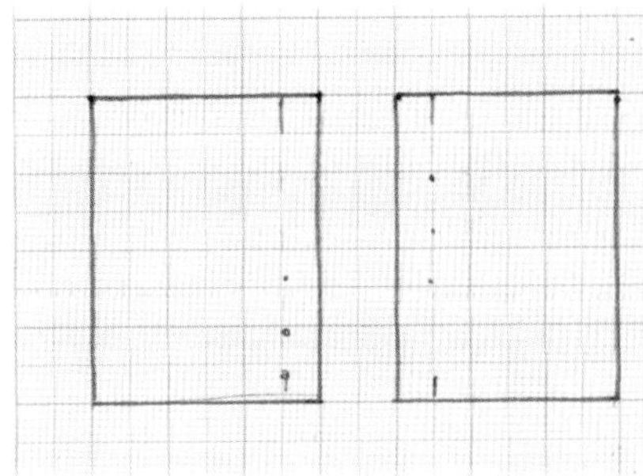

Seitliche Markierungen an den Pappen

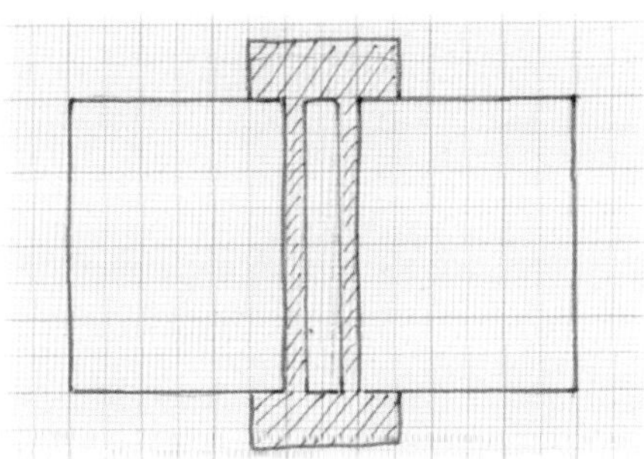

Vorbereiteter Einband, eventuell mit Pappstreifen zur Verstärkung

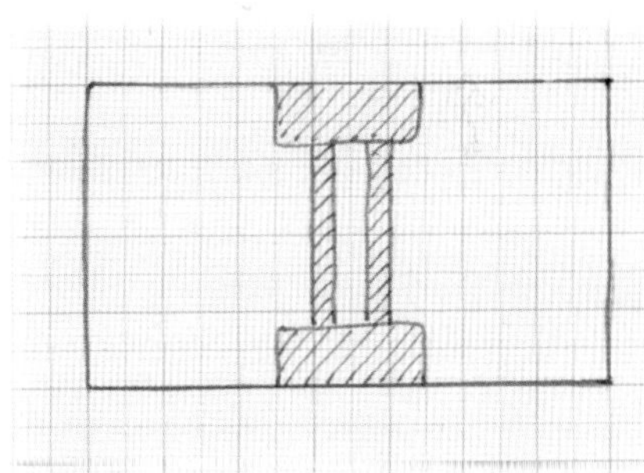

Oberes und unteres Ende des Bandes umschlagen

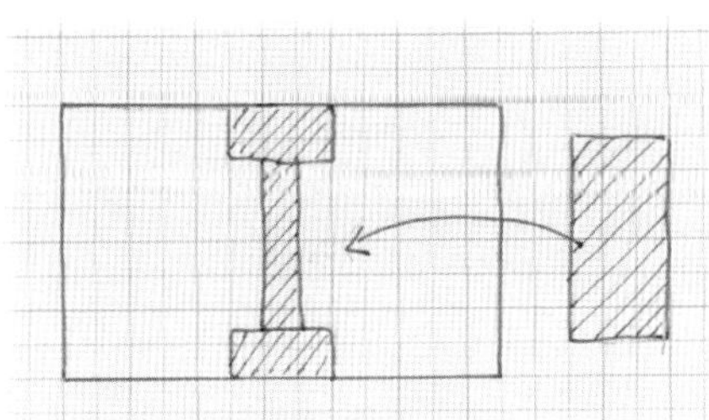

Spiegel zum Schluss aufkleben

Mal einen guten Eindruck machen: Einbandpappen beziehen

Wünschen Sie einen festen Einband aus Graupappe, der bezogen ist mit Buchleinen, Schmuckpapier oder kaschiertem Stoff?

Ausmessen: Messen Sie bei den Buchdeckeln oben, unten und am seitlichen Rand je 2 cm hinzu. Für den Gelenkspalt und die Rückenbreite folgen Sie der voherigen Berechnung. Verteilen Sie die Pappen auf dem Material inklusive der Zugaben und schneiden Sie das gewünschte Einbandmaterial zu (Abbildung 1).

Auf eine unorthodoxe Weise, die mir für Einsteiger:innen leichter erscheint, klebe ich die Pappen zuerst auf das Material, indem ich diese mit Leim einstreiche und auflege. Fest andrücken! Das Werkstück ein wenig über die Tischkante zu schieben, erleichtert Ihnen die Handhabung, weil Sie mit der flachen Hand gut von unten über die Pappkanten streichen können und somit das Material fest anpressen können. Nun streichen Sie die überstehenden Seitenflächen mit Leim ein und schlagen die Ecken um. Es entstehen Ecken mit dieser Optik (Abbildung 2). Nun zuerst an der langen Buchseite die Materialzugabe mit dem Handballen an die Kante der Pappe andrücken und umschlagen. Ebenso die kürzeren Seiten (Abbildung 3).
Schneiden Sie das Vorsatzpapier zu (etwas kleiner als den Einband), streichen Sie es mit Buchbinderleim ein und kleben Sie es auf. Dabei wählen Sie zwischen zwei Möglichkeiten: Über den Rücken einen sogenannten Spiegel kleben, zum Beispiel aus dem Einbandmaterial. Bekleben Sie die verbleibenden Flächen mit je einem anderen Papier (Abbildung 5). Alternativ kleben Sie ein passendes Vorsatzpapier über die ganze Fläche. Letzteres ist je nach Größe des Buches schwieriger, als das „Problem" auf drei Schritte zu verteilen (Abbildung 4). Natürlich die Gelenke mit dem Falzbein vorsichtig nacharbeiten, das Buch zuklappen und das Gelenk knicken. Wieder aufschlagen und flach liegend zwischen Wachspapier über Nacht trocknen lassen. Dabei ein Holzbrett auflegen und mit einem Gewicht beschweren.

Bei einem Leporello-Einband entfällt das Vorsatzpapier, da diese Fläche jeweils für die erste und letzte Seite des Leporellos reserviert ist.

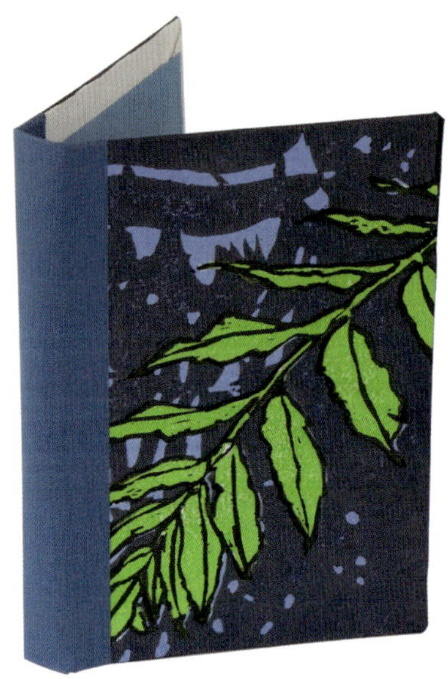

Bereit für die Rückenstichheftung (siehe Seiten 58 und 60) oder das Festkleben des Buchblocks am hinteren Einband

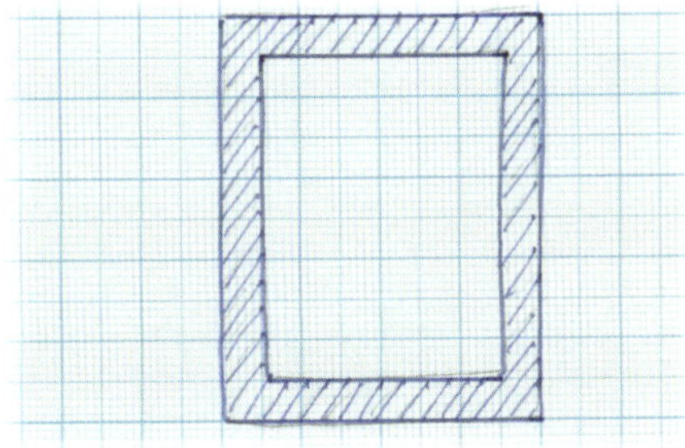

Einband für ein Leporello, Umschlag an allen vier Seiten

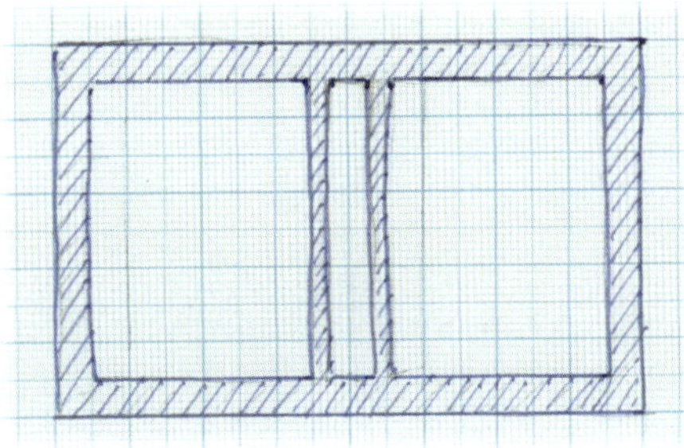

Abb. 1: Einband berechnen für zwei Pappen mit einem Pappstreifen für den Rücken

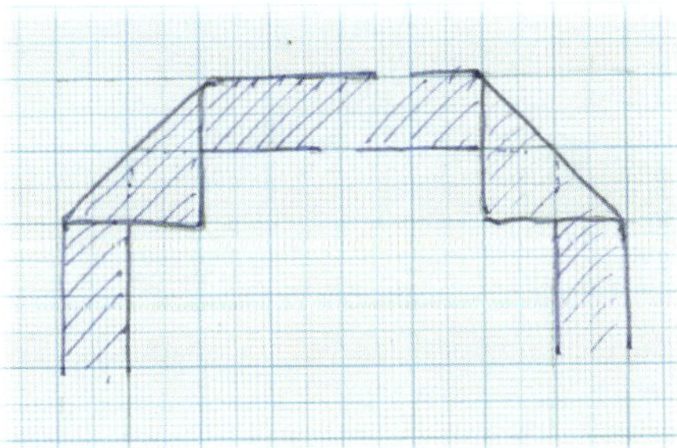

Abb. 2: Einschlagen der Ecken

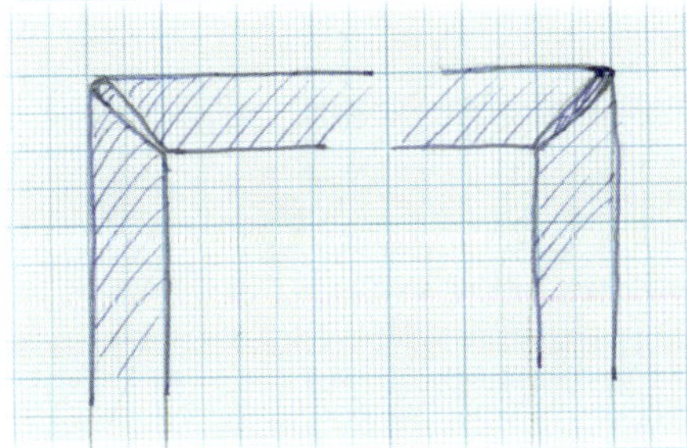

Abb. 3: So sieht das fertig aus.

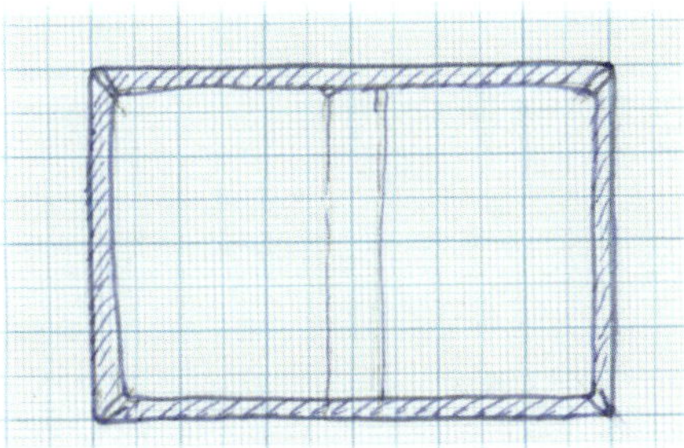

Abb. 4: Vorsatzpapier über der gesamten Fläche

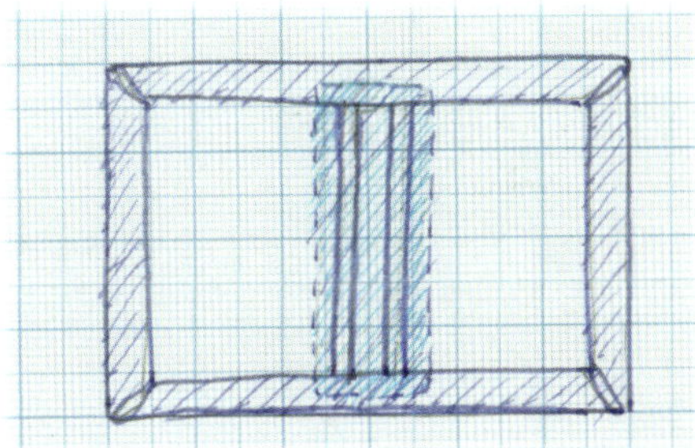

Abb. 5: Vorsatzpapier in zwei Teilstücken mit extra Spiegel am Rücken

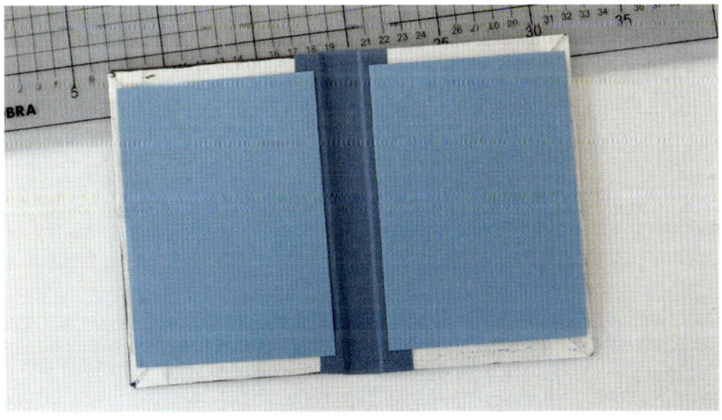

So sieht das Ergebnis aus, mit einem Spiegel und Vorsatzpapier.

Mein Tipp zum Kaschieren mit Stoff oder dünnem Papier

Stoff oder dünneres Papier gleich auf die Pappe zu kleben, ist keine gute Idee. Der Leim schlägt nämlich durch und es gibt unattraktive Flecken.

Daher können Lieblingspapiere, zum Beispiel Verpackungen oder Fundstücke, kaschiert werden. Dazu geeignet ist ein Ingres-Papier oder Zeichenpapier. Wie die Abbildung auf der gegenüberliegenden Seite zeigt, das Zeichenpapier zum Kaschieren von der Mitte nach außen mithilfe von Pinsel oder Schwammrolle mit Leim einstreichen und das gewünschte Einbandmaterial, zum Beispiel Stoff, auflegen. Von der Mitte aus zum Rand hin mit der flachen Hand mögliche Luftblasen ausstreichen. Alles zwischen Wachspapier legen, über Nacht mit einem Holzbrett bedeckt unter einem Gewicht trocknen lassen.

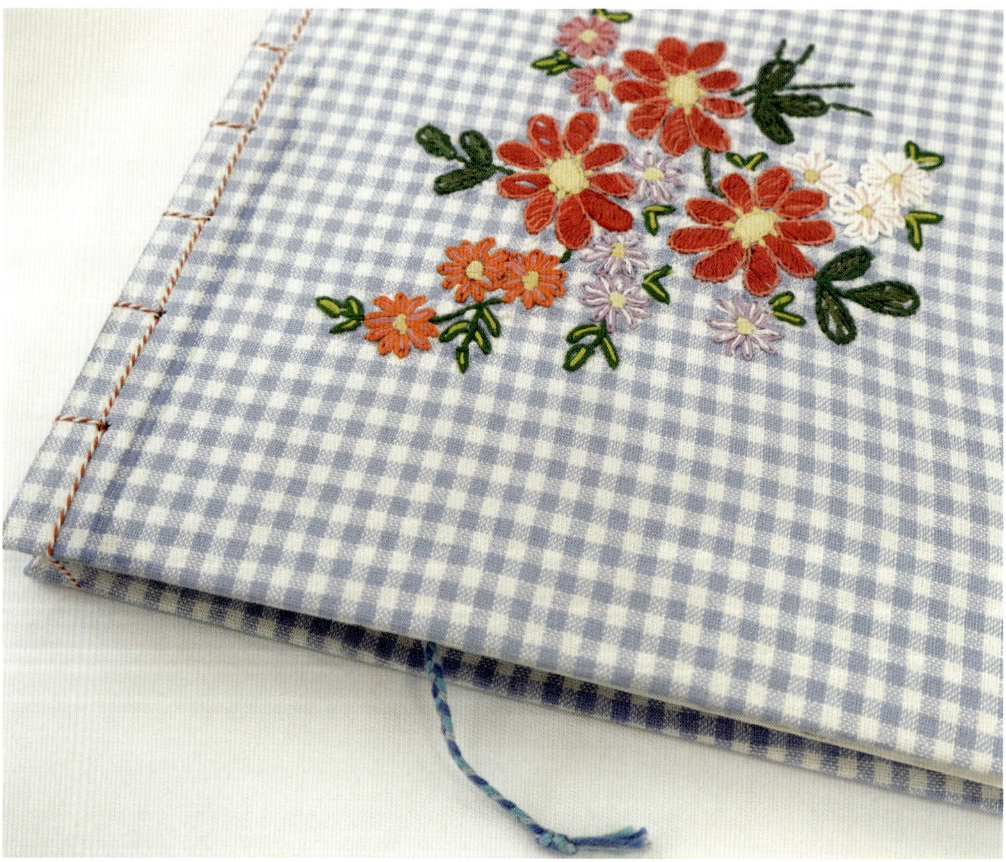

Ein Skizzenbuch ist mit einer bestickten Tischdecke bezogen.

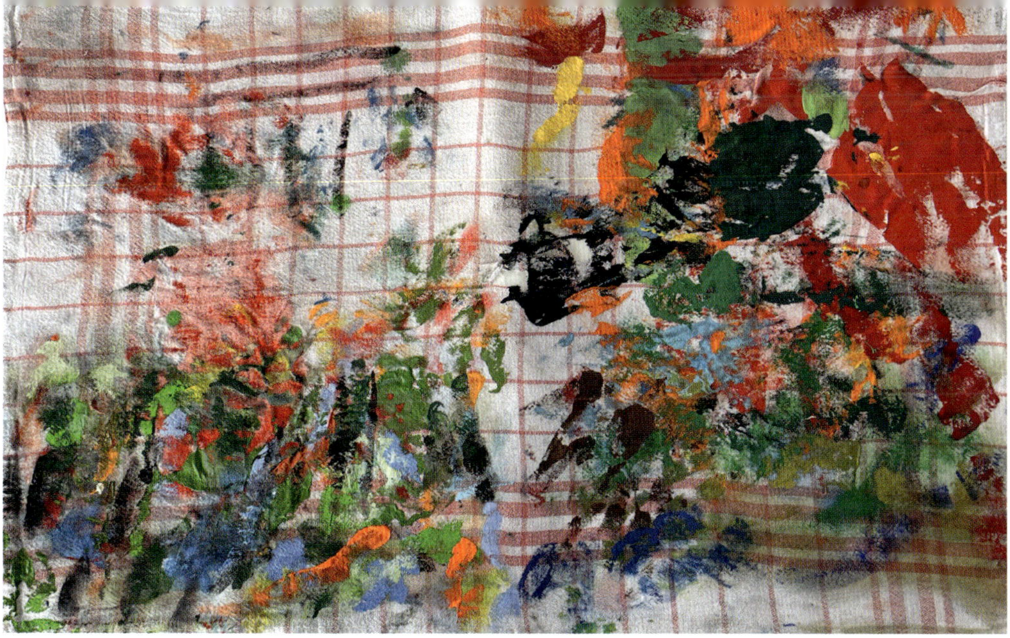

Dieses Maltuch des Künstlers Rolf Jahn habe ich auch auf Papier kaschiert.

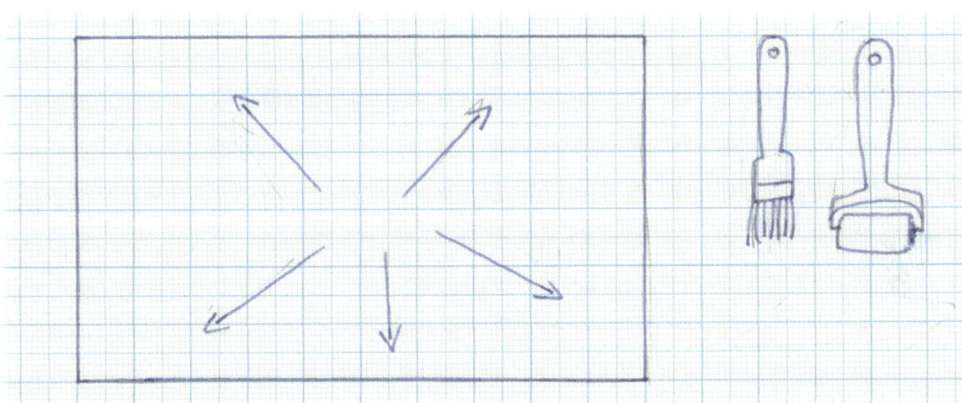

Papier zum Kaschieren, etwas größer als der Stoff

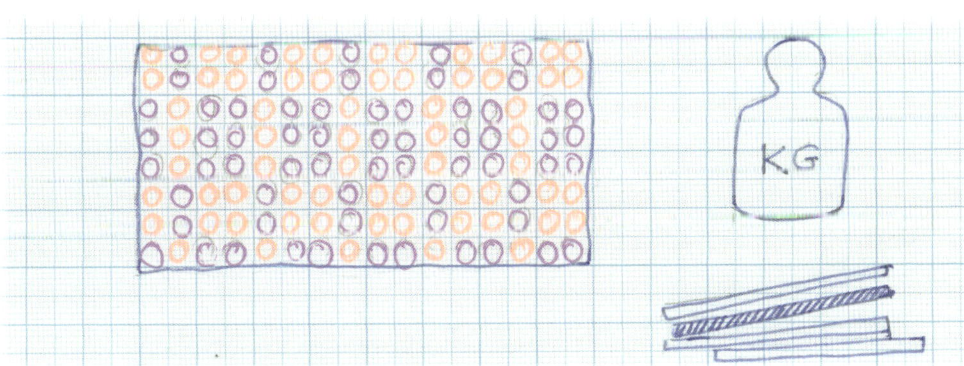

Ein Stück Stoff oder dünneres Papier auf das Papier kleben

Kunsttransport, gut verpackt: Mappe und Box

Mappen und Schachteln können leicht gefertigt werden, wenn Sie zum Beispiel vorhandene Verpackungen auseinanderfalten und als Vorlage nutzen, also die Flächen der Schachtel auf ein entsprechendes Material übertragen.

Papierqualität und -festigkeit sollten zum geplanten Projekt passen. Auch gekaufte Mappen können durch Übermalen, Collagieren oder andere Eingriffe Ihrem Vorhaben angepasst werden. Einige Ideen zur Inspiration sehen Sie auf der gegenüberliegenden Seite. Egal, ob Ihre Vorlage eine Schachtel oder eine Mappe war: Alle Stellen, die später gefaltet werden sollen, werden mit einem Falzbein vorbereitet. Fahren Sie dazu am Lineal entlang und drücken Sie eine Nut in das Material. Aus einer seitlichen Fläche schneiden Sie die Ecken heraus, lassen dabei Material als Klebefläche stehen. So ist rasch eine einfache Schachtel oder Mappe gefertigt. Das Ganze ein paar Millimeter größer und Sie haben den passenden Deckel dazu!
Die Illustration mit den Bändern ist vom **Künstler-Duo Häfner & Zitzmann** inspiriert. Hinter die innen liegenden Bänder kann auch ein Stück Papier mit Text oder etwas anderes Flaches eingeklemmt werden. In der Originalmappe liegt eine Broschüre der beiden Künstler.

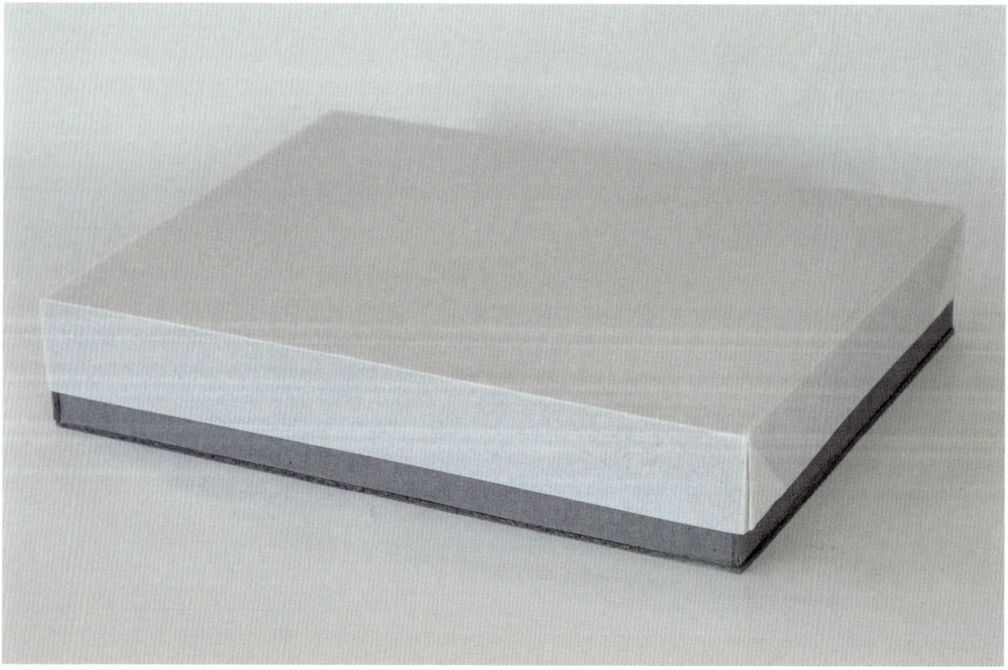

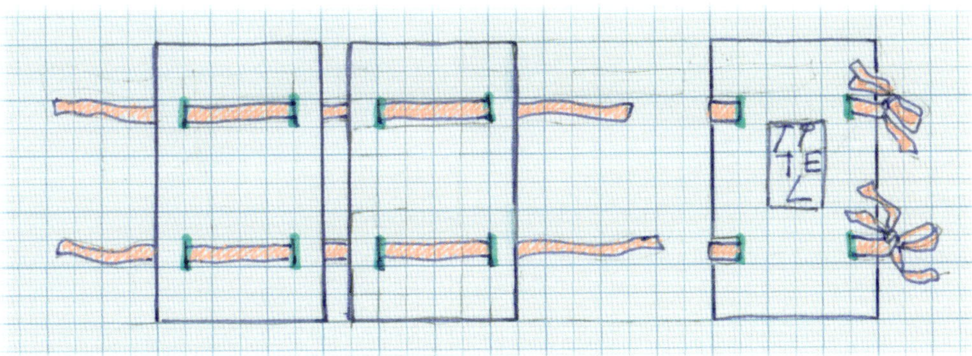

Bändermappe des Künstler-Duos Häfner & Zitzmann, links ist die Mappe geöffnet, rechts geschlossen.

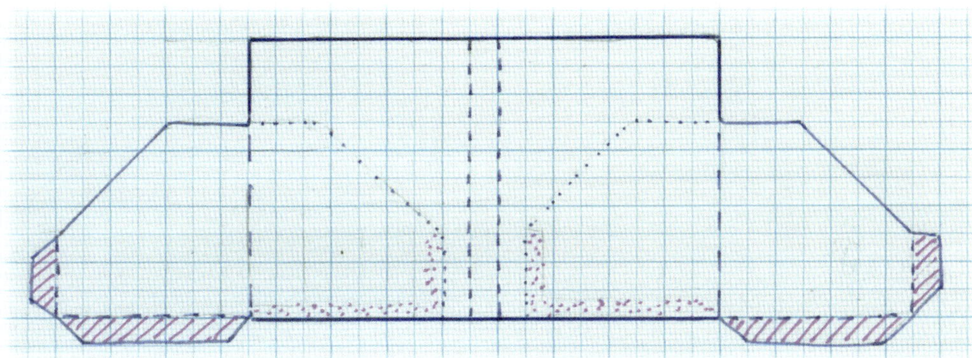

Beispiel, wie eine Mappe aussehen könnte

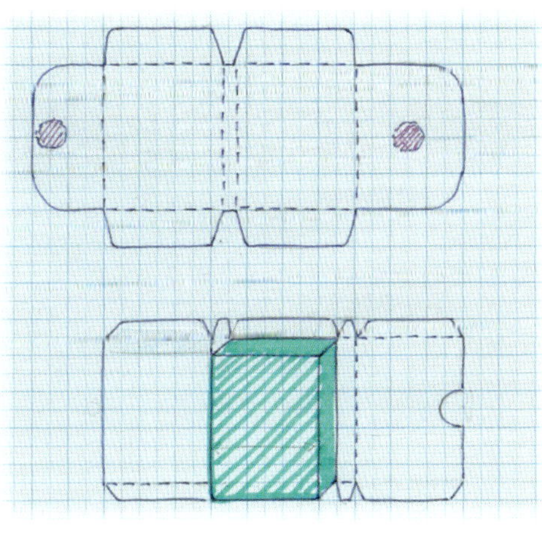

Anregungen, wie Sie eine vorhandene Schachtel als Vorlage nehmen können.

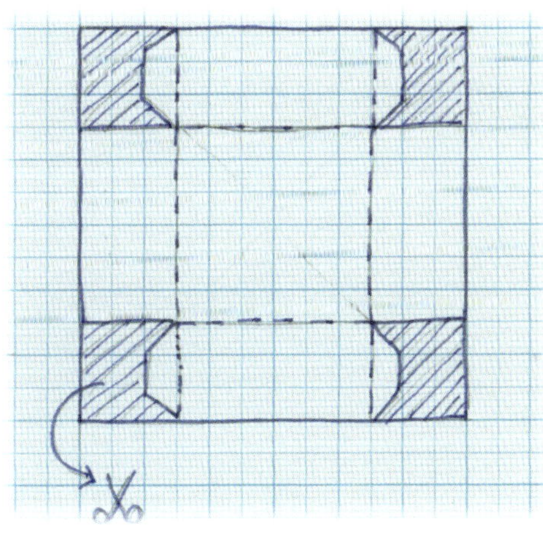

Beispiel Ecken ausschneiden

Überraschung! Das Buch als Objekt

Hier wird es naturgemäß schwierig, irgendwelche exakten Vorgaben zu vermitteln.

Dieses sprichwörtlich „weite Feld" müssen Sie nun selber beackern. Es ist die Freiheit, alles so zu machen, wie Sie wollen! Empfinden Sie es als Chance oder bringt es Sie zur Verzweiflung? Auf dieser Seite sehen Sie ein Beispiel von mir, das ich als Objekt bezeichnen möchte.

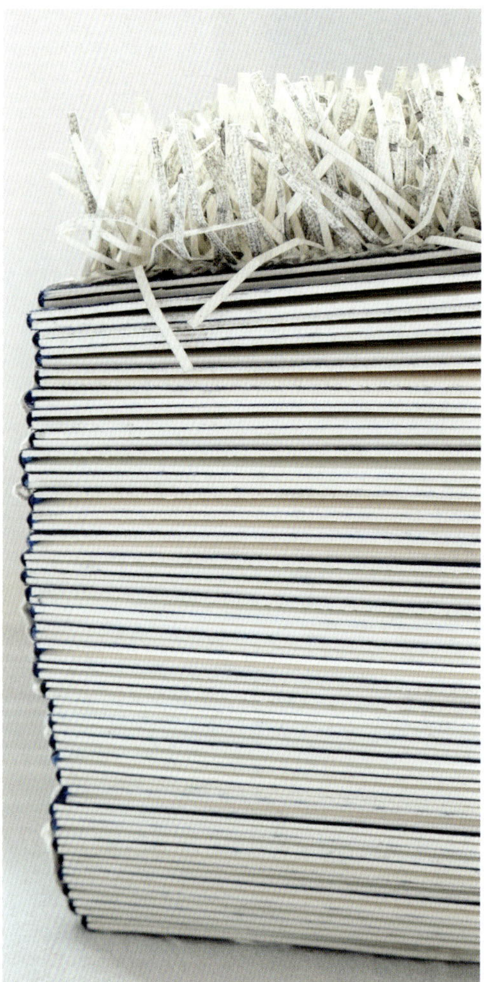

Statements aus der Astrophysik über die Dimensionen des Weltalls stehen handgeschrieben auf Blättern in Origami-Faltung. Gegenüber ist immer eine kleine Zeichnung positioniert, mit Transparentpapier als Zwischenlage. Der Rücken besteht aus einem handgewebten Band aus Papiergarn. Jedes Element ist als kleines Heft an diesem Gewebe fixiert. Das Buch-Objekt kann sich auffächern oder als Turm stehen. Der vordere Deckel besteht aus zerschnittenen Zeichnungen, die als schmale Streifen in das Papiergewebe gesteckt und von der Rückseite her mit Leim fixiert sind.

Die Fantasie kennt keine Grenzen!
Machen Sie das Beste draus!
Ich wünsche gutes Gelingen!

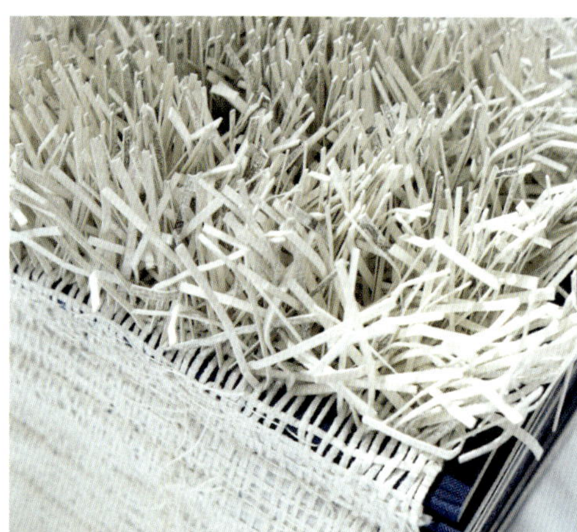

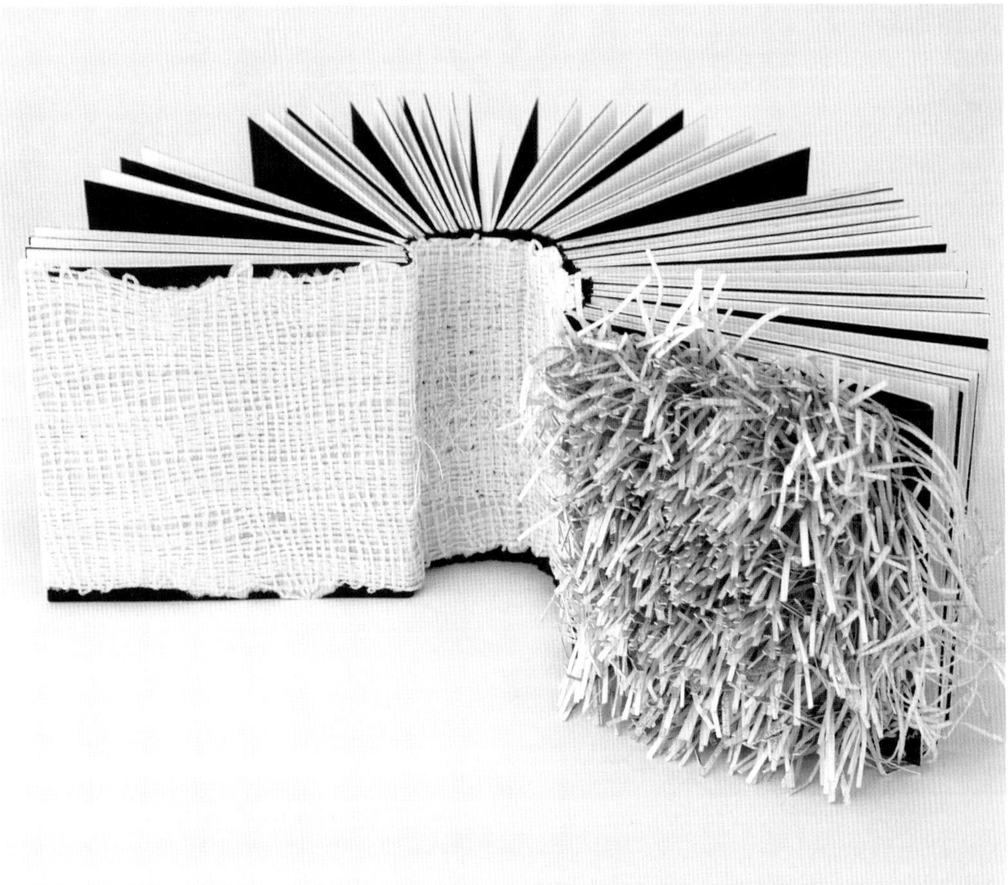

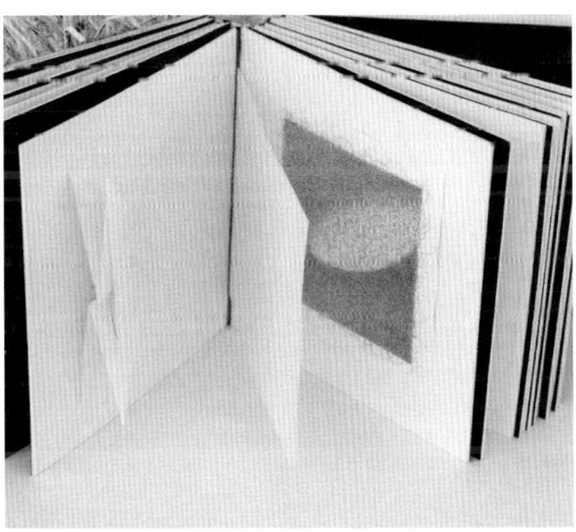

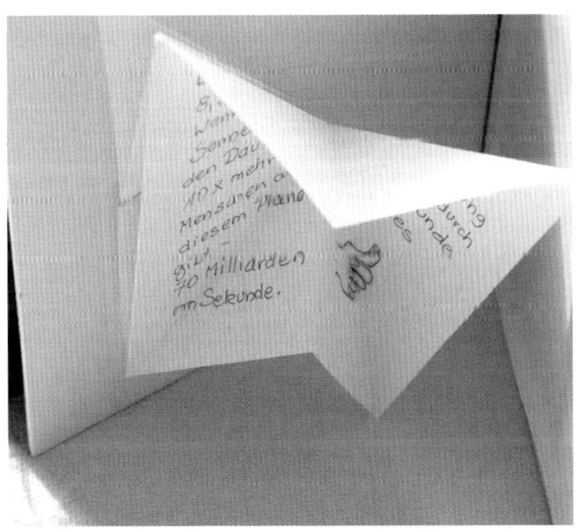
70 Milliarden
Sekunde.

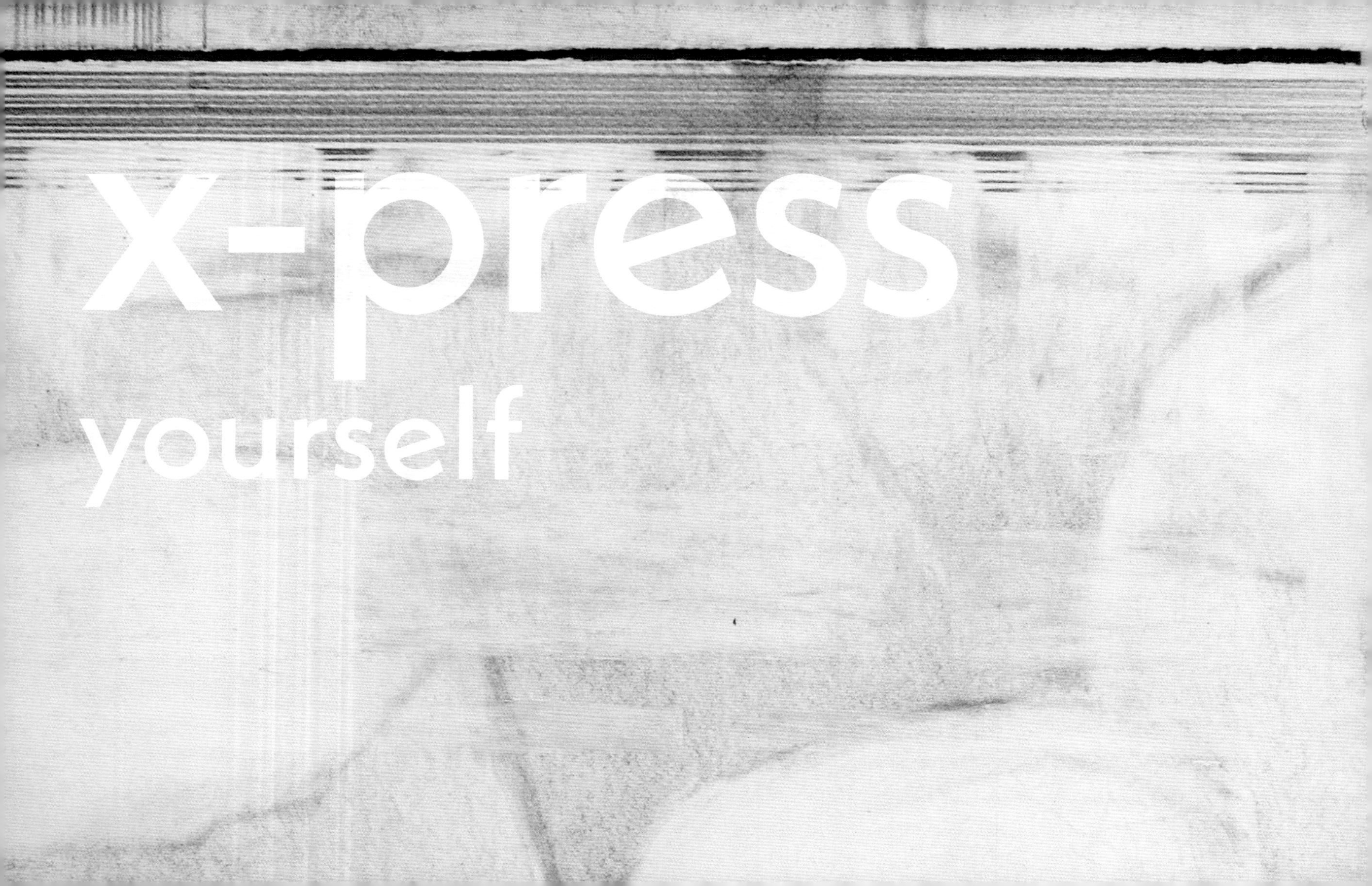
x-press
yourself

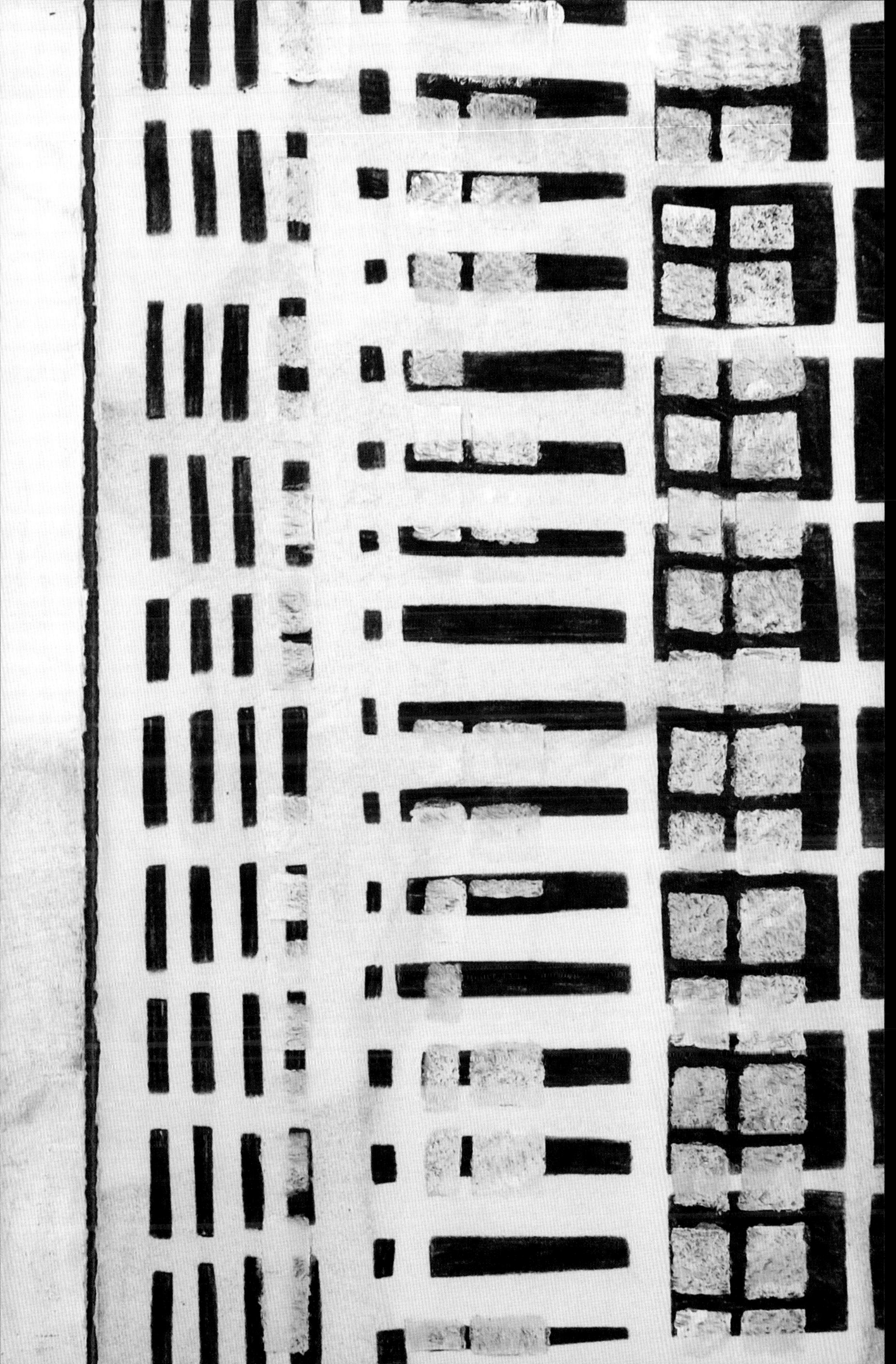

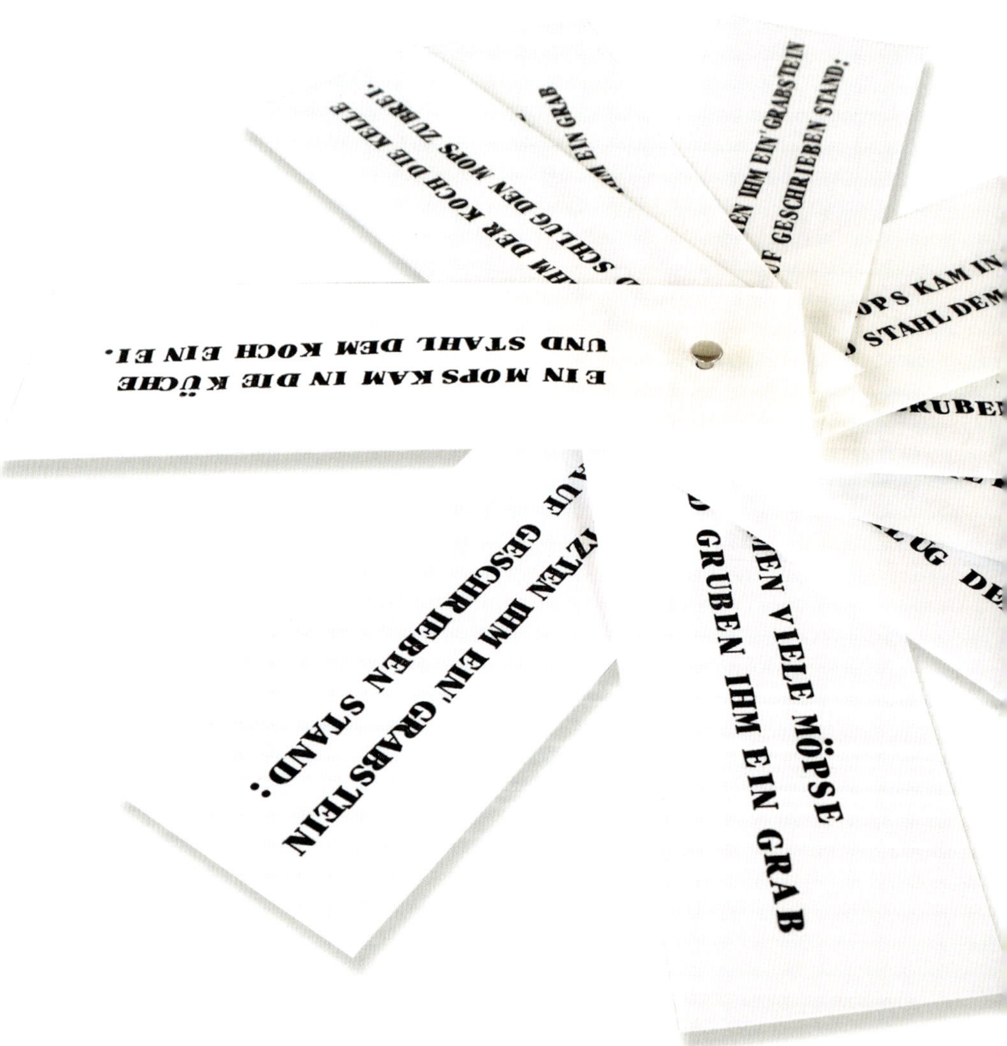
EIN MOPS KAM IN DIE KÜCHE
UND STAHL DEM KOCH EIN EI.
IHM EIN' GRABSTEIN
GESCHRIEBEN STAND:
VIELE MÖPSE
GRUBEN IHM EIN GRAB

Eine einmalige Chance

Ein Drehbuch

Für ein solches „Drehbuch" bieten sich Buchschrauben an. Der Künstler Shinkichi Tajiri hat diese Methode für sein Projekt gewählt. 150 Blatt mit zahlreichen Abbildungen rotieren an einer Buchschraube (siehe Seite 56 und „Thinking Outside the Box", Seite 126).

Mein Vorschlag für Sie: Wählen Sie ein Thema, welches sich vorwärts und rückwärts entwickeln kann. Ein Thema, welches sich im Kreis dreht, so wie einzelne Blätter sich um die Buchschraube herum bewegen. Wie wäre es mit dem alten Volkslied „Ein Mops kam in die Küche"? Das funktioniert hervorragend als fortlaufender Gag. Oder ist es für Sie eher zum Fortlaufen? Sie könnten es auf die Spitze treiben, indem Sie eine sehr lange Buchschraube nehmen und einen „Mops-Turm" bauen.

„Ein Mops kam in die Küche
Und stahl dem Koch ein Ei.
Da nahm der Koch die Kelle
Und schlug den Mops zu Brei.

Da kamen viele Möpse
Und gruben ihm ein Grab.
Und setzten ihm ein' Grabstein
Worauf geschrieben stand:

Ein Mops kam in die Küche
Und stahl dem Koch ein Ei.
..."

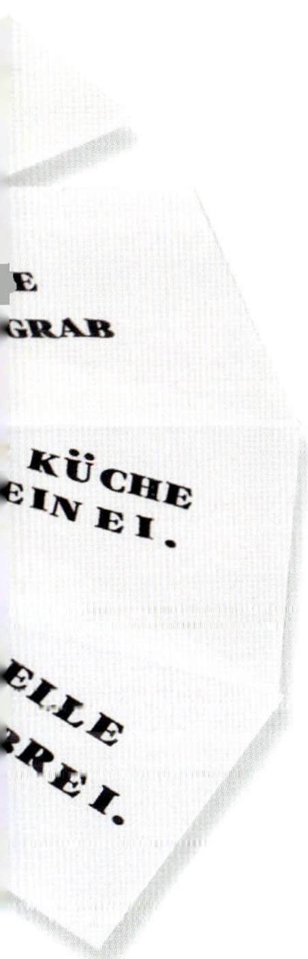

Just for Fun

Skizzen- und Sudelbuch

Der Begriff Sudelbuch geht zurück auf den Mathematiker Georg Christoph Lichtenberg.

Mir gefällt das Wort, weil es mich an ein Durcheinander beim Notieren denken lässt, wenn alles kreuz und quer, neben-, über-, unter- und durcheinander geschrieben steht. So sehen meine Skizzen- und Kritzelhefte aus, mit denen ich zum Beispiel ein Buch wie das vorliegende in Brainstorming-Manier vorbereite. Erstaunlich: Auch aus dem Chaos entsteht eine Struktur – zu guter Letzt.

Sudelbücher nannte auch der Schriftsteller Kurt Tucholsky seine Notizbücher, die er zeitlebens mit seinen Einfällen, Erinnerungsstützen und anderen Notizen füllte. Von Leonardo da Vinci ist überliefert, dass er immer ein Skizzenbuch mit sich geführt hatte, um rasch Zeichnungen darin festzuhalten. In seinem „Traktat von der Malerei" (nach einer Übersetzung von Heinrich Ludwig, 1909) schreibt Leonardo da Vinci sinngemäß, ein Schüler solle immer mit einem Büchlein durch die Stadt laufen und Menschen in allen möglichen Situationen skizzieren. Das klingt doch fast nach Urban Sketching, oder?

Einen zeitgenössischen Künstler, Paul Stein (siehe Anmerkungen ab Seite 170), möchte ich Ihnen auch empfehlen. Seine obsessiv gefüllten Skizzenbücher gefallen mir ausnehmend gut. Bilder, Zeichnungen, Collagen kombiniert mit Texten in unterschiedlichen Schriften – alles greift ineinander, wenn er Privates notiert oder den Fußball-Sport kommentiert.

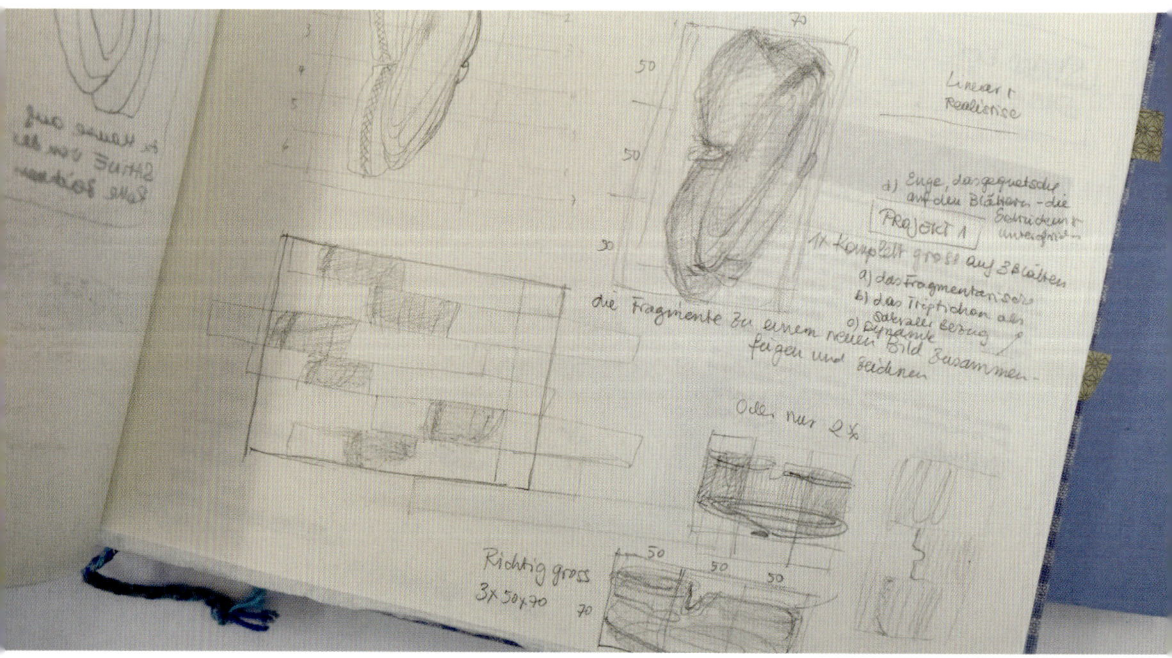

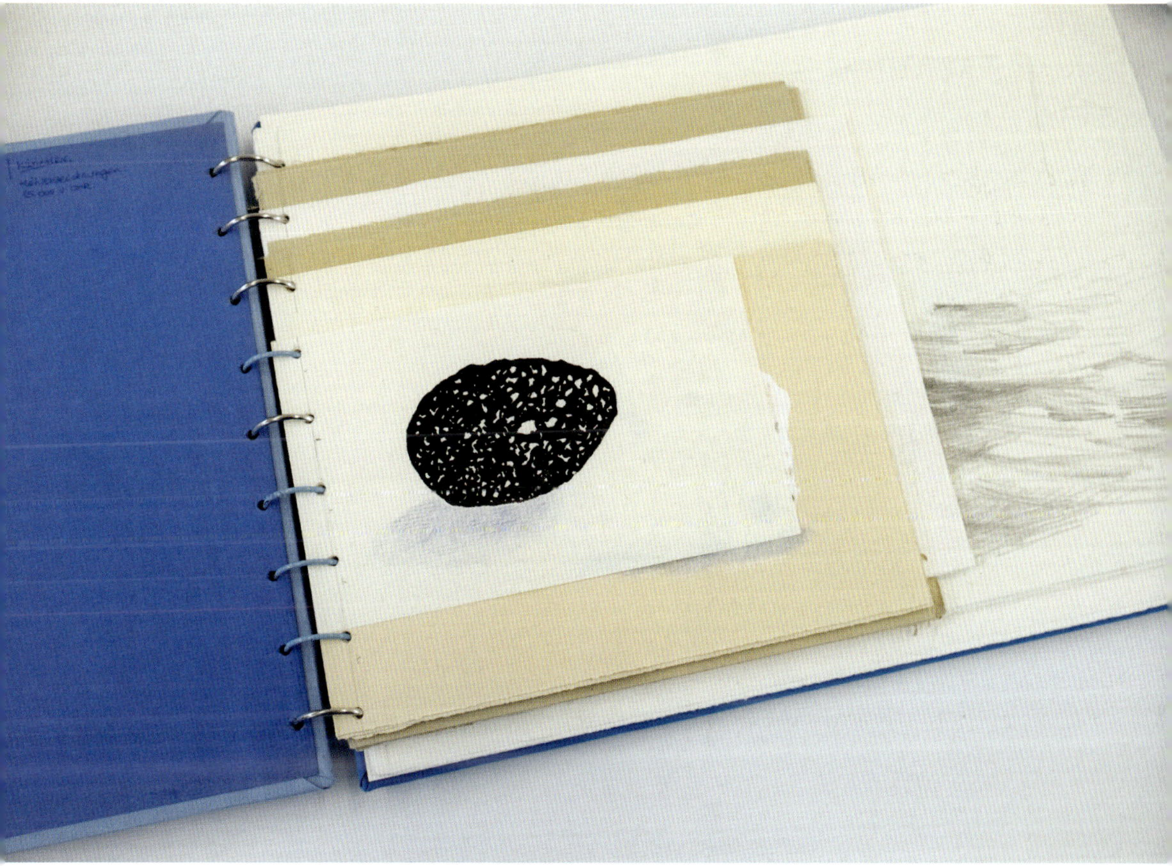

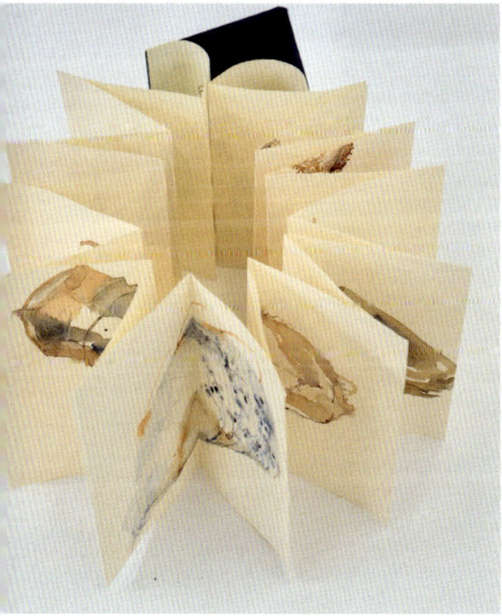

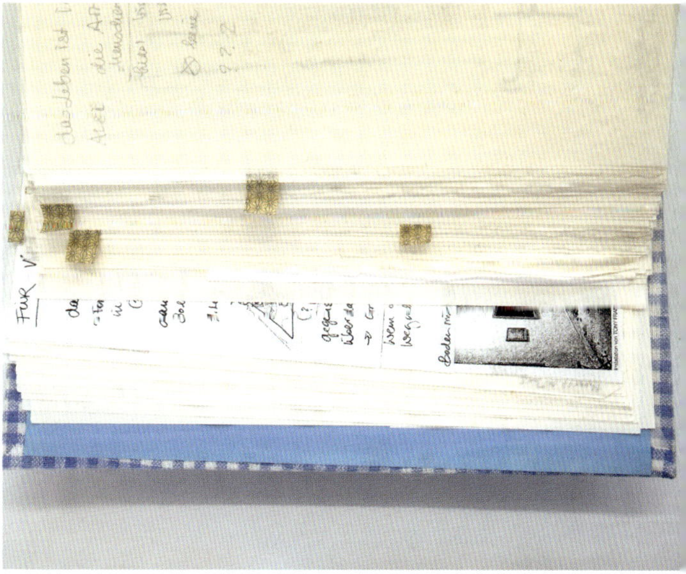

Ist das Kunst oder kann das weg?

Junk Journal

Mit dem sogenannten Junk Journal, frei übersetzt „Abfallbuch", entsteht ein handgemachtes Unikat aus den unterschiedlichsten Papiersorten und Utensilien.

Dies können recycelte Materialien sein, gemusterte Papiere, Briefumschläge, Stoffe, Landkarten, Strukturiertes, farbig Übermaltes, Collagiertes, Gefaltetes, Ausgeschnittenes, Geschriebenes, Gestempeltes ... mit anderen Worten: Spielen Sie! Meine Glaskugel sagt: „Alles, was Sie brauchen, ist schon da!" Beginnen Sie mit der Erfrischungskur für Ihre gesammelten Fundstücke, legen Sie los – hemmungslos, spontan, intuitiv, ohne Kopfzerbrechen oder tiefgründige Gedanken zur Schöpfungshöhe. Solche Bücher müssen nicht kompliziert oder aufwendig sein. Diese Form des Künstlerbuchs scheint besonders im Umfeld der Künstlerbuch-Szene in den USA und England vertreten zu sein. Vielleicht gibt es daher auch keinen deutschen Begriff für diese Buchform, denn „Abfallbuch" klingt nicht besonders sexy.

Mein Beispiel entstand aus den Versuchen, mit einem Kreisschneider Löcher zu fertigen. Dieses Werkzeug überzeugte mich zwar nicht, aber die Probe-Blätter lagen nun auf dem Arbeitstisch. Da erinnerte ich mich an den unten stehenden Text von Kurt Tucholsky und alles fügte sich auf wundersame Weise. Mein „Konzept" konnte ich so den Fundstücken nachträglich überstülpen. Geht doch!

ZUR SOZIOLOGISCHEN PSYCHOLOGIE DER LÖCHER

von Kurt Tucholsky (1890–1935)

„Ein Loch ist da, wo etwas nicht ist. Das Loch ist ein ewiger Kompagnon des Nicht-Lochs: Loch alleine kommt nicht vor, so leid es mir tut. Wäre überall etwas, dann gäbe es kein Loch. (...) Das Merkwürdigste an einem Loch ist der Rand. Er gehört noch zum Etwas, sieht aber beständig in das Nichts, eine Grenzwache der Materie. (...) Wenn ein Loch zugestopft wird: Wo bleibt es dann? (...) Oder läuft es zu einem anderen Loch, um ihm sein Leid zu klagen. Wo bleibt das zugestopfte Loch? Niemand weiß das: unser Wissen hat hier eines."

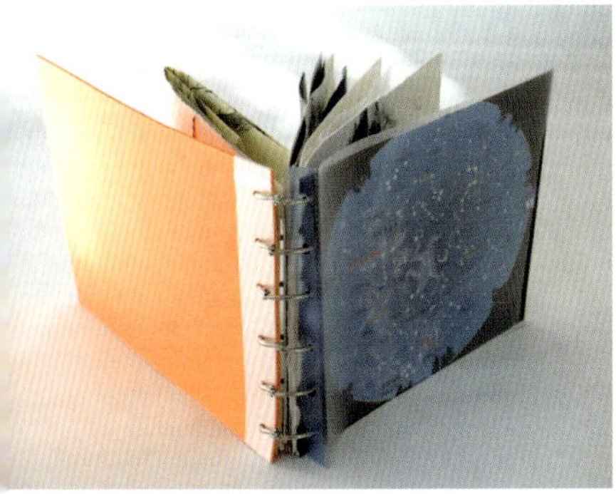

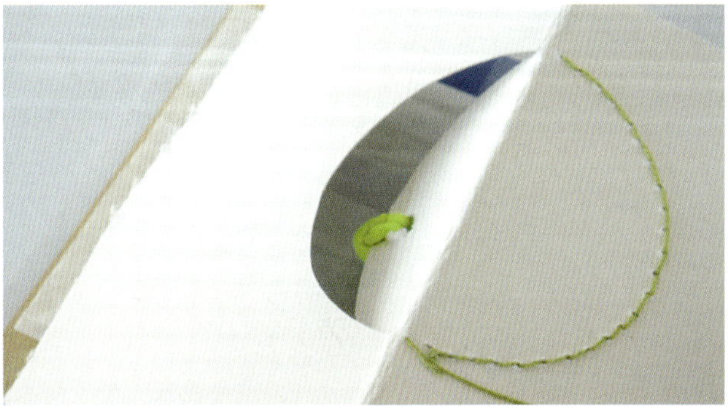

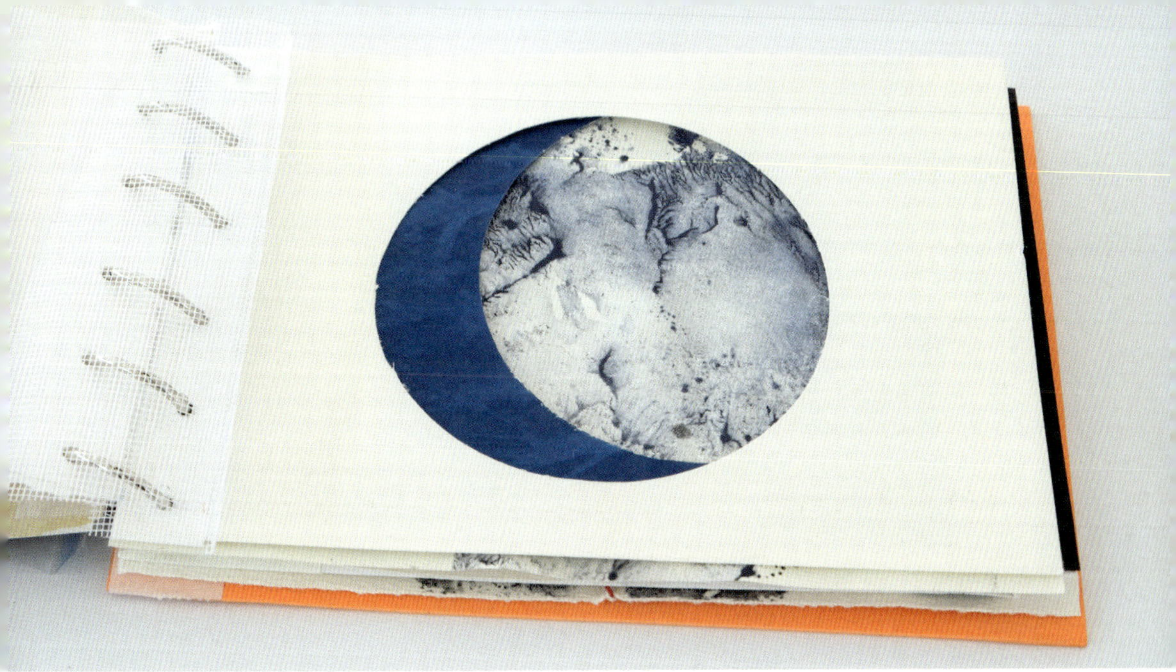

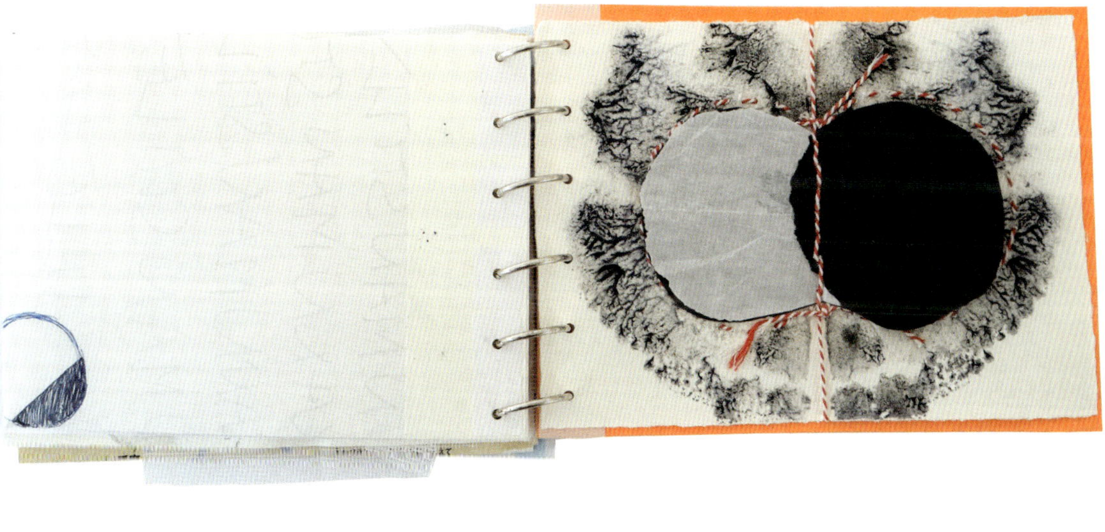

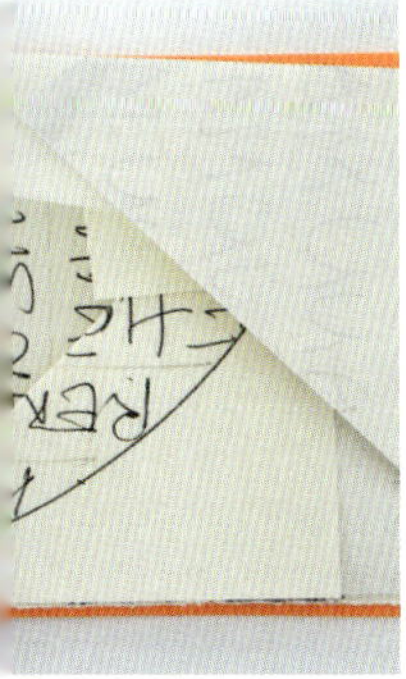

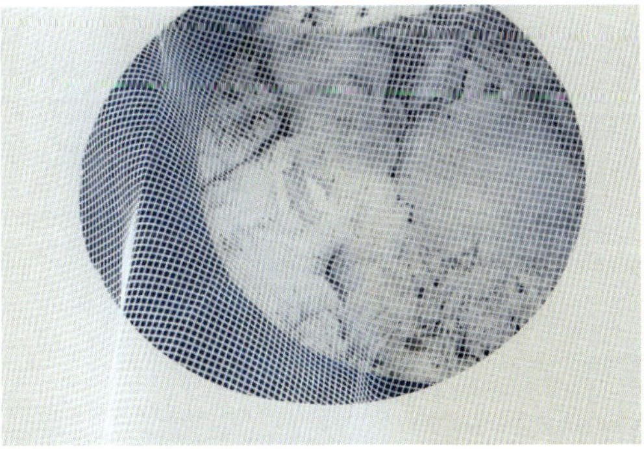

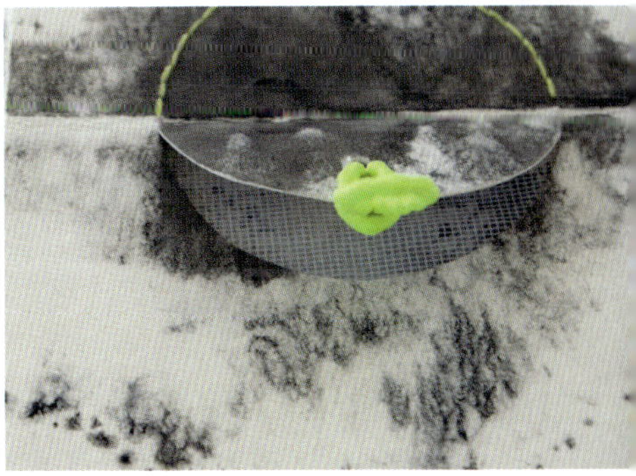

Schwarz macht schlank

Und wer weiß, was Weiß macht?

Die Künstlerin Tauba Auerbach gestaltete ihr Buch radikal und konsequent in geometrischen Schwarz-Weiß-Mustern. Jede der 100 Seiten ist anders ausbalanciert, um den ultimativen Kontrast zur Gestaltung einzusetzen. Ihr Titel lautet „50/50".

Ich persönlich mag die Zufallsverfahren, weshalb ich, im Gegensatz zu den strengen Mustern der Künstlerin, bereits vorhandene ausgeschnittene, schwarze Papierschnipsel verwendet habe. Einer selbst gewählten Vorgabe folgend, entwickelte ich diese zufälligen Kombinationen und klebte sie jeweils auf eine Seite. Sie können solche Papierelemente auch erhalten, wenn Sie beherzt mehrere gleich große Papierstücke jeweils mit fünf Schnitten zerteilen. Diese wie bei einem Kartenspiel mischen und sie gleichmäßig auf die gewünschte Anzahl von Untergründen verteilen. Die Spielregeln für Ihr Zufallsverfahren fallen Ihnen bestimmt von alleine zu.

Ein zweites Zufallsverfahren ergibt ein Muster mit organischen Formen. Nehmen Sie eine beliebige Schnur oder Kordel und lassen diese auf einen Untergrund fallen. Großzügig die Konturen, sowohl innen wie außen, nachzeichnen und im gespiegelten Wechsel schwarz ausmalen – Weiß entsteht von allein. Dabei können Sie unterschiedliche, beliebige Techniken anwenden. Die Seiten in meinem Beispiel sind horizontal wie vertikal halbiert, jegliche alternative Aufteilung ist bereits genehmigt. Bitte dabei gänzlich ohne Leistungsdruck, spontan und intuitiv agieren und eigene Spielregeln erfinden.

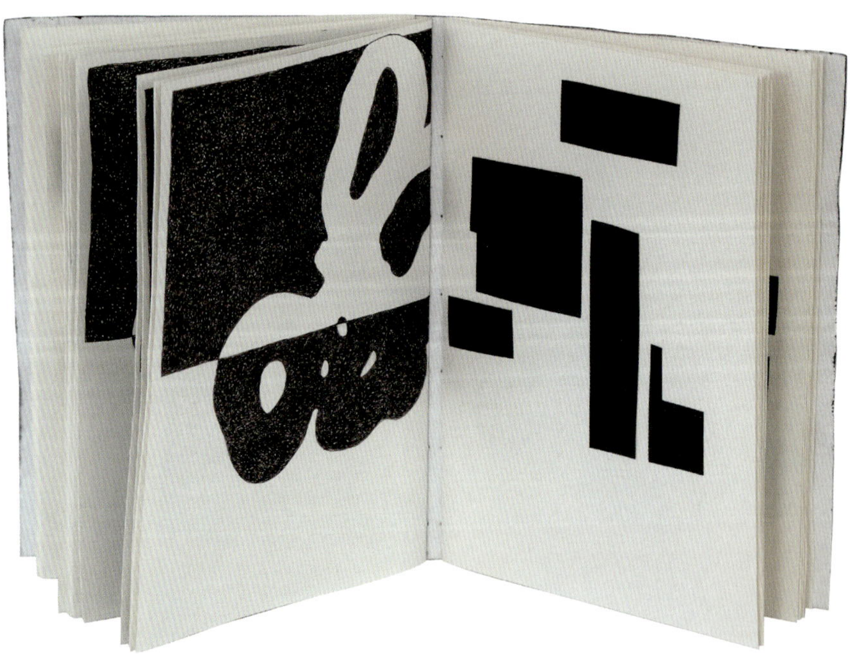

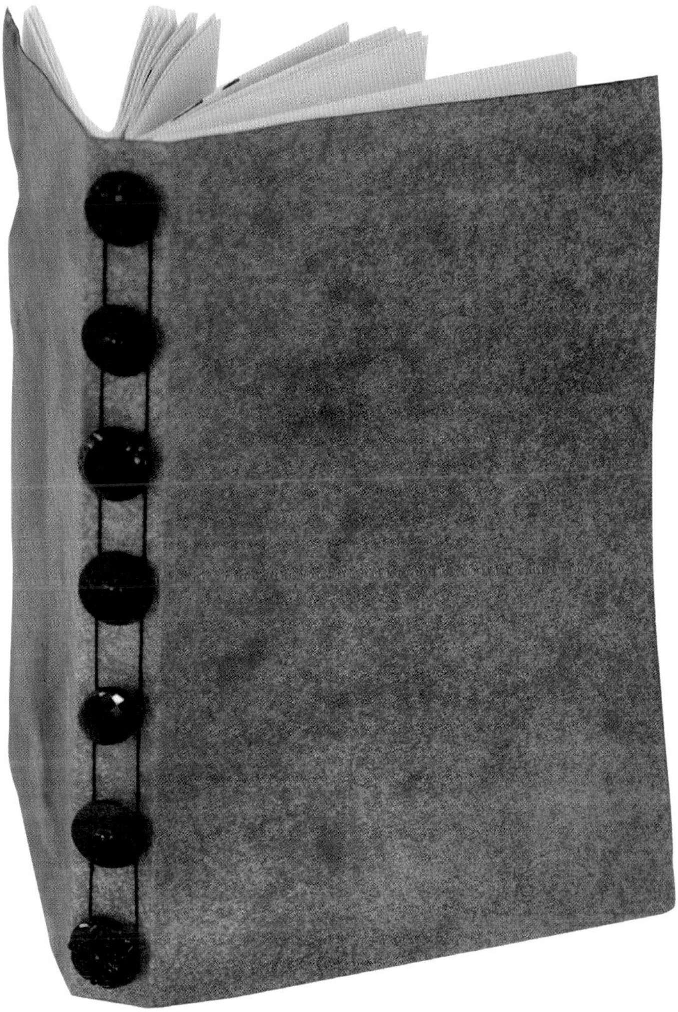

SnapPap-Einband mit breitem Rücken, drei Lagen à fünf Blätter Zeichenpapier höherer Grammatur; Jet-Knöpfe als mittlere Heftung und außen jeweils der Schulheft-Stich, den Sie auf Seite 58 bei der Heftung mit mehreren Löchern kennengelernt haben. Die Heftung der Knöpfe entspricht dem „Schlingelstich" von Seite 60.

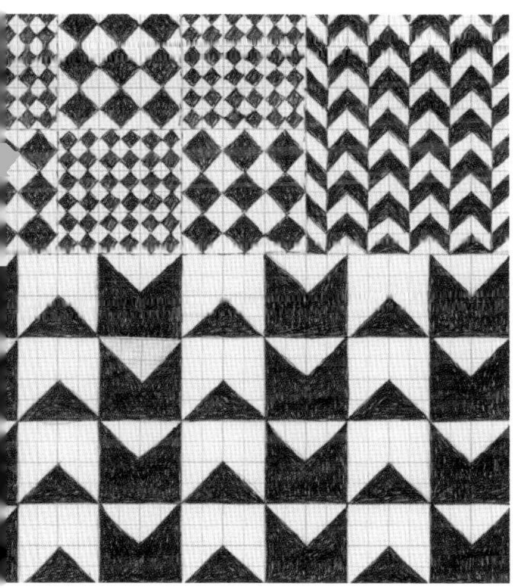

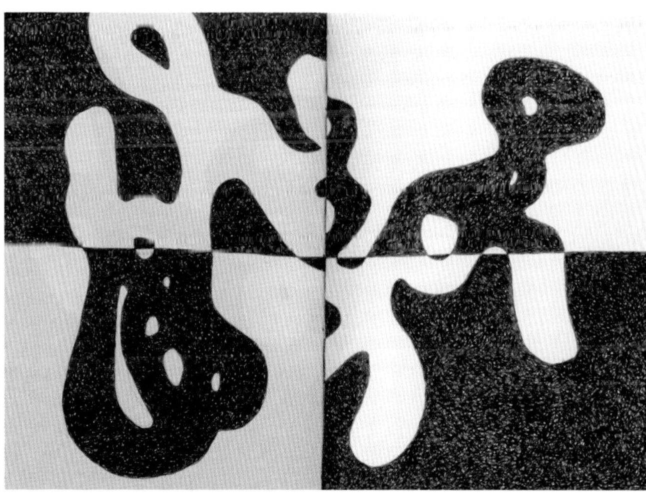

Alles, was grün ist

Farb-Faszination Natur

Maurizio Nannucci konzipierte 1977 ein Leporello namens „Sessanta verdi naturali". Auf den 24 Seiten des Leporellos zeigen Fotos grüne Blattpflanzen in Nahaufnahme.

Seine Intention war, möglichst viele Grüntöne darzustellen, wie sie in der Natur vorkommen. Einem wissenschaftlichen Experiment ähnlich, untersuchte er in seinem Buch die Unterschiede der Farbnamen bei industriell hergestellten Farben im Vergleich zu den Grünbezeichnungen der Pflanzen. Die grundsätzliche Unmöglichkeit dieses Unterfangens war ihm bewusst und war bei der Begrenztheit von 24 Seiten bedacht.

Beeinflusst von seiner Idee, setzte ich mich in die Natur und schaute auf diese unendlich vielen Grüntöne, die sich je nach Lichtverhältnissen veränderten, ja sogar bei nur einer Pflanze variierten.

Zum einen können Sie einfache Farbfelder malen oder zeichnen oder auch die Blattformen erforschen. Einfach mal sitzen, beobachten, sich auf die Situation einlassen, um herauszufinden, wie viele Grüntöne sich entdecken lassen. Das bringt Sie hoffentlich nicht an den Rand der Verzweiflung!

Alternativ können Sie auch einen abstrakten Farbverlauf erzielen, der sehr gut zur linearen Ausdehnung eines Leporellos passt. Grün malen, den Pinsel satt mit Farbe füllen und auf einem langen Blatt ausmalen, bis der letzte Farbrest aufgebraucht ist. Dieses Blatt benutzen Sie und falten es zum Leporello. Die Entscheidung hinsichtlich Blattformat und Pinselgröße (vielleicht sogar ein Quast?) eröffnet vielfältige Möglichkeiten. Die sich langsam aufbrauchende Farbe könnte symbolisch für den allgemeinen Ressourcenverbrauch der Menschen stehen.

Oder Sie entwickeln Leporelli aus reiner Farblust und Freude am grafischen Gestalten, wie Sie es bei Hans Delfosse nachsehen können (siehe Anmerkungen ab Seite 170).

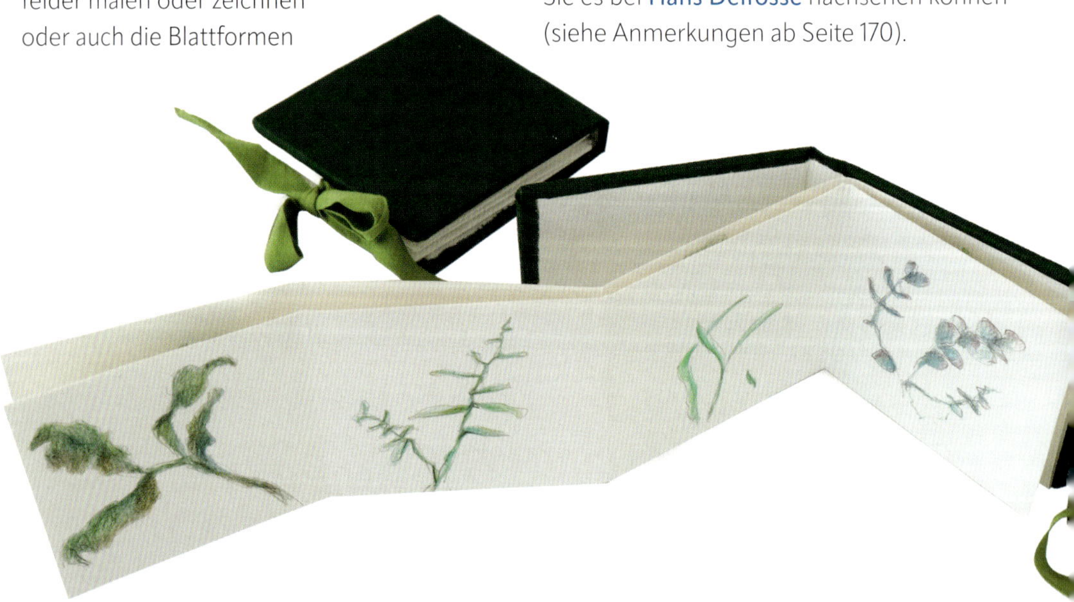

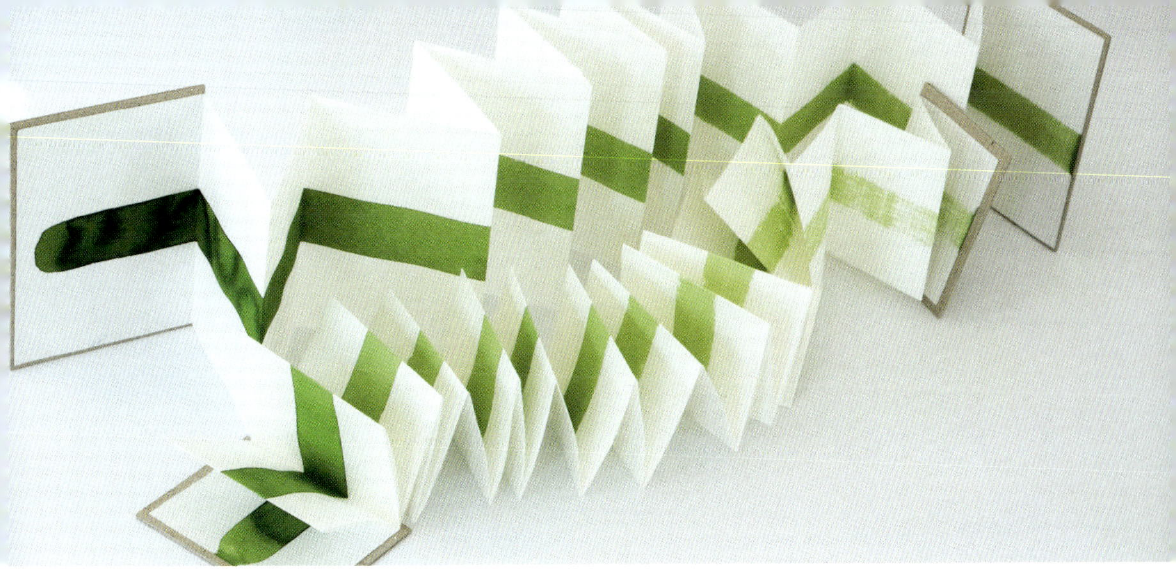

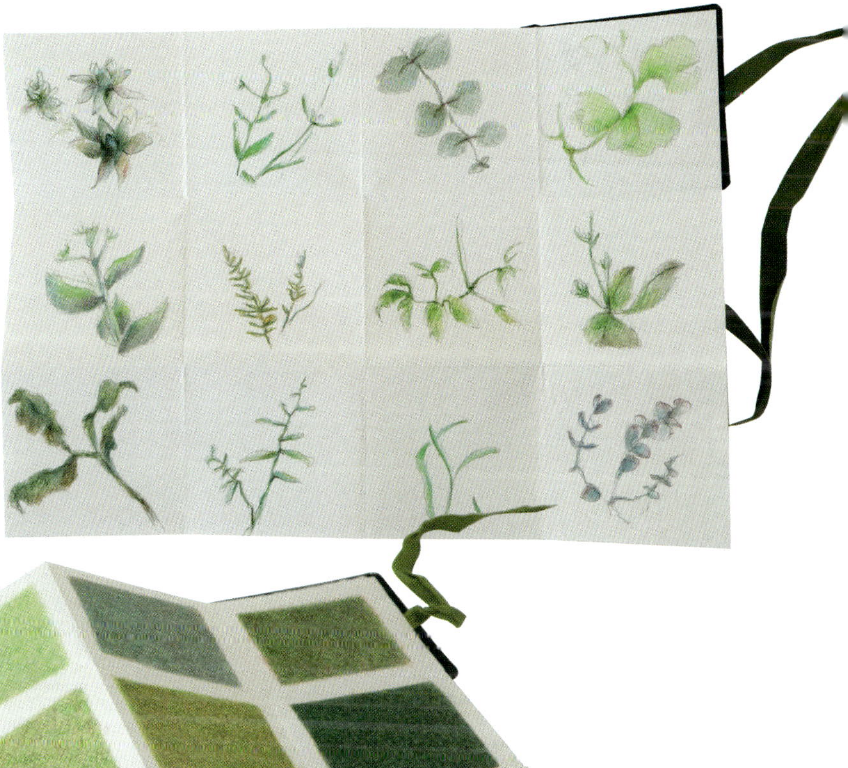

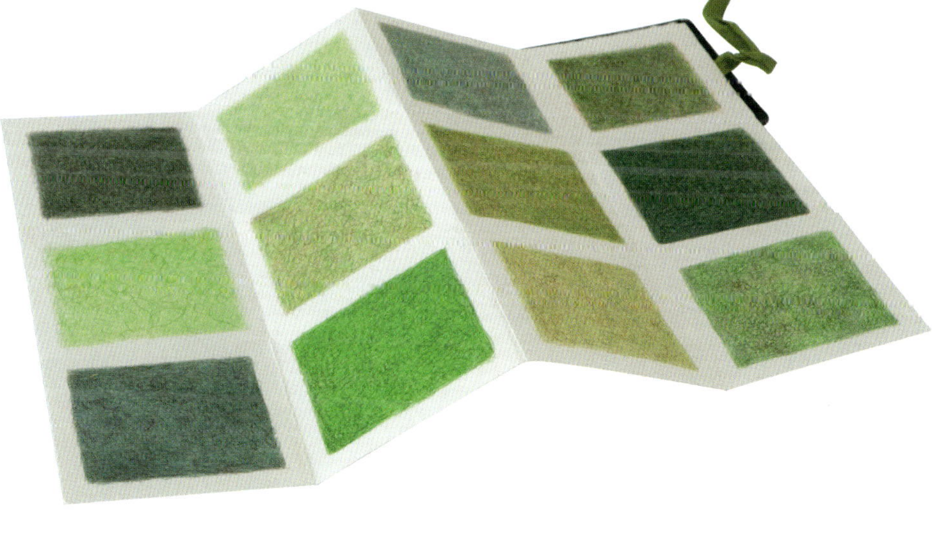

Eselsohren aus Prinzip

Experiment nach Axel Heibel

Eselsohren haben bei der Buchbenutzung nicht gerade den besten Ruf. Vielleicht wurden Sie sogar als Kind ausgeschimpft, wenn Sie an den Seiten wertvoller Bücher Ihren Lesestand markierten?

Axel Heibel sieht dies wohl entspannter, wenn er den Buchkörper als Erlebnisraum öffnet, der durch die Veränderungen beim Blättern entsteht. Beherzt greift er ein, um Seiten zu falten und zu bemalen.

Gehen Sie intuitiv oder lieber geordnet vor, wenn Sie Buchseiten künstlerisch transformieren? Malen oder mit Stempelfarbe darüberwischen, Schrift stempeln, Buchstaben als Collagen aufkleben ... Folgen Sie vergnüglich Ihrem kreativen Potenzial! Das Hin- und Herblättern, das Auf- und Zuklappen zwischen den bemalten Seiten führt unbedingt zu rasanten Überraschungen. Die sich ergebenden Zufälle sind frei und ungezwungen, fern jeglicher verkrampften Planung. Kein elaboriertes Ergebnis, sondern die spontane Gestaltungsfreude kann ein solches Buch auszeichnen und adeln. Auch einzelne eingeklebte Blätter in Origami-Faltung sind für ein solches Buch eine Bereicherung (siehe Seite 64).

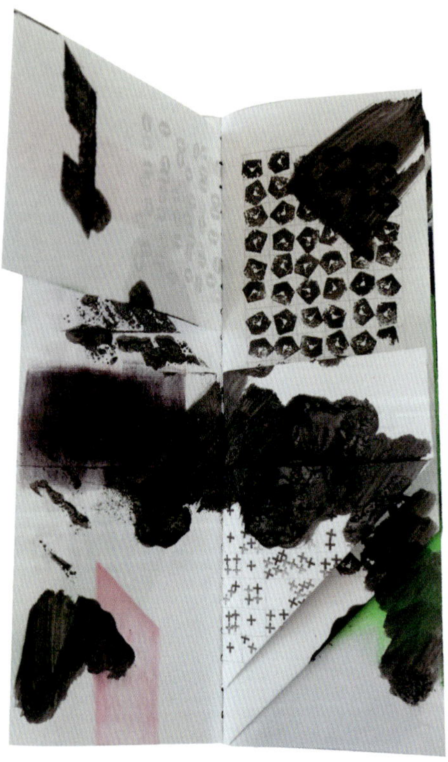

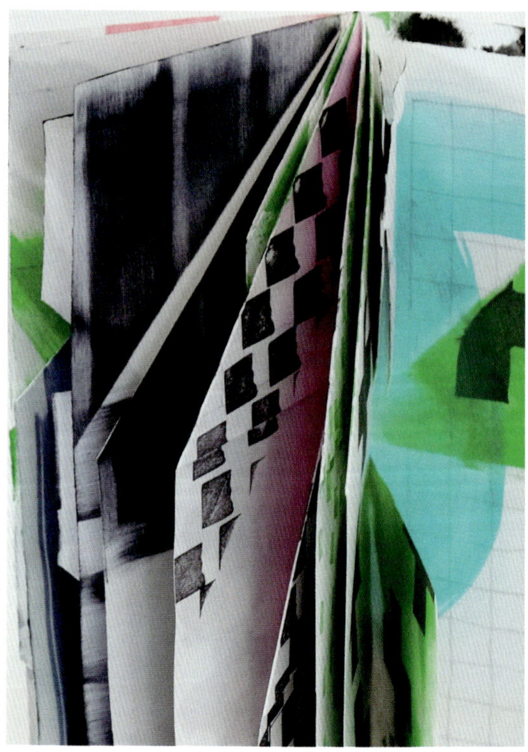

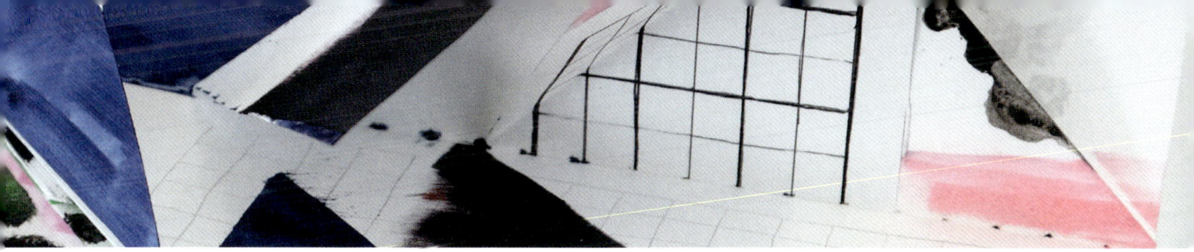

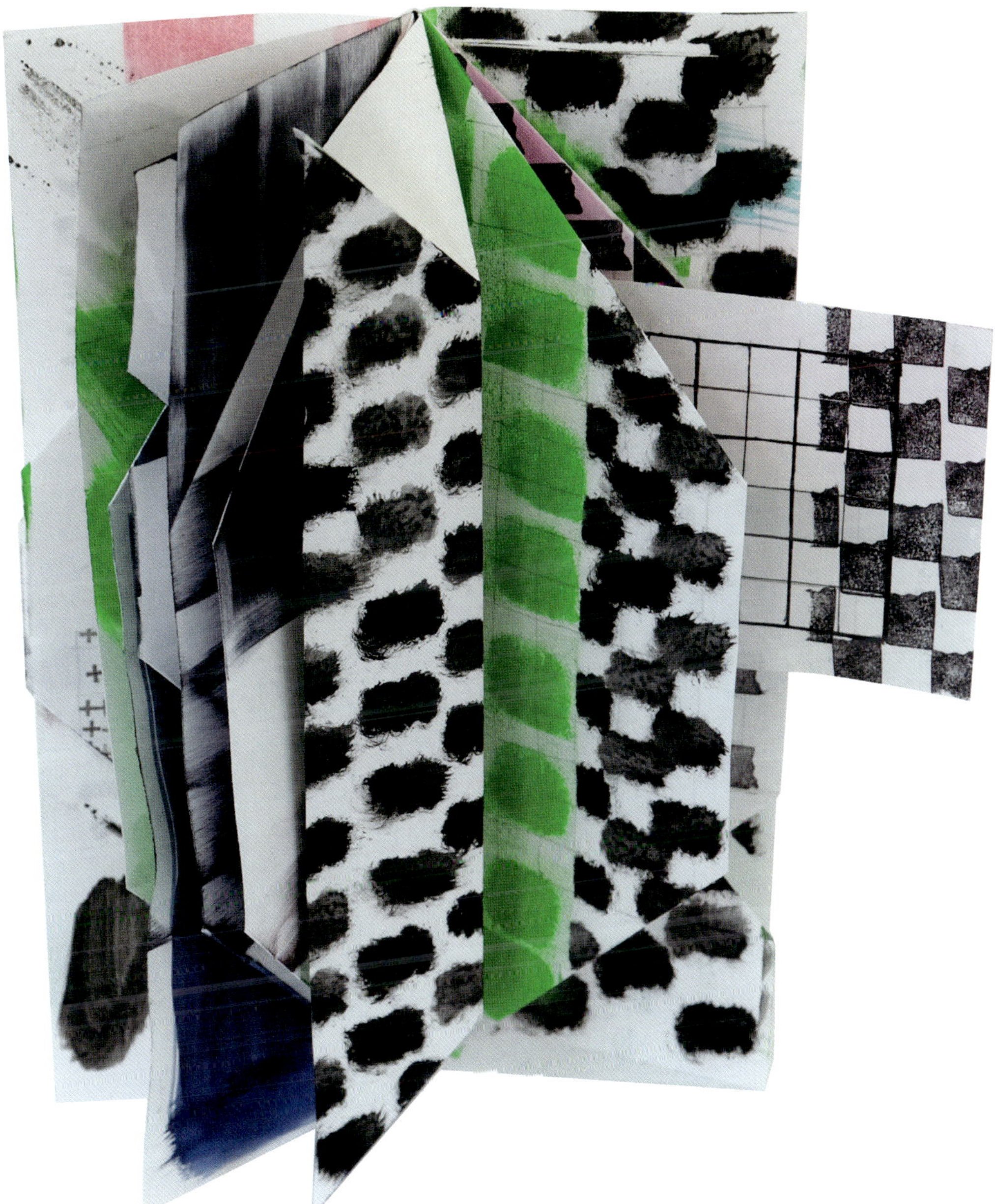

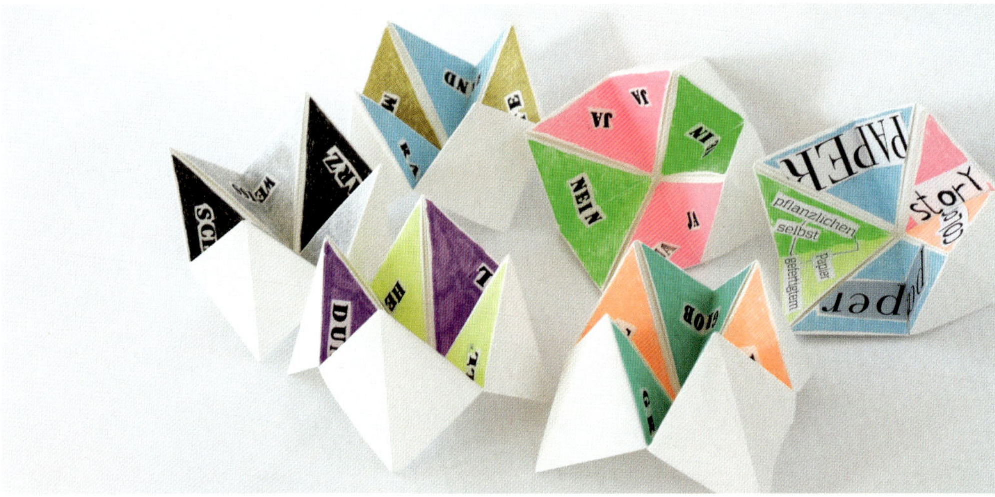
JA
NEIN
JA
PAPER
story
pflanzlichen
selbst
Papier
gefertigtem
paper

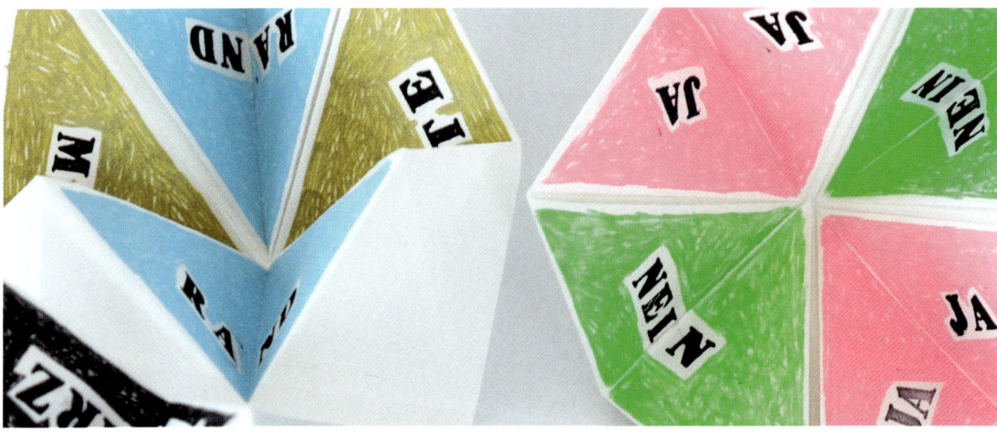
RAND
JA
JA
NEIN
NEIN
JA

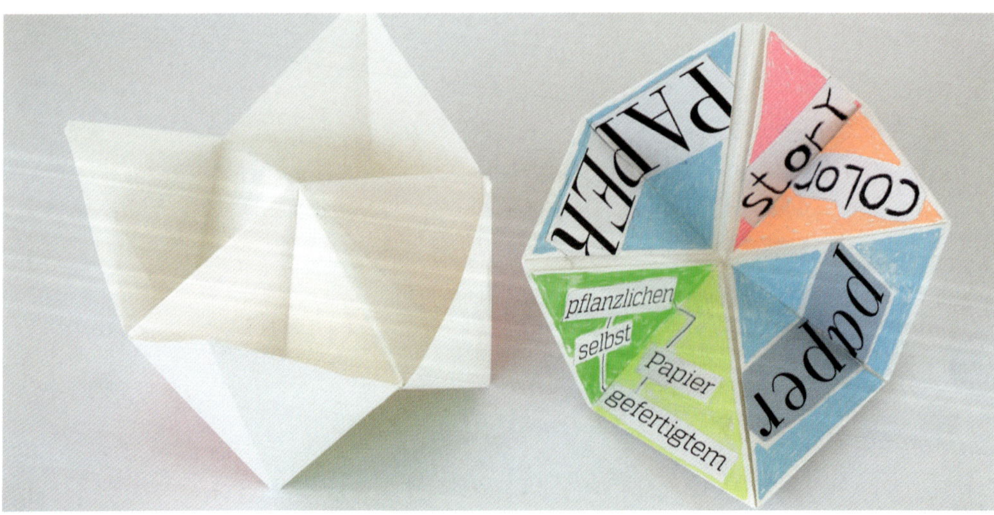
PAPER
story
COLOR
pflanzlichen
selbst
Papier
gefertigtem
paper

Entscheidungsproblem gelöst

Kunstorakel

Manch künstlerische Entscheidung mag anmuten wie die Wahl zwischen „Himmel und Hölle". Vielleicht hilft Ihnen ein Zufallsverfahren, auch den Horror Vacui zu überlisten und mit dem Kunstorakel mutig ans Werk zu gehen.

Auf Seite 66 erkläre ich diese Faltung, mit der Sie nun spielerisch ein Kunstorakel entstehen lassen. Die Raumerweiterung findet dann sowohl physisch wie mental, in unseren Köpfen, statt.

Ist Ihnen das vertraut? Sie können sich nicht entscheiden, wie es mit einem bestimmten Projekt, Bild, Buch weitergehen soll? Trotz vielem Grübeln kommen Sie nicht vorwärts. Der Wille zur Gestaltung kann in die Irre führen, wenn der Wunsch nach Harmonie sich in den Vordergrund schmuggelt oder die Angst vor dem leeren Blatt dominiert. Als Fan von Zufallsverfahren empfehle ich, dem Unbeabsichtigten einen Platz zu geben.

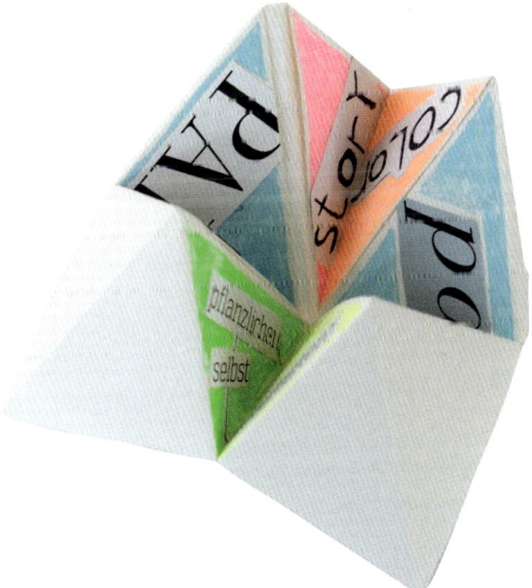

Beginnen Sie einen Dialog mit dem Kunstorakel, in dem die Gestaltungskomponenten verborgen sind.. Der Zufall kann Werken zu ungeahntem Potenzial, zu überraschenden Kombinationen verhelfen. Forschen Sie und erobern Sie unbekanntes Terrain: Ars Incognita.

Wassily Kandinsky postulierte, nicht die Form, sondern die Spannung im Bild sei ausschlaggebend, entstanden durch den Formen-Kontrast.

In die einzelnen Faltobjekte schreiben Sie sich jeweils einen formalen Gegensatz hinein, der zu Ihrer Tätigkeit passt. Das Orakel lässt sich ja nur „entweder – oder" öffnen. Sie stellen sich die Frage, das Orakel gibt die Antwort, und Sie fühlen, ob das so seine Richtigkeit hat. Hier ein paar mögliche Eintragungen in das Orakel:

FORMALE KONTRASTE :

Position Mitte – Position Rand
Linie – Fläche / groß – klein
grob – fein / ruhig – bewegt
diagonal – gerade
vertikal – horizontal
vergrößern – verkleinern / dick – dünn
Querformat – Hochformat

FARBEN:

warm – kalt / hell – dunkel /
bunt – unbunt /

Die Gestaltung der Orakel kann puristisch oder künstlerisch sein, ganz wie Sie möchten.

1 x täglich – mit künstlerischer Verordnung

Experiment nach Daniel Spoerri

Er nannte sein Künstlerbuch „Anekdoten zu einer Topographie des Zufalls".

In dem Pariser Hotel Carcassonne nahm Daniel Spoerri 80 Alltagsgegenstände und arrangierte sie beiläufig und zufällig auf dem Arbeitstisch. Lediglich als Zeichnung der Konturlinien sind die Gegenstände in ihrer Anordnung dokumentiert. Mit Nummern versehen, simulieren sie das wissenschaftliche Bild einer archäologischen Ausgrabung. Jedes „Artefakt" ist minutiös beschrieben und suggeriert die objektive Betrachtung einer Wahrnehmung. Mit fantasievoller Distanz werden alltägliche Dinge angeschaut, mit dem Blick eines Fremden, der um die Bedeutung nicht weiß.

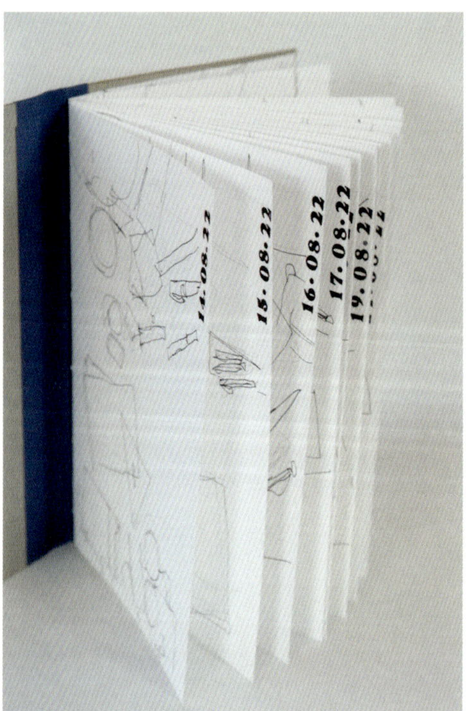

Der Künstler On Kawara hingegen schrieb konsequent jeden Tag eine oder mehrere gekaufte Postkarten. Lediglich mit einer Information zu seiner Befindlichkeit und einem aktuellen Datumsstempel versehen, verschickte er seine Postkarten an verschiedene Personen.

„I GOT UP"   „I AM STILL ALIVE"

So sind seine Aufzeichnungen eine Kunst, die in Echtzeit das Vergehen der Zeit protokolliert.

Wie wäre es, wenn Sie täglich einen Buchbeitrag zu Papier bringen würden? Entwickeln Sie ein eigenes Regelsystem, Ihre persönlichen Spielregeln, nach denen Sie handeln. Ein Szenario, in dem Sie Würfel einsetzen oder Dinge auf ein Blatt fallen lassen und deren Konturlinien nachfahren. Dieses absichtslose Vorgehen wird wunderbare Ergebnisse erzielen! Es können Bilder entstehen, die überraschend frei und ungezwungen wirken.

John Cage benutzte als Orientierungsrahmen das „I Ging", ein chinesisches Orakel, für seine „chance operations", wodurch er sich selbst der Verantwortung entzog, eine Entscheidung zu treffen. Den Kopf abzuschalten, kann definitiv Potenzial entfalten und unbekanntes Terrain eröffnen! Mein Beispiel: Tägliche Zeichnung von den Dingen, die auf meinem Tisch lagen, dem Spoerri-Arrangement ähnlich.

Das Datum zu stempeln, habe ich dem Künstler On Kawara nachempfunden. Das Buch ist fadengeheftet und der Buchblock ist als Schweizer Broschur am hinteren Buchdeckel angeklebt. Die karge Pappe ist am Rücken mit Buchleinen-Klebeband gefertigt.

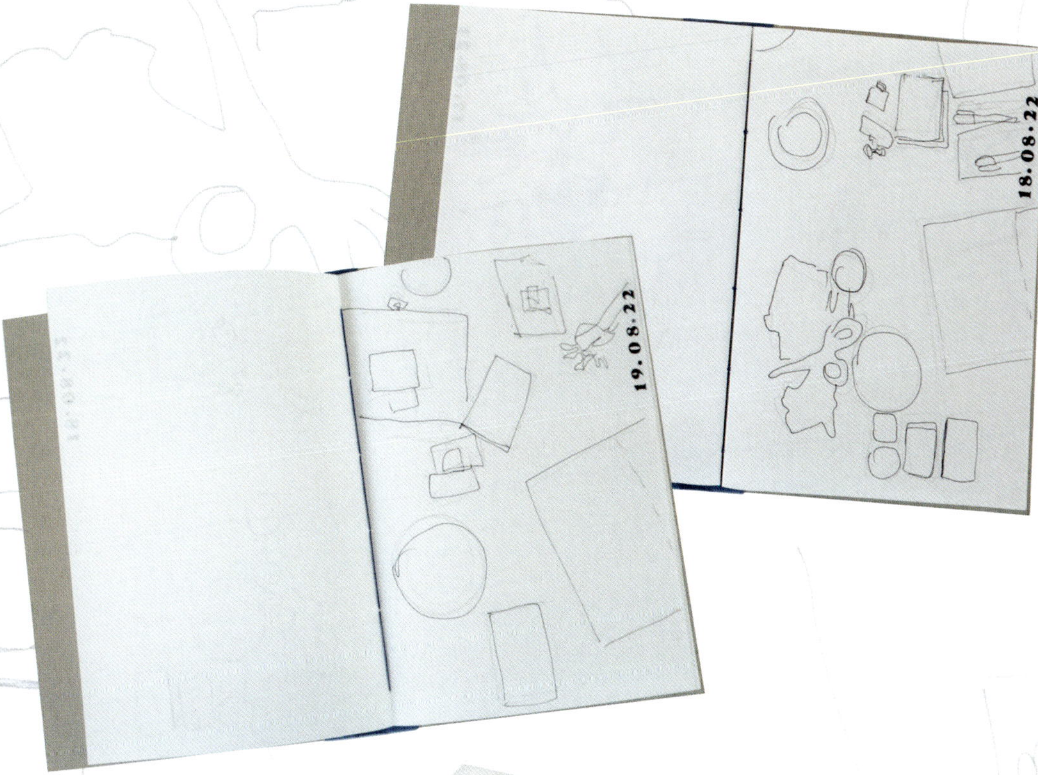
19.08.22
18.08.22

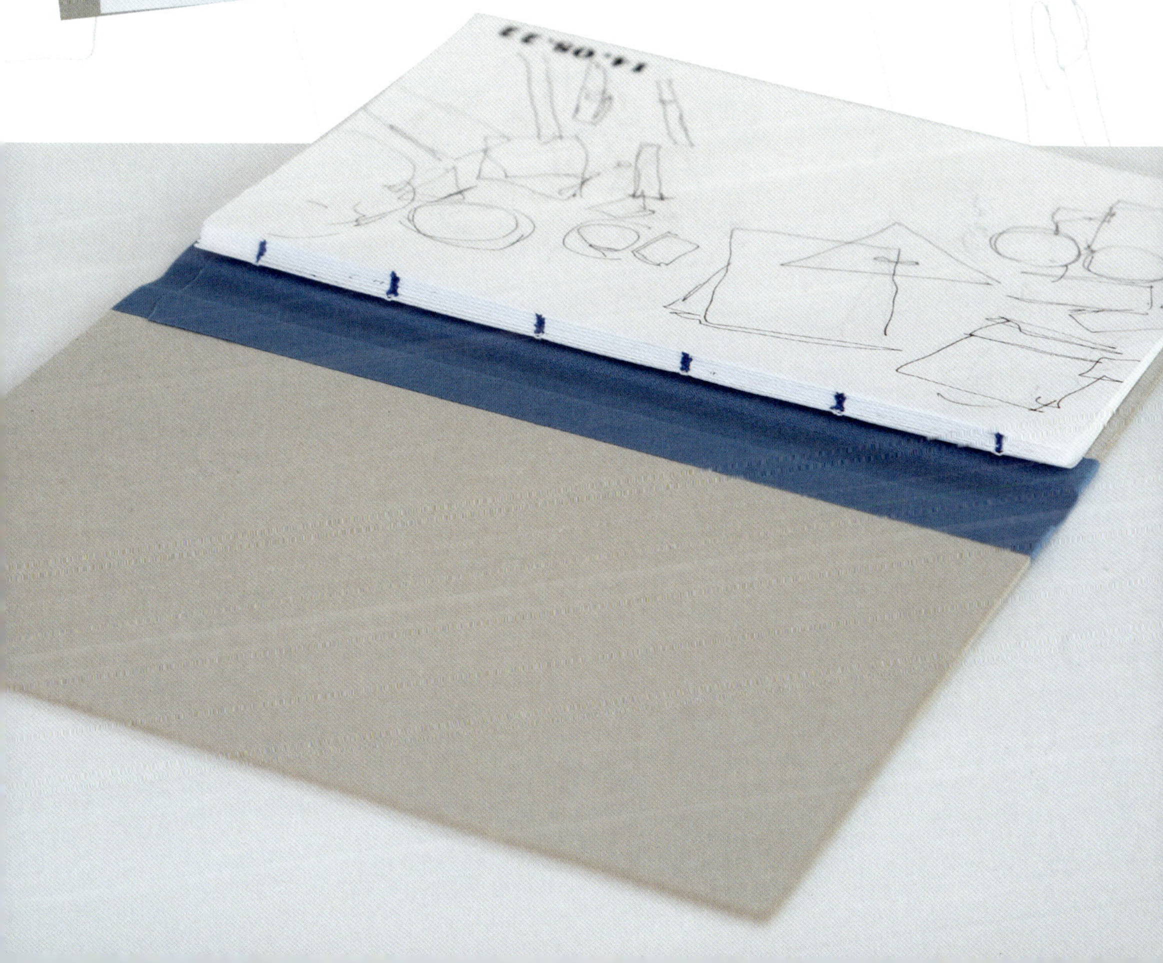

Unser Kopf ist rund ...

... damit das Denken die Richtung wechseln kann

So sagt es zumindest Francis Picabia. Mein Vorschlag für dieses Projekt ist die Verwendung von Stempeln. Einfach und leicht zu gebrauchen, können Sie damit eine Serie erfinden, die sich durch die Beweglichkeit der Flaggen raumgreifend entfaltet.

Die dritte Dimension erobern, das ist das wesentliche Erkennungsmerkmal dieser Buchstruktur. Dies kann die Visualisierung des „Denkens um die Ecke sein", die sich durch Pfeile, ganz ohne Worte, vermittelt.

Das Flaggenbuch ist Bewegung pur. Sie ist der Buchstruktur immanent. Es sollte also ein Thema gewählt werden, welches die Bewe-

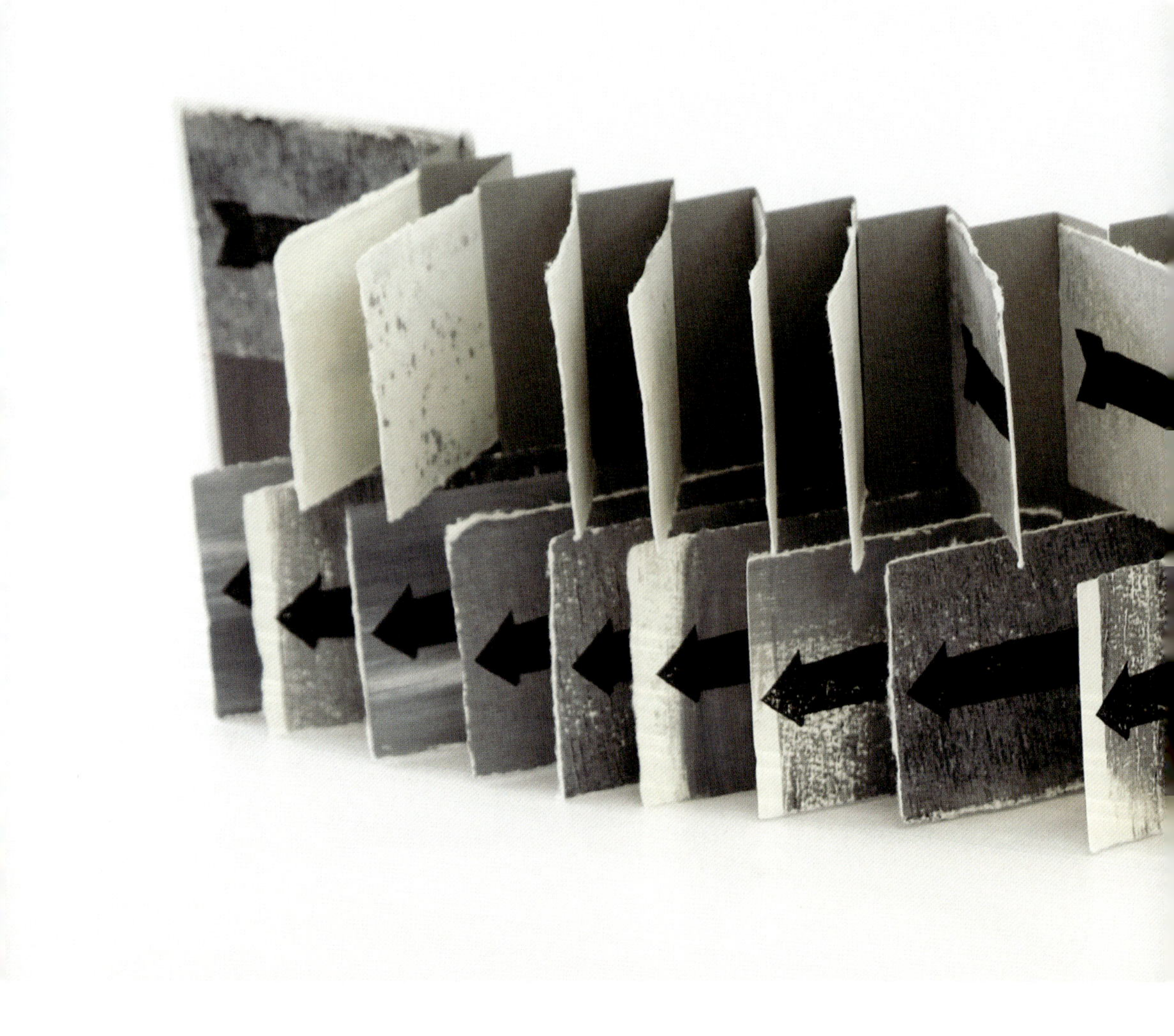

gung veranschaulicht. Alternativ kann ein Sujet interessant sein, welches durch sein repetitives Verhalten auffällt und dadurch sinnvoll wird. Weitere Ideen: Die Abfolge von Farbverläufen, eine Serie von Bildern, Fotografien, die jahreszeitliche Entwicklung einer Pflanze, wie sie im Frühjahr aus dem Boden sprießt und zum Winter hin vergeht.

GRAU IST ALLE THEORIE: Mein Buch entstand aus einem misslungenen Druck, den ich zerrissen und mit Radiergummistempel-Pfeilen bedruckt habe. Wie man Stempel aus Radiergummi gemäß dem Hochdruck-Verfahren selber machen kann, erfahren Sie auf Seite 52.

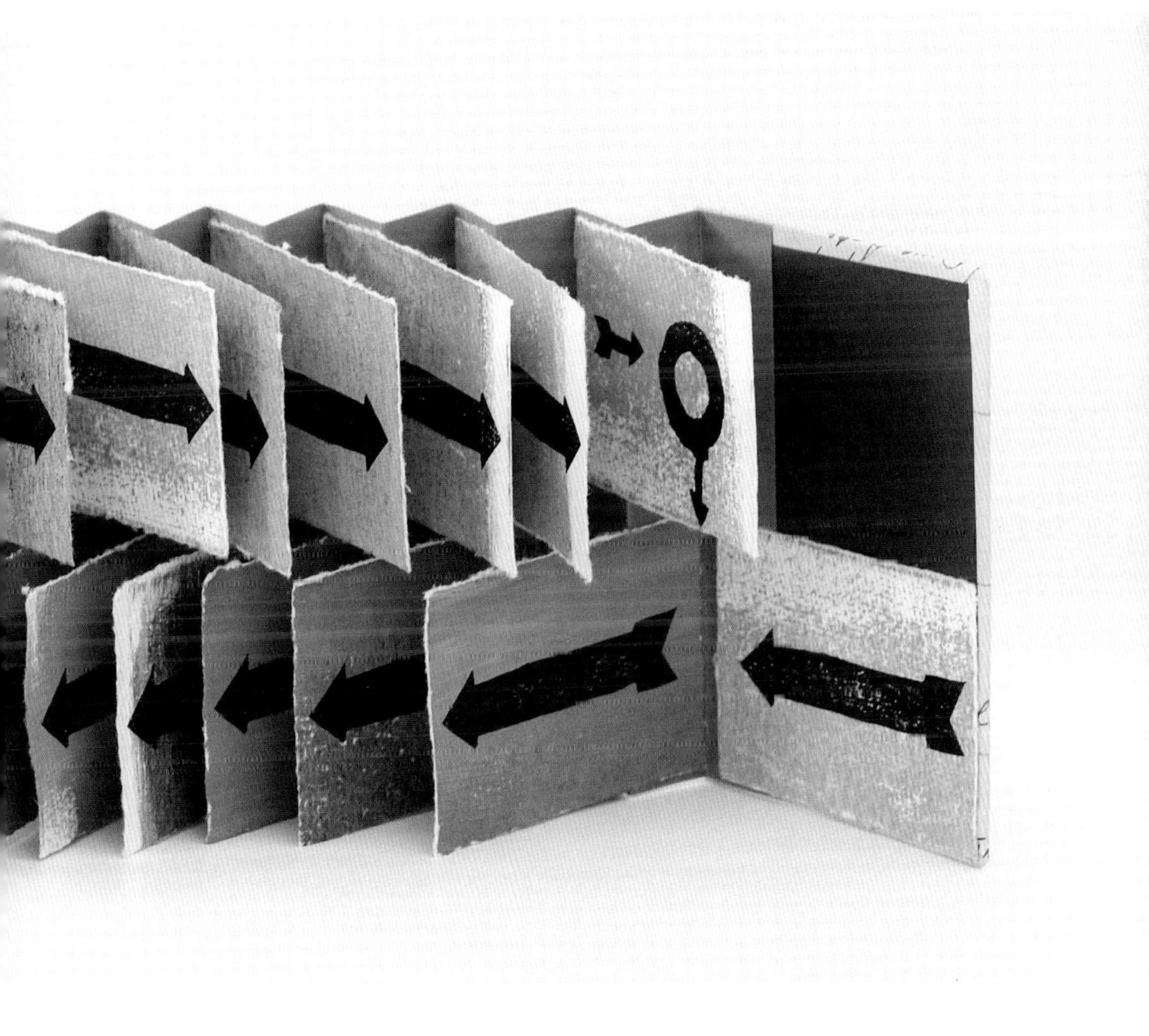

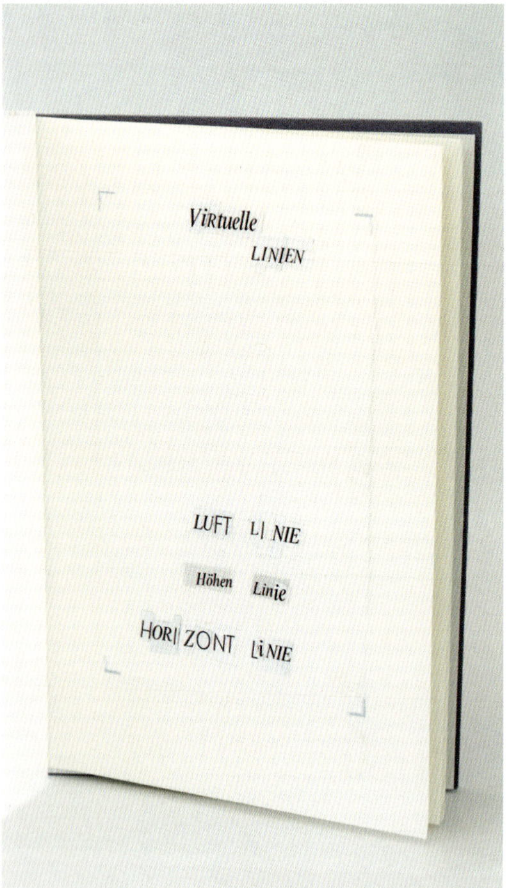
ViRtuelle
LINIEN
LUFT LI NIE
Höhen Linie
HORI ZONT LiNIE

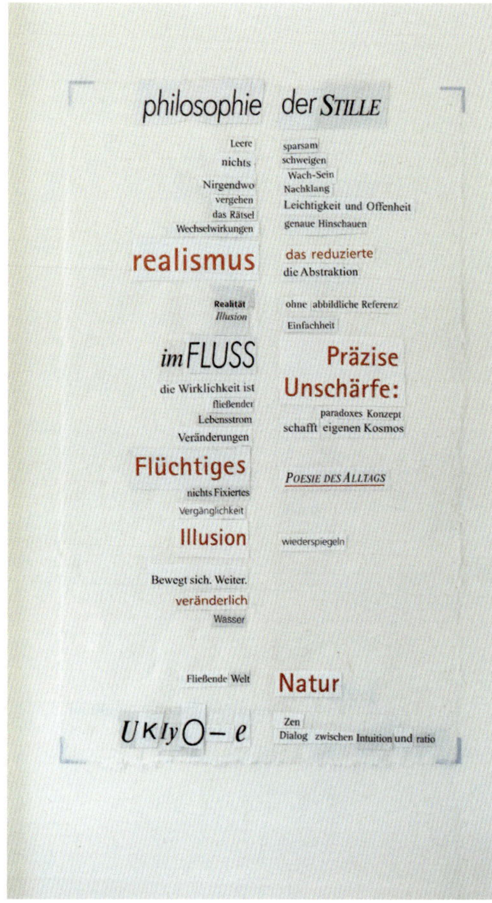
philosophie der STILLE
Leere
nichts
Nirgendwo
vergehen
das Rätsel
Wechselwirkungen
sparsam
schweigen
Wach-Sein
Nachklang
Leichtigkeit und Offenheit
genaue Hinschauen
realismus
das reduzierte
die Abstraktion
Realität
Illusion
ohne abbildliche Referenz
Einfachheit
im FLUSS
die Wirklichkeit ist
fließender
Lebensstrom
Veränderungen
Präzise
Unschärfe:
paradoxes Konzept
schafft eigenen Kosmos
Flüchtiges
nichts Fixiertes
Vergänglichkeit
POESIE DES ALLTAGS
Illusion
wiederspiegeln
Bewegt sich. Weiter.
veränderlich
Wasser
Fließende Welt
Natur
UKIyO – e
Zen
Dialog zwischen Intuition und ratio

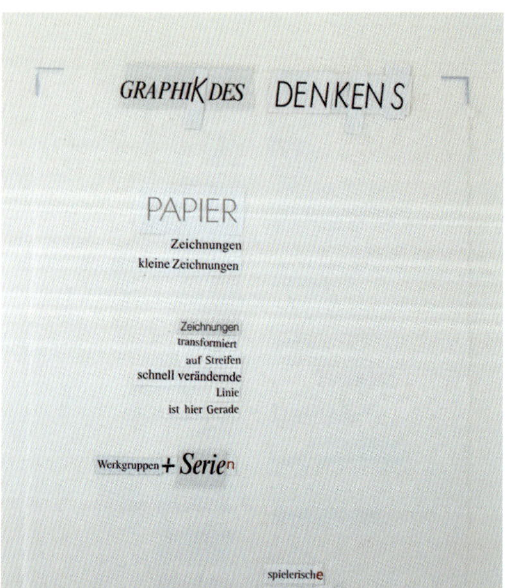
GRAPHIK DES DENKENS
PAPIER
Zeichnungen
kleine Zeichnungen
Zeichnungen
transformiert
auf Streifen
schnell verändernde
Linie
ist hier Gerade
Werkgruppen + Serien
spielerische
vermittelung

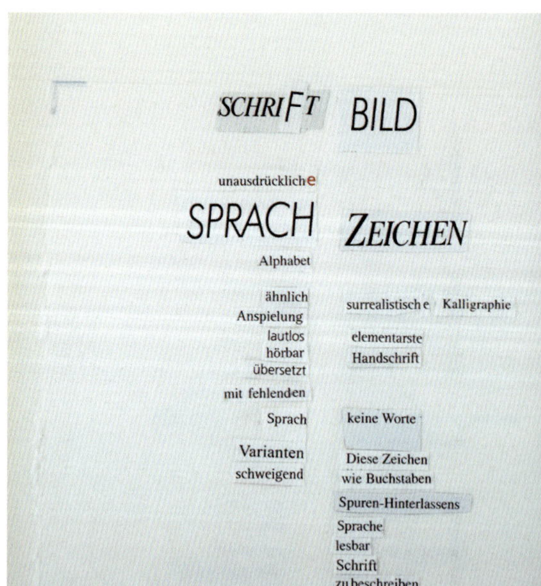
SCHRIFT BILD
unausdrückliche
SPRACH ZEICHEN
Alphabet
ähnlich
Anspielung
lautlos
hörbar
übersetzt
mit fehlenden
Sprach
Varianten
schweigend
surrealistische Kalligraphie
elementarste
Handschrift
keine Worte
Diese Zeichen
wie Buchstaben
Spuren-Hinterlassens
Sprache
lesbar
Schrift
zu beschreiben

Den Blickwinkel verändern

Methode Pipistrello

Mit diesem Titel möchte ich Sie ermuntern, Ihre künstlerische Arbeit einmal aus der Distanz zu betrachten, eine beobachtende Position einzunehmen.

Pipistrello ist italienisch und bedeutet: Fledermaus. An der Decke hängend, nehmen diese erstaunlichen Tiere die Welt aus einer gänzlich anderen Perspektive wahr. Stellen Sie sich vor, Sie könnten einmal alles auf den Kopf stellen! Ihre Wahrnehmung, Ihre Einstellung zur Kunst und zur Welt wird in einem Künstlerbuch auf den Punkt gebracht! Schreiben Sie in Bildern, malen Sie in Schrift oder collagieren Sie lieber?

Mein japanisch gebundenes Heft war meine Reaktion auf eine solche Herausforderung, die eigene Arbeit zu reflektieren. Eine mögliche Technik, sich distanziert auf eine Suchbewegung einzulassen, heißt, dem Unbewussten Raum zu geben, um sich selbst auf die Schliche zu kommen. In meinem Beispiel habe ich mich von Wörtern „triggern" lassen. Zuerst spontan alles ausgeschnitten und gesammelt, später geordnet und sortiert, zuletzt kontrapunktisch an einer Mittellinie aufgeklebt. Die Bindung muss nicht zwingend japanisch sein.

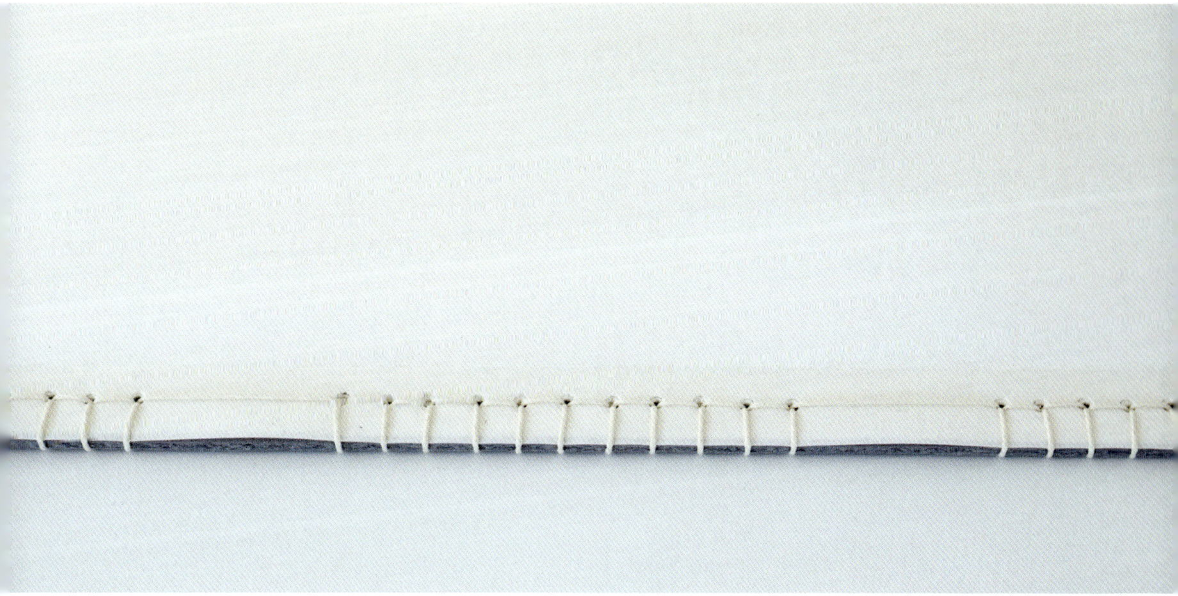

Wohin gehen die Wörter, die nicht der Rede wert sind?

Vertuschungen

Schrift ist ein so komplexes Thema, da kann ich Ihnen nur einige Möglichkeiten unter vielen aufzählen. Über das Ausschneiden finden Sie mehr im Kapitel „Vom Buch zum Künstlerbuch“ auf Seite 31.

Die Pseudoschrift von Max Ernst (siehe Seite 20) imitiert in seinem Buch „Tempel“ die ägyptischen Hieroglyphen durch kleine Symbole. Dies ist ein möglicher Weg im Umgang mit Schrift, die sich ja aus Piktogrammen entwickelt hat.
Wie wäre es mit Wortverdrehungen? „Lechts und rinks“ vertauschen wie bei Ernst Jandl? Ein wenig Dada aufleben lassen mit der „Karawane“ von Hugo Ball? In Zürich im Jahr 1916 im Cabaret Voltaire zum Leben erklungen (siehe Seite 16). Denn Schrift kann auch dem Ohr nachempfunden sein, wie Wörter der Onomatopöie (Lautmalerei), die auf einer kreativen Buch-Spielwiese ein Eigenleben entwickeln könnten:

TICKTACK – KRAWUMM – PENG – PLATSCH – RUMMS – SEUFZ – ÄTSCH – PLOP

Arbeiten Sie nach dem Zufallsverfahren: Wählen Sie etliche Wörter aus Zeitungen und Magazinen aus, die Ihnen spontan zusagen; diese ausschneiden, in einem Behältnis mischen und wie ein Los herausziehen. Stellen Sie die Wörter neu zusammen, erfinden Sie Gedichte oder Wort-Neuschöpfungen. In dieser Art zusammengewürfelt, ergeben sich witzige und überraschende neue Kombinationen, denen Sie auf irgendeine Weise einen Sinn einhauchen. Setzen Sie sich die Narrenkappe auf und beginnen Sie das Experiment!
Vielleicht finden Sie aber auch die Glückskeks-Sprüche spannend, die in ihrer absurden Plattheit zum Glücksrad werden, welches sich um eine Buchschraube dreht?
In der Luft hängen, ein Luftschloss bauen, im Niemandsland herumspazieren oder andere Redewendungen, die als Bild umgesetzt werden können, dienen ebenfalls der Inspiration. Bei der Gestaltung von Bild-Poesie-Sprache hilft Ferdinand Kriwet weiter. Er ordnet Schrift in Kreisen an, die im reinen Wortsinn ein „Rundschreiben“ zeigen.

Das Schreiben selbst kann mit vielen Werkzeugen probiert werden. Stellen Sie sich vor, Sie schreiben mit Honig und alle Buchstaben fließen ineinander. Im Schweizerdeutschen gibt es den Begriff „Schnürlischrift“, der schon als Bild zu einem Zusammenfließen von Schrift animiert. Experimentieren Sie mit

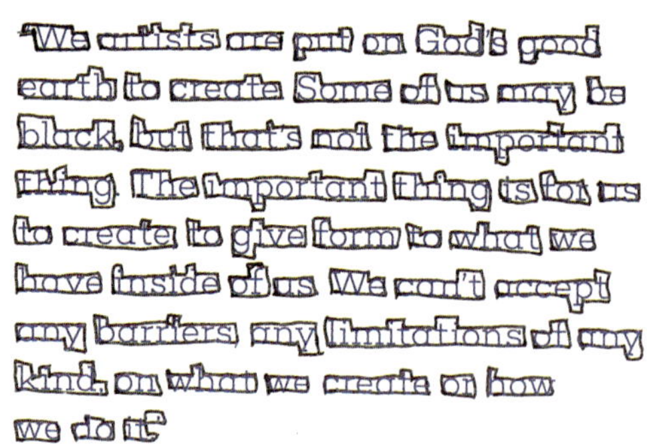

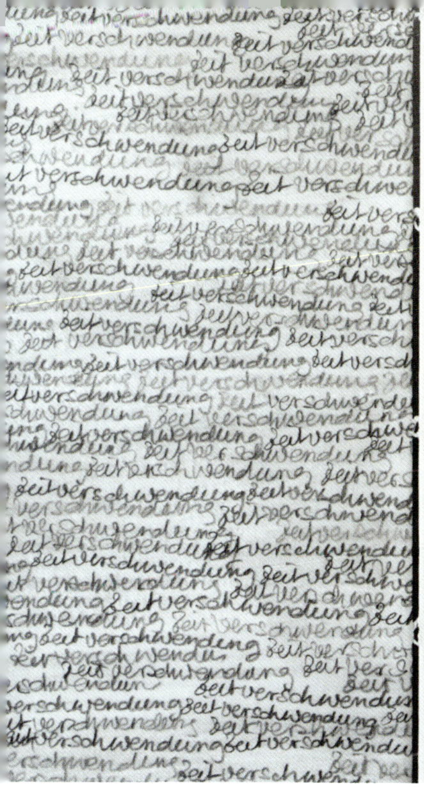

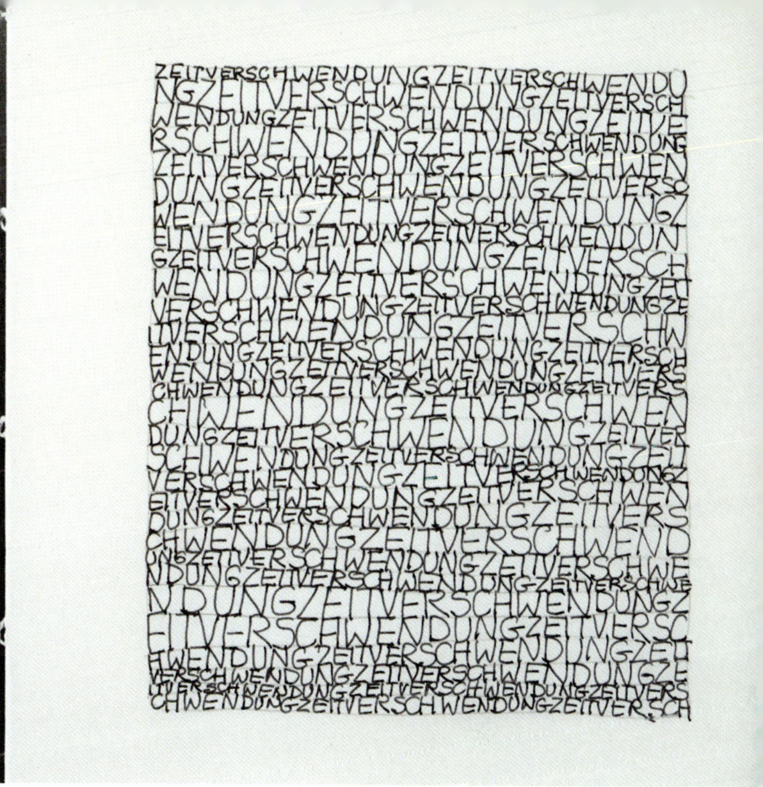

unterschiedlichen Schriftgrößen und Schriftstilen. Verschränken Sie Textebenen und Sinn-Verflechtungen. Vielleicht sympathisieren Sie mit der Idee, einen vorhandenen Text auszulöschen, der Ihnen missfällt? Überschreiben bzw. Überstempeln ist eine Möglichkeit. Passt ein „Blablabla" besser als das ursprüngliche Geschriebene, wenn Sie mit den Stempeln die Lesbarkeit tilgen?

Ist mein Kommentar zur Kunst etwas zynisch oder kritisch? Ist es Zeitverschwendung, so viele kleine Buchstaben zu schreiben, oder wird es zur Kunst, wenn es nur oft genug wiederholt wird?

Die Schrift „vertuschen" durch Überzeichnen mit dem Stift oder lediglich die Konturen der Wörter umfahren sind kleine Beispiele von mir.

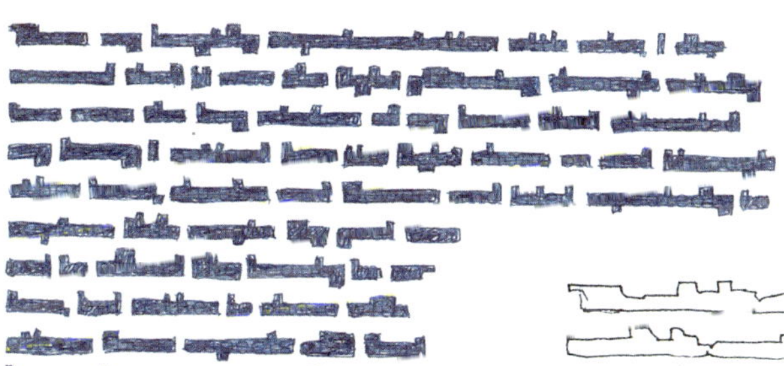

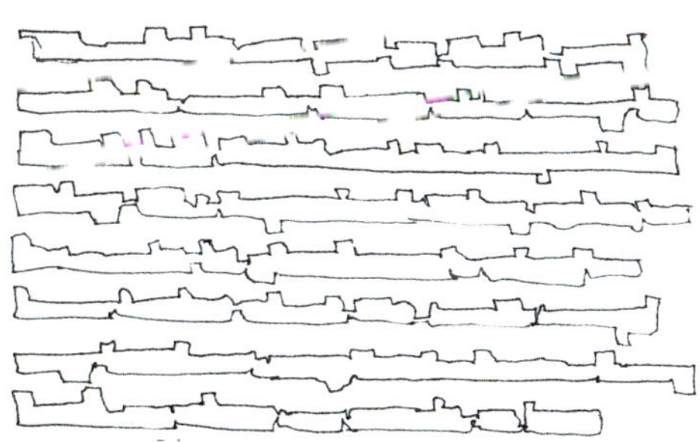

Mystisches Mittelalter

Rätselhafte Sprachverwirrung im „Voynich-Manuskript"

Von der US-Zeitschrift „Harpers" als das „geheimnisvollste Manuskript der Welt" betitelt, wartet dieses Buch mit seiner verwirrenden, unbekannten Sprache noch auf seine Text-Entschlüsselung (Datierung ungewiss, vermutlich um 1400 n. Chr.). Wenn Ihnen dies gelingt, können Sie sich einen Nobelpreis verdienen.

Schlaue Köpfe und künstliche Intelligenz vermochten bisher nicht, dieses Rätsel zu lösen. Auch Kryptologen erprobten ihr Wissen, um diese unbekannte Sprache im Manuskript zu analysieren und zu verstehen. Alles vergeblich. Der Kodex, auf Pergament geschrieben und bemalt, beinhaltet unter anderem rätselhafte Illustrationen von unbekannten Pflanzen, badenden Frauen in Bottichen und Darstellungen eines Kosmos, der den damaligen Vorstellungen entspricht.

Die Schrift erinnert mich in ihrer Anmutung mit ihren graziösen Schwüngen und Schnörkeln an thailändische oder arabische Buchstaben. Weist nicht das Mappenwerk von **Max Ernst**, in seiner Pseudoschrift geschrieben, eine Seelenverwandtschaft auf? Oder denken wir an **Michelangelo**, der seine Texte vor dem raschen Erkennen schützen wollte und häufig in Spiegelschrift schrieb.

Auch wenn aus der Deutungshoheit der Kunstgeschichte das Voynich-Manuskript nicht zur Kategorie Künstlerbuch zählt, so empfinde ich dieses Werk dennoch als ein erstes Buchwerk dieser Kunst. Es weist alle Zutaten auf, die ein spannendes Skript benötigt, um das Interesse der Betrachter:innen zu wecken. So ließ sich bereits der Künstler **Luigi Serafini** über 600 Jahre später zu dem „Codex Seraphinianus" inspirieren.

Stellen Sie die Übersetzungsprogramme auf die Probe und lassen Sie zum Beispiel einen unsinnigen deutschen Text in eine andere Sprache übersetzen. Diese Übersetzung geben Sie wieder für eine Übersetzung zurück ins Deutsche ein ... Da kommt etwas Lustiges dabei heraus, da bin ich sicher.

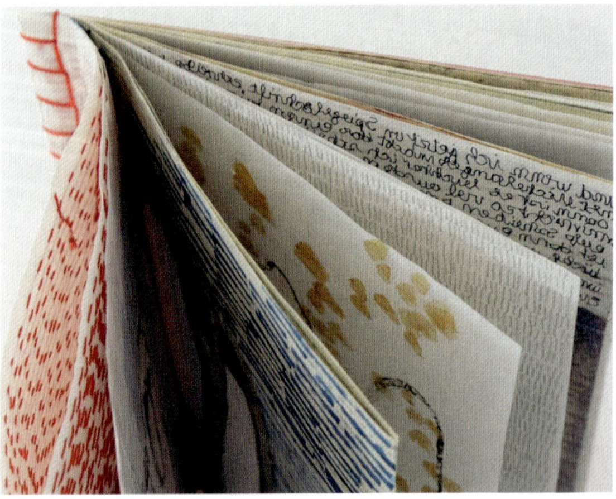

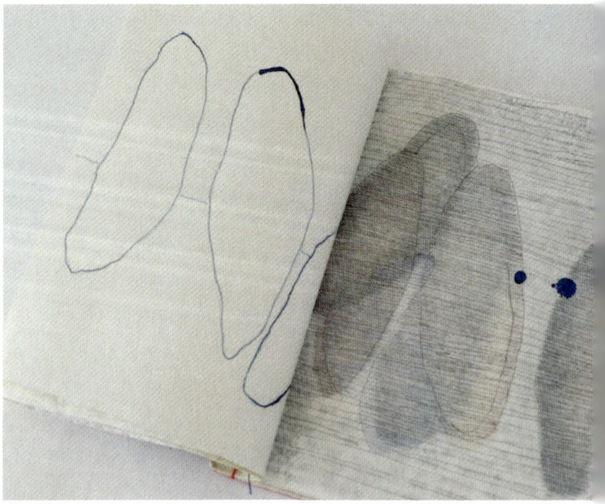

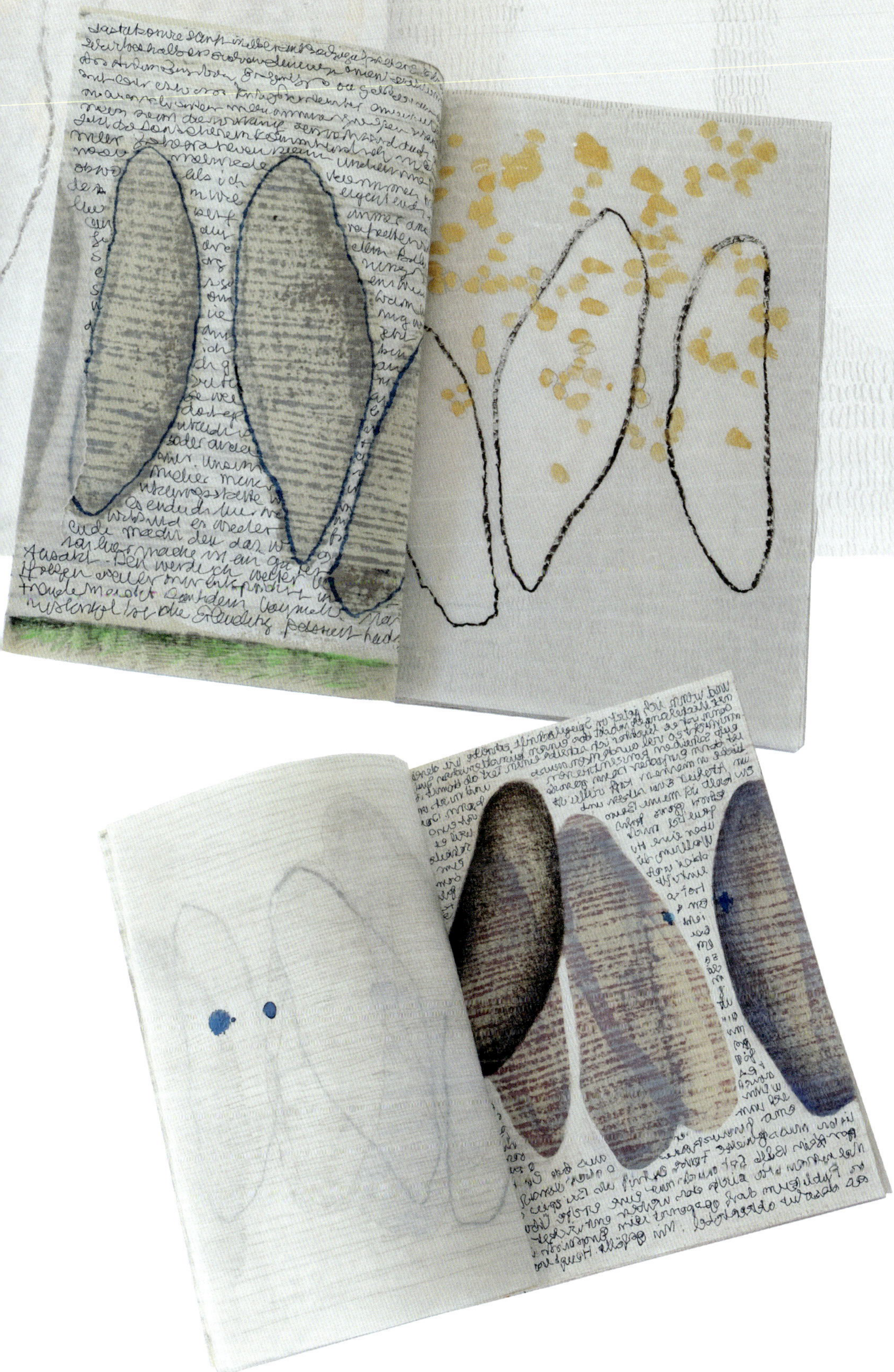

Die Arbeit der Hausfrau …

… sieht man erst, wenn sie nicht gemacht ist

„Man kann nicht zur gleichen Zeit eine Frau und Nutzen haben."

„Die Frau ist ein Wesen, das sich anzieht, plappert und sich auszieht."

Haben Sie gerade erhöhten Puls bekommen? Nein, diese Sätze sind nicht von mir, sondern Zitate aus dem Künstlerbuch von Annette Messager. Die Künstlerin schrieb 200 solcher provokanten Meinungsäußerungen in schönster Schreibschrift in ihr Buch. Jede Seite besteht aus jeweils drei Zeilen. Jeder Satz wird dreimal je Seite geschrieben, in Englisch, Französisch und Deutsch, und thematisiert die klischeehaften Rollenbilder der Frau.

Kritische Themen können wunderbar in einem Buch ausgedrückt werde. Hier sind Sie frei und beinahe unangreifbar, wenn es sich um Ihre persönliche Meinung handelt.

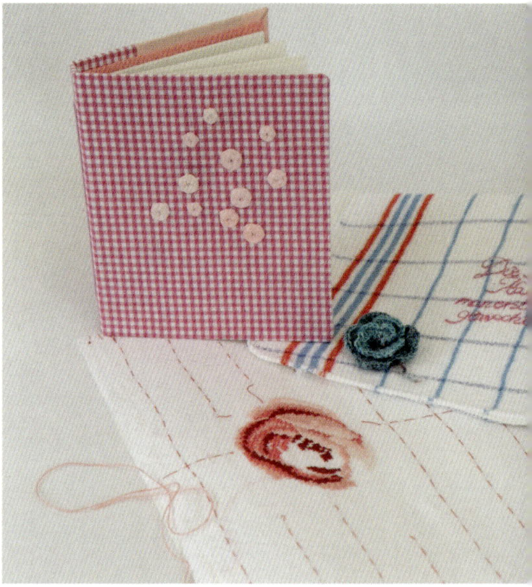

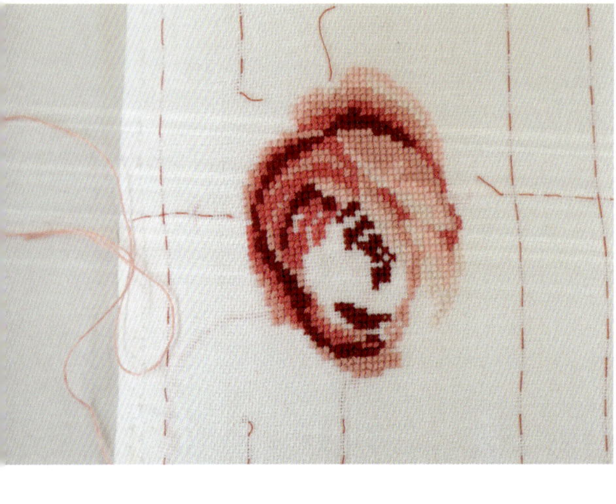

Mit einem Einband, zum Beispiel aus einer bestickten Tischdecke, einer alten Schürze oder bestickten Taschentüchern, lassen sich Emotionen hervorrufen, die dem Thema „die Rolle der Frau in der Gesellschaft" einen ironischen Rahmen geben.

Für meine Inspiration habe ich ein Staubtuch mit dem Titel dieses Kapitels bestickt und auf Papier kaschiert. Auch das Fundstück, die halbfertig gestickte Rose, ist ein Dokument für „unzureichende Frauen-Tugendhaftigkeit" und ebenfalls auf Papier kaschiert. Gescheitert an mangelnder Geduld und Hingabe, bleibt das Werkstück unfertig und wird zum Symbol. Entsprechend kann ein solches Relikt zur politischen Äußerung, zum Statement avancieren. Denn gerade das Nicht-Vollendete der Stickerei zeigt anschaulich die Brüchigkeit dieses Lebensentwurfs (Stoff mit Papier kaschieren siehe Seite 86).

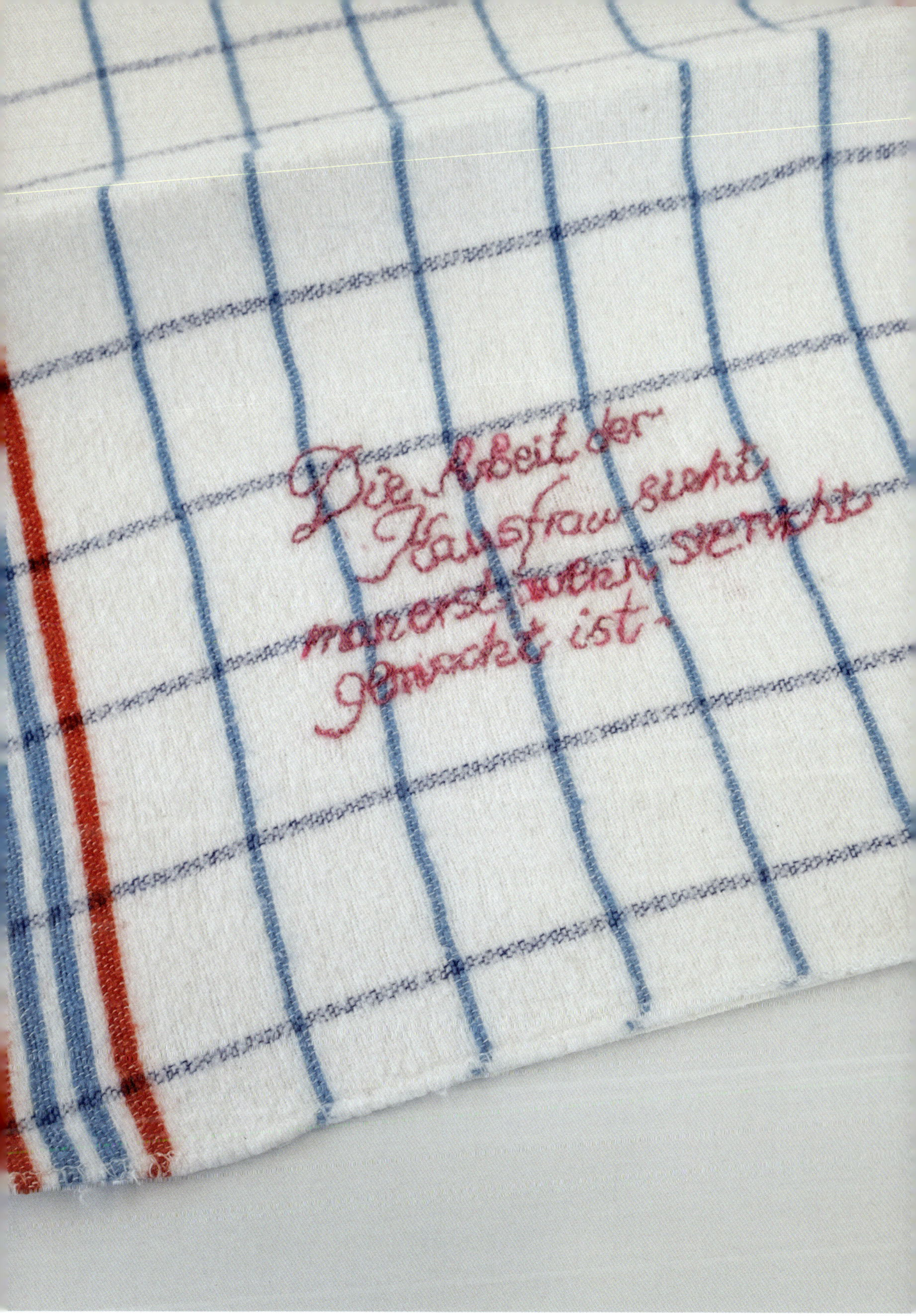
Die Arbeit der
Hausfrau sieht
man erst, wenn sie nicht
gemacht ist -

Wortlos, nicht sprachlos

Ein-Weg-Buch

Ed Ruschas Fotobuch „Twentysix Gasoline Stations" von 1963 ist eine Ikone in der Welt der Künstlerbücher und inspiriert bis heute.

Bis auf den Titel ist sein Buch ohne Worte. Das erste Bild fotografiert er an seinem Wohnort. Ruscha nimmt den Foto-Weg zurück zum Wohnort seiner Kindheit. In karger, schnörkelloser Bildsprache dokumentiert er mit seiner Spiegelreflex-Kamera ausschließlich die Tankstellen entlang dieser Route. Seinem Konzept, sich lediglich für ein Motiv als Buchthema zu entscheiden, bleibt er auch in folgenden Bildbänden treu.

Schnelle Schnappschüsse zu fotografieren – ich möchte eher von „knipsen" sprechen – ist in Zeiten von Social Media und schlauen Telefonen ein Kinderspiel: immer verfügbar, sofort überprüfbar und mit einigen Filtertricks sind die Bilder leicht zu verfremden. Eine Parallelwelt dagegen ist die Analog-Fotografie. Es ist eine Challenge, sich auf die Begrenzung eines Films einzulassen, inklusive der Herausforderung, das Bild erst nach der Entwicklung des Films zu sehen.

Als Hommage an Ed Ruscha schlage ich vor, sich mit einer einfachen analogen Einwegkamera auf dieses Abenteuer einzulassen.

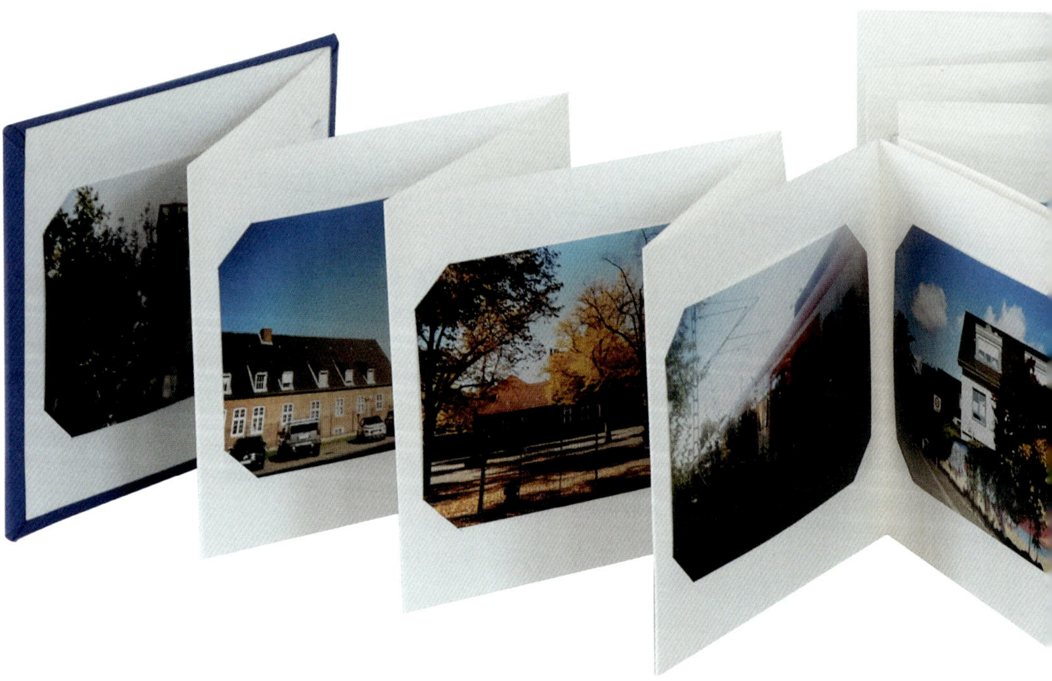

Ehrlich, das war schon merkwürdig bei meinem Experiment: nicht zu wissen, wie das Foto aussehen könnte … Als Fotothema habe ich mir meinen Weg von der Wohnung zum Atelier vorgenommen, der auch an etlichen Erinnerungsorten meiner Kindheit vorbeiführt. Wenn man so möchte, ist es wörtlich genommen ein „Ein-Weg-Buch" geworden – auch ein emotionaler Weg zwischen gestern und jetzt. Mit der besonderen Beobachtung durch die Kameralinse avanciert der Weg zur künstlerischen Dokumentation.

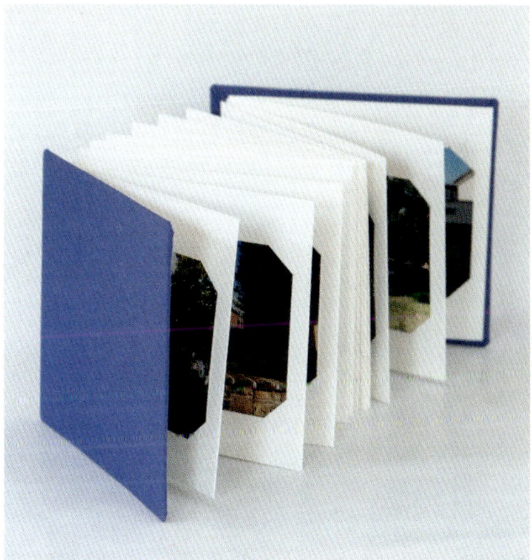

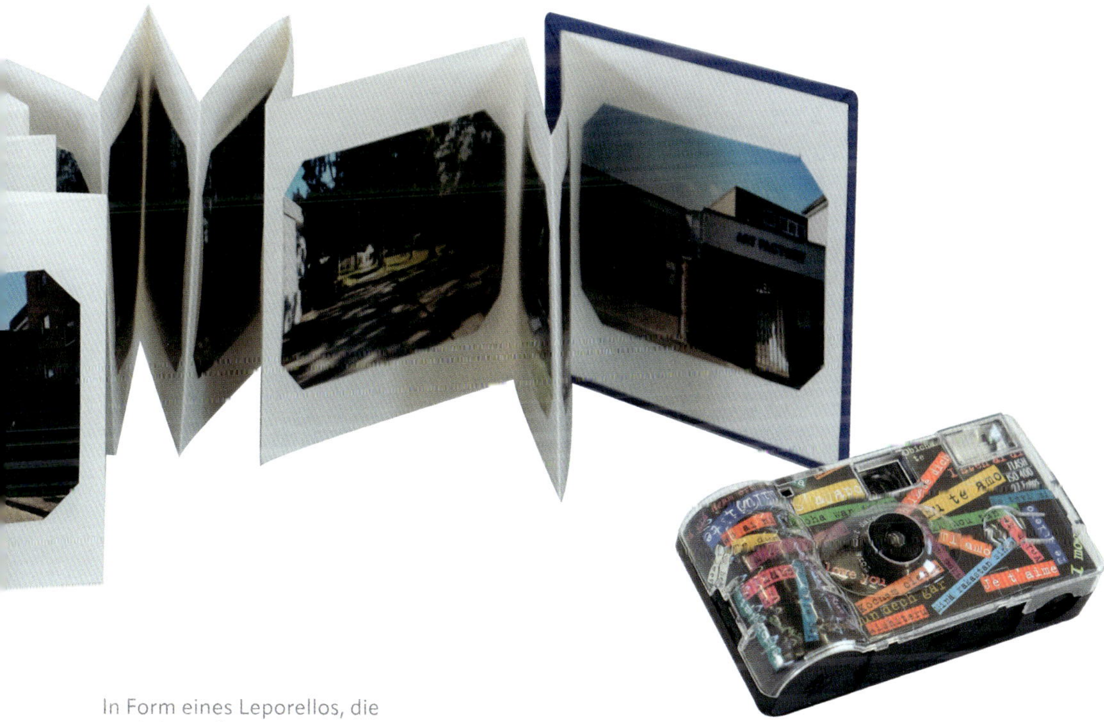

In Form eines Leporellos, die zeitliche Abfolge darstellend, ist mein Fotobuch entstanden.

Was weg ist, hat doch Wirkung

Cutout

Durch das Ausschneiden einzelner Partien eines Blattes ist der Durchblick auf die folgende Seite gegeben. Dies macht den Reiz aus in der Interaktion zwischen einem Verbergen und Aufdecken.

Die Möglichkeiten einer Umsetzung bestehen für verschiedene Buchstrukturen und Themen. Ein Beispiel ist das „ABC"-Buch von Christine Litke (siehe Seite 33). Max Marek bedient sich auch dieser Technik (siehe Anmerkungen ab Seite 170), ebenso wie Gerhild Ebel in ihrem Künstlerbuch „Cut".

Inspiriert von der grafischen Struktur der Machiya-Häuser in Kyoto, die sich entlang des Kamo-Flusses reihen, fertigte ich dieses Leporello. Ich ging folgendermaßen vor: Meine dort entstandenen Fotos druckte ich auf einem glatten, weißen Papier von 190 g/m^2 aus. Die Machiya-Häuser mit den dahinterliegenden Silhouetten moderner Gebäude haben bereits eine sehr grafische Anmutung, die sich zur Entwicklung abstrakter Formen anbietet. Durch Herausschneiden einiger Rechtecke entstand je Ausdruck eine Schablone, die ich wiederum auf verschiedene Papierqualitäten übertrug. Erneut als Vorlage zum Ausschneiden genutzt, entstanden so die einzelnen Seiten für das Leporello. Durch die sich überlagernden Blätter ergeben sich abwechslungsreiche, variantenreiche Durchblicke. Legen sich immer mehr Lagen übereinander, bis zur Verdichtung, geht die Leichtigkeit über zum Undurchdringlichen.

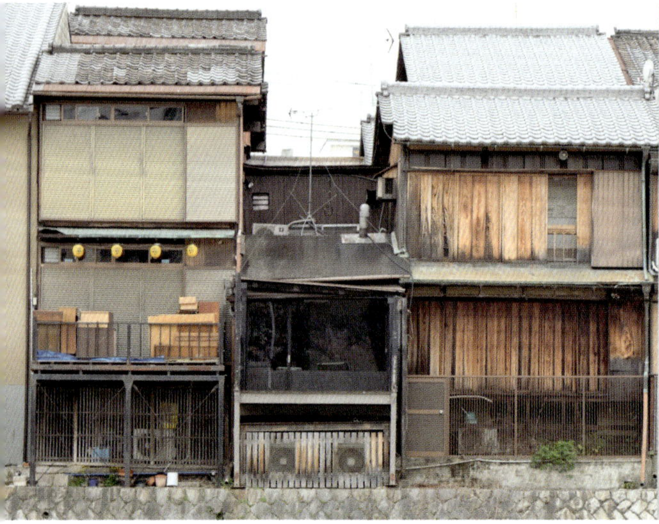

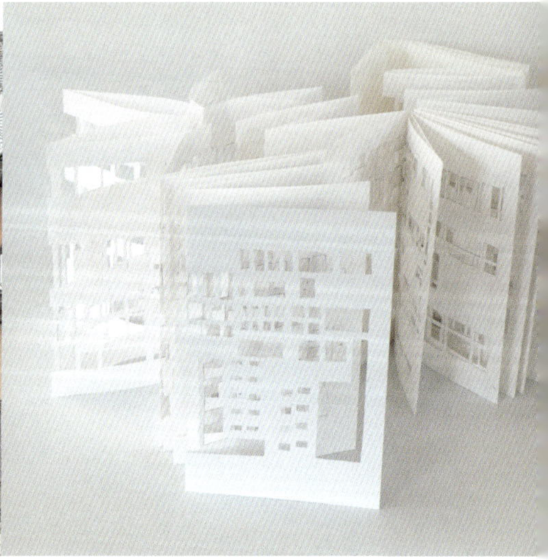

Foto: Japan, Kyoto 2019

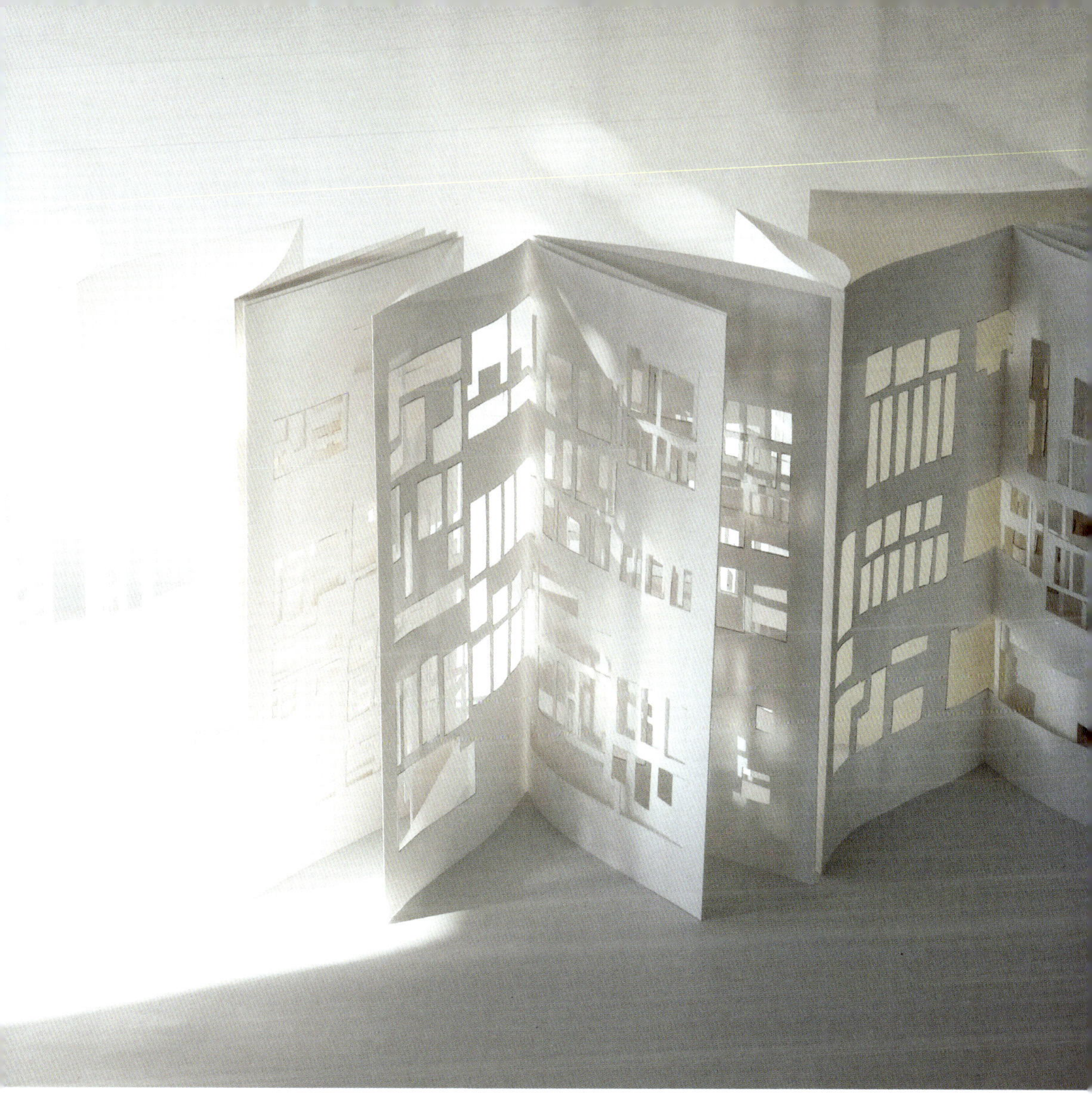

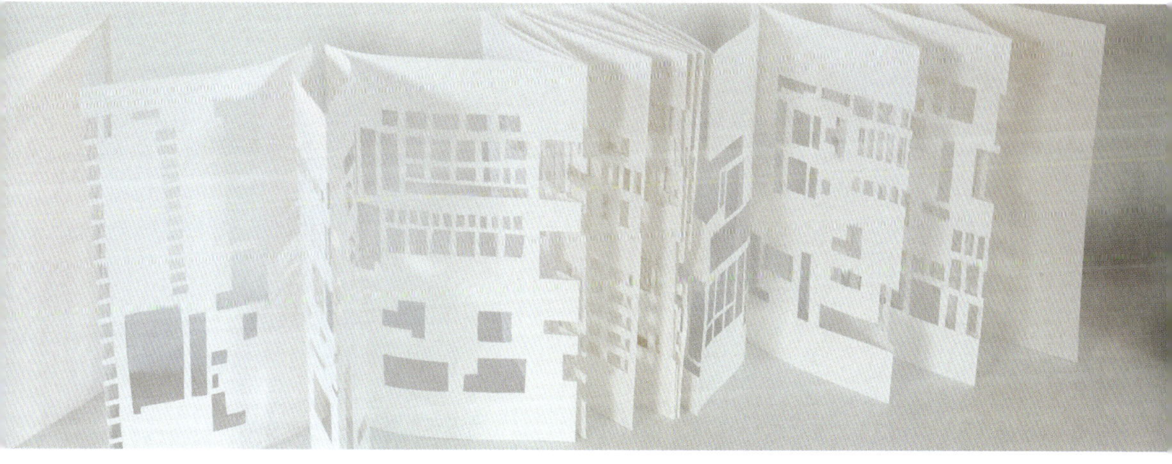

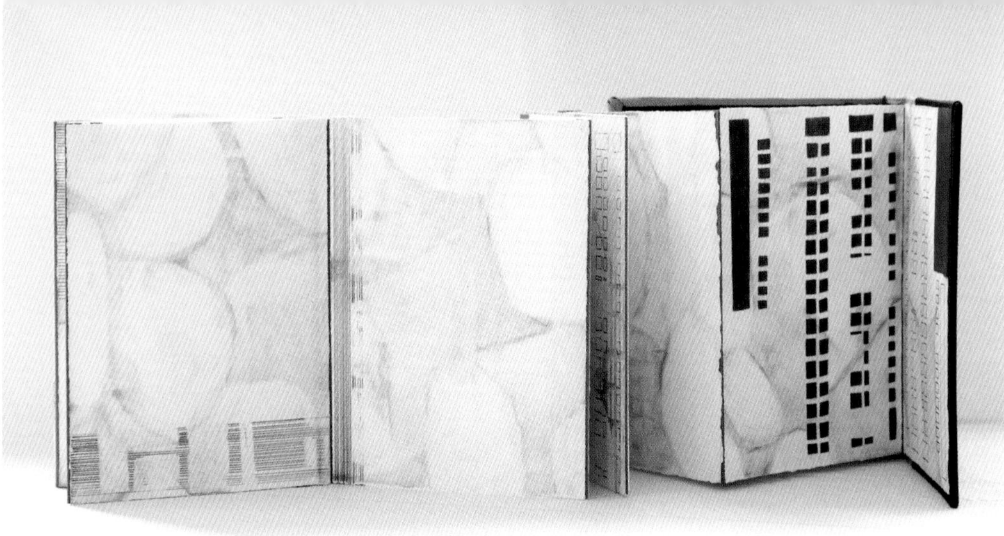

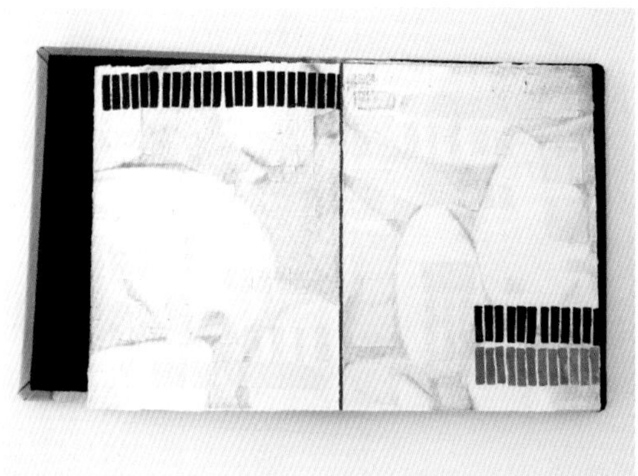

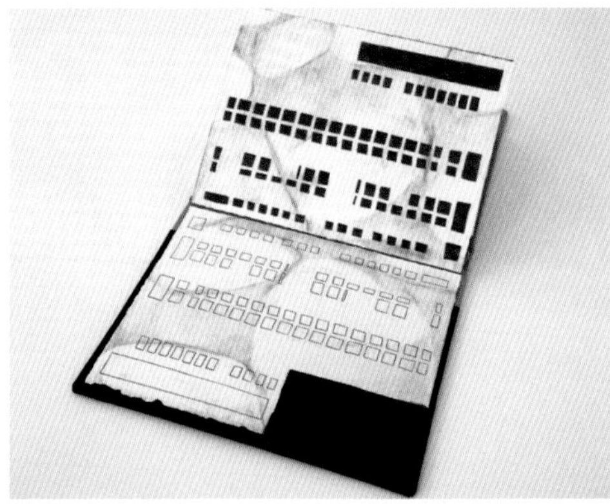

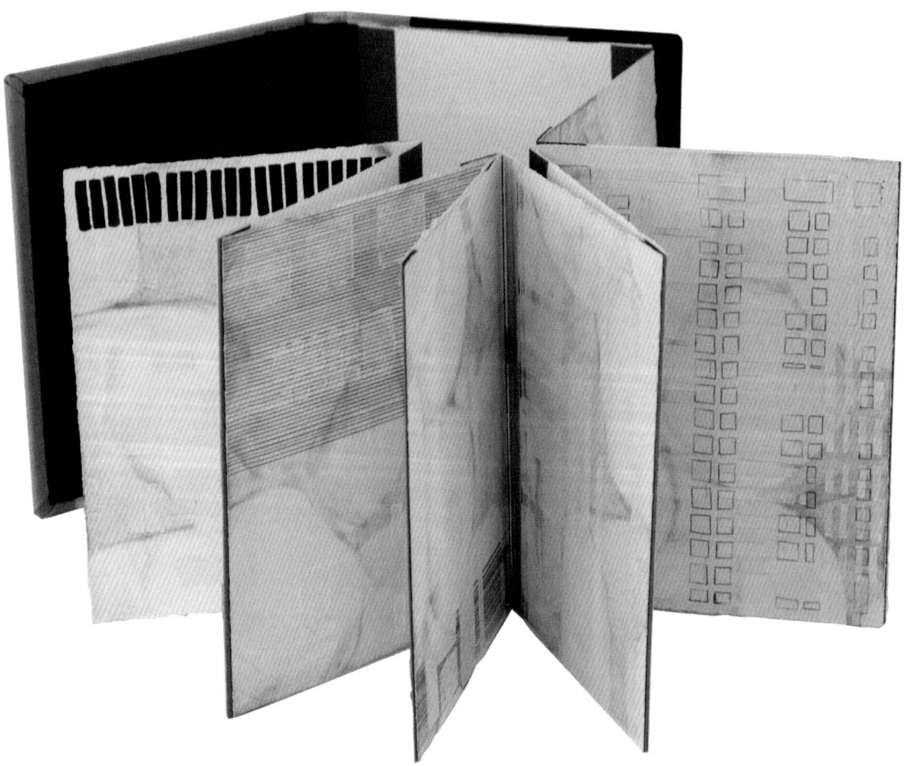

Auf ein Neues

Pentimenti

Pentimenti ist ein kunsthistorischer Fachterminus, er bedeutet in der Übersetzung „Reue". Er bezeichnet das Vorgehen, wenn Künstler:innen ihre Werke überarbeiten und einen ursprünglichen Entwurf auf der Leinwand übermalen.

Moderne Techniken ermöglichen, diese Spuren wieder sichtbar werden zu lassen.

Paul Klee zum Beispiel zerriss mitunter seine Bilder, um daraus zwei Bilder zu generieren. Durch die Röntgentechnik wird aufgedeckt, wie Rembrandt oder andere Künstler:innen skizzierte Figuren auf der Leinwand veränderten. Wie bei den großen Vorbildern stellt sich vermutlich auch heute bei Künstler:innen „Reue" ein, wenn sie mit einem Werk unzufrieden sind.

Finden sich auch in Ihren Schubladen verborgene Schätze, verworfene Drucke, Zeichnungen und Skizzen, die sich in einem Buch neu arrangieren lassen? Diese aufzubrauchen ist das Ziel. Zerreißen wie bei Klee und in einen anderen Kontext stellen? Übermalen, bedrucken, hineinzeichnen und Seiten gewagt falten wie bei Axel Heibel sind alternative Methoden, sich dem Material anzunehmen und es zu verändern. Eine solche Transformation gibt Ihren Schätzen in einer Buchform die zweite Chance, die ihnen in der ersten Betrachtung verwehrt war.

Durch Zerteilen und neu Zusammensetzen entstehen Anschnitte und Ausschnitte, die durch ihren zufälligen Charakter häufig überzeugender funktionieren als ein vom Kopf Gewolltes. Die Falle eines geplanten, auf Harmonie ausgerichteten Vorgehens wird vermieden, zugunsten spannungsreicher, überraschender Ergebnisse. Die Möglichkeiten der Übermalung durch Auslöschen von Formen oder Farben oder das pointierte Hervorheben gerade dieser Formen bringen vielleicht das Beste im Buch hervor. Gezieltes Eingreifen kann durch Zerreißen, Zerstören, Ausradieren, Verbrennen, Ritzen, Ausschneiden, Überkleben, Nähen, Sticken und vieles mehr erfolgen.

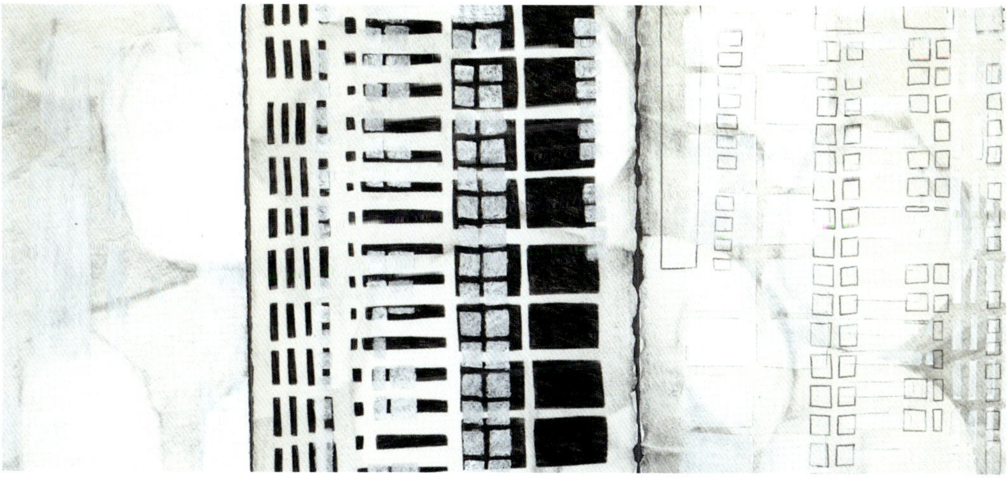

Thinking Outside the Box

Ideen für eine verbesserte Welt

Erschaffen Sie Ihre eigene Welt in einer Schachtel! Hier sind Sie uneingeschränkt frei, Objekte in überraschenden Zusammenstellungen zur verbinden.

Philosophisch tiefgründige Gedanken oder schalkhaft formulierte Objekt-Assoziationen, – was möchten Sie ausdrücken? Welche Welt lassen Sie entstehen? Sie haben die Qual der Wahl. Marcel Duchamp und Fluxkit lassen grüßen!

Für meine „Kleine Welt"-Interpretation wählte ich einen langjährigen Begleiter: das aufgesägte Perlboot (Nautilus pompilius). Es soll seit über 38 Millionen Jahren existieren. Einige meinen, dass es diese Kopffüßer bereits vor über 60 Millionen Jahren gab. Wie dem auch sei, eine ziemlich unvorstellbar lange Zeit.

Zu den Millionen Jahren vergangener Evolution füge ich eine weitere Dimension hinzu: den Gedanken, dass sich die „Dinge" wiederholen, mitunter im Kreis drehen. Dinge, damit meine ich die geistig moralische Entwicklung der Spezies Mensch, die mir im Gegensatz zu den faszinierenden technischen Errungenschaften zu stagnieren scheint. Der Beginn hochentwickelten menschlichen Lebens ist aus evolutionsbiologischer Sicht mit einem Wimpernschlag zu vergleichen, betrachtet man die „kleine Ewigkeit" seit dem Urknall.

Mit dem Collatz-Problem, einer Fragestellung aus der Mathematik, möchte ich meine kritisch daherkommende Analogie des „Sich-im-Kreis-Drehens" visualisieren. Das Collatz-Problem ist ein mathematisches Rätsel. Finden Sie die Lösung, so gehen Sie in die Geschichte der Mathematik ein. Die Kurzversion: Nehmen Sie eine beliebige natürliche Zahl. Wenn sie gerade ist, dann wird sie halbiert. Ist sie ungerade, multipliziert man sie mit 3 und addiert 1 hinzu. Mit dem Ergebnis der Berechnung wird das Verfahren dann wiederholt – und zwar so oft, wie es geht. Schließlich enden die Zahlen ultimativ in der Reihenfolge 4–2–1 und drehen sich ab dort im Kreis! Als Bindung drängt sich die Buchschraube geradezu auf, damit mein kleines Booklet sich im Kreis drehen kann.

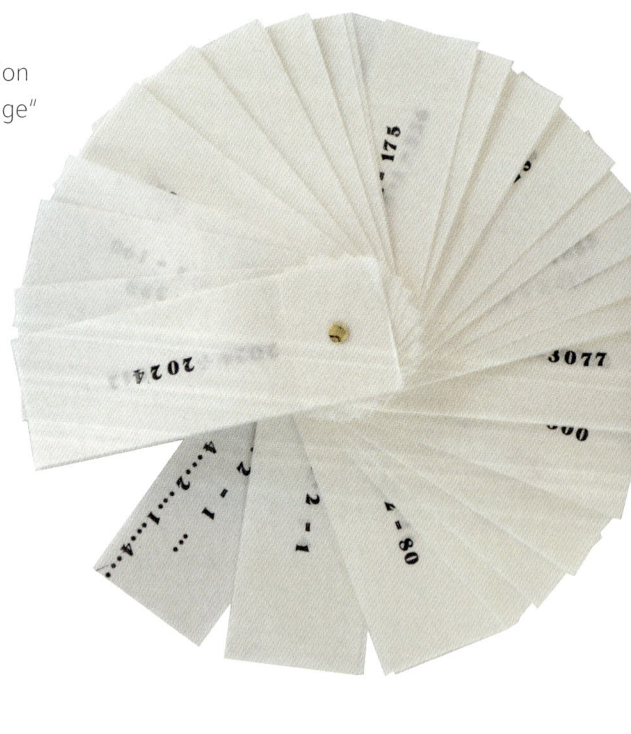

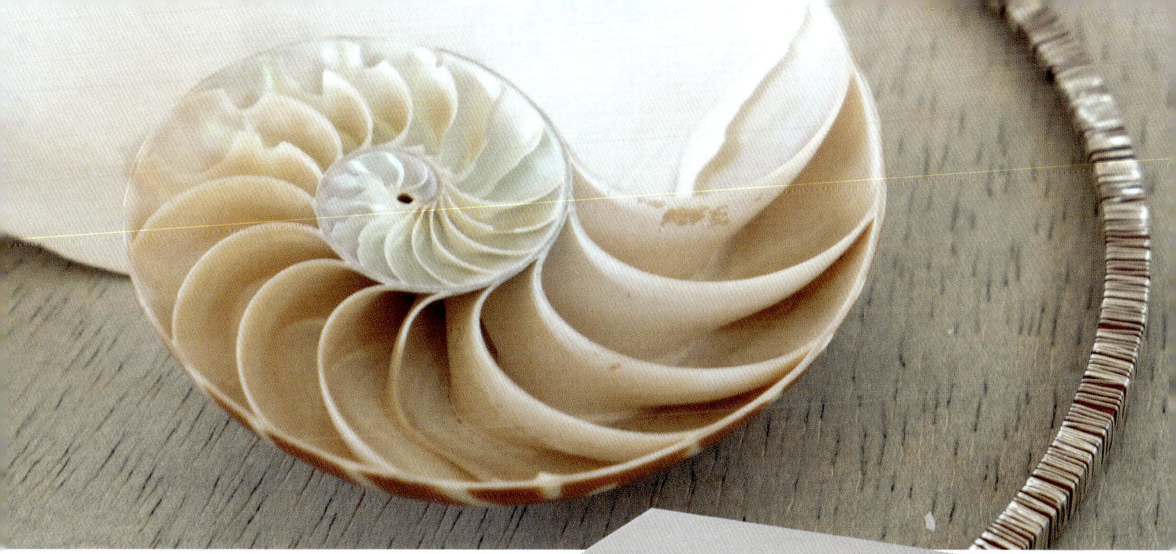

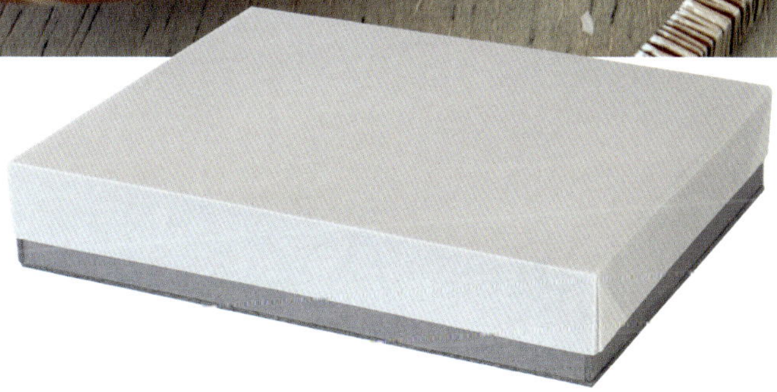

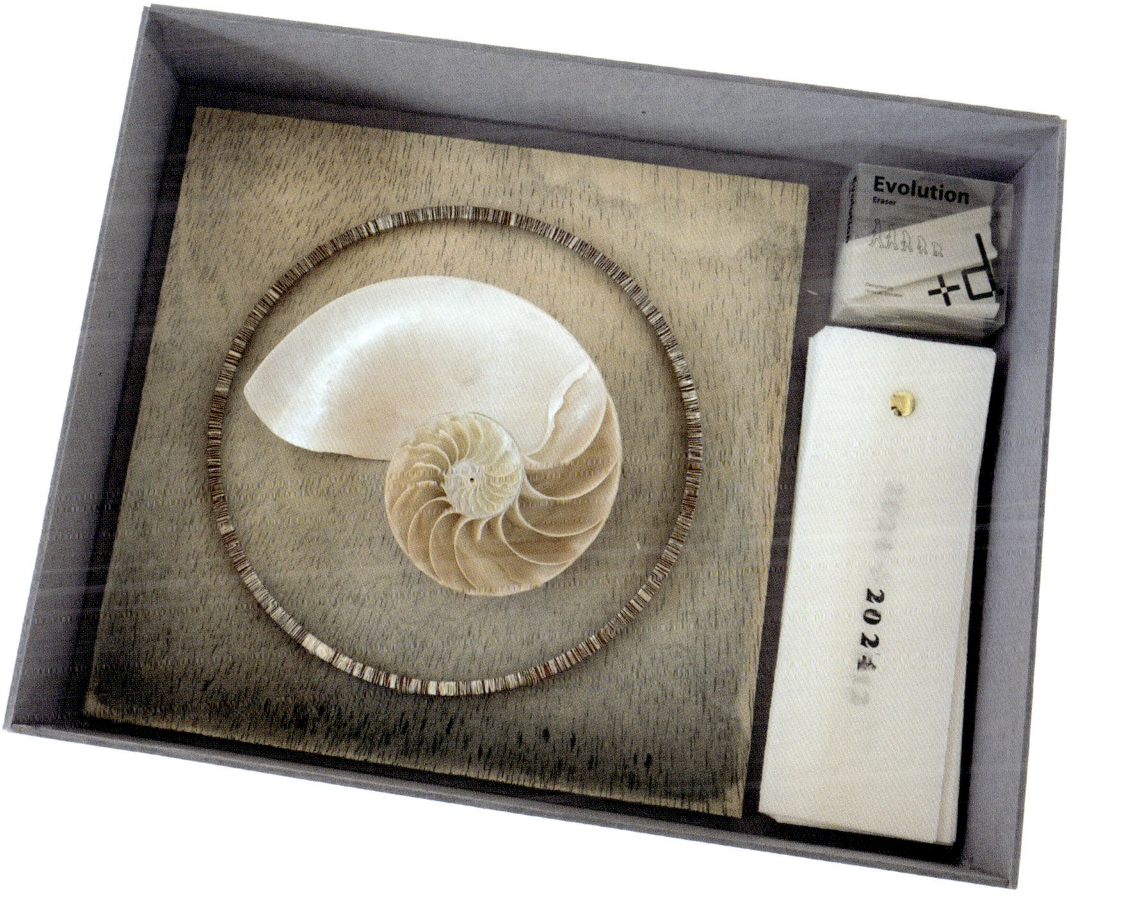
Evolution
Eraser

Die Kaninchenplage

… und andere Vermehrungsphänomene

Mario Merz bezieht sich in seinem Künstlerbuch *Fibonacci 1202* auf Leonardo von Pisa, genannt Fibonacci. Im Jahre 1202 berechnete der Mathematiker anhand einer Zahlenfolge, wie viele Nachkommen ein Kaninchenpaar wohl innerhalb eines Jahres haben könnte.

Die Fibonacci-Folge ist eine Folge natürlicher Zahlen, die mit 0 und dann zweimal der Zahl 1 beginnt; jede folgende Zahl besteht aus der Summe der beiden ihr vorangehenden Zahlen. Diese Folge kann man bis ins Unendliche weiterrechnen.

In vielen Phänomenen in der Natur ist diese Fibonacci-Folge zu beobachten. Zum Beispiel bei den spiralig wachsenden Blättern der Sukkulenten, die mit dieser Anordnung die optimale Lichtausbeute gerecht auf jedes Blatt verteilen. Auch die Samen der Sonnenblume sind in zwei gegenläufigen Spiralen angeordnet und diese Spiralen lassen sich mit der Fibonacci-Folge berechnen.

Der Künstler Mario Merz bezieht sich in seiner Kunst häufig auf diese Zahlenreihe: In seinem Buch probiert er, in zeichnerischen Versuchen durch spiralig angeordnete Zahlen und Ziffern das Phänomen zu erkunden. Wissenschaft und Kunst nähern sich hier durch den forschenden Blick an. Die Fibonacci-Zahlen entsprechen in etwa dem goldenen Schnitt, den wir in einer Komposition als größte Harmonie empfinden.

0 – 1 – 1 – 2 – 3 – 5 – 8 – 13 – 21 – 34 – 55 – 89 – 14

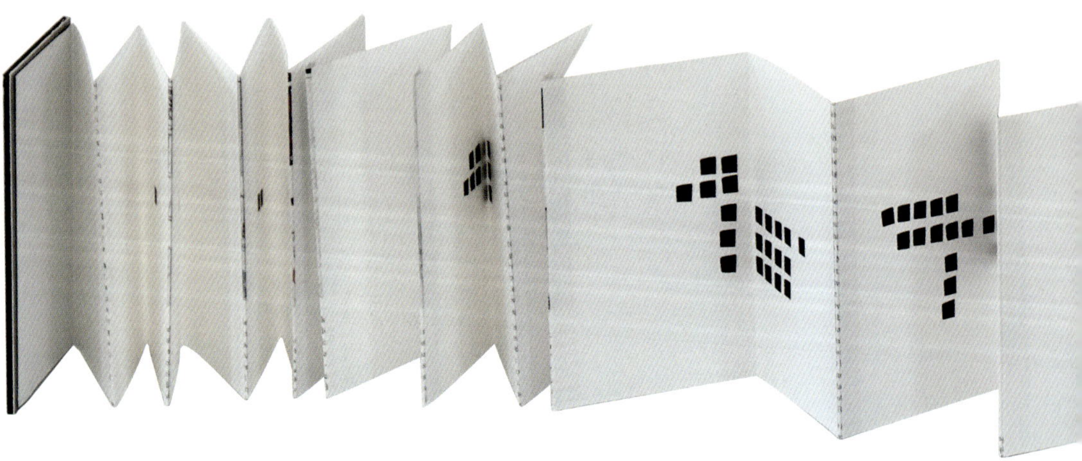

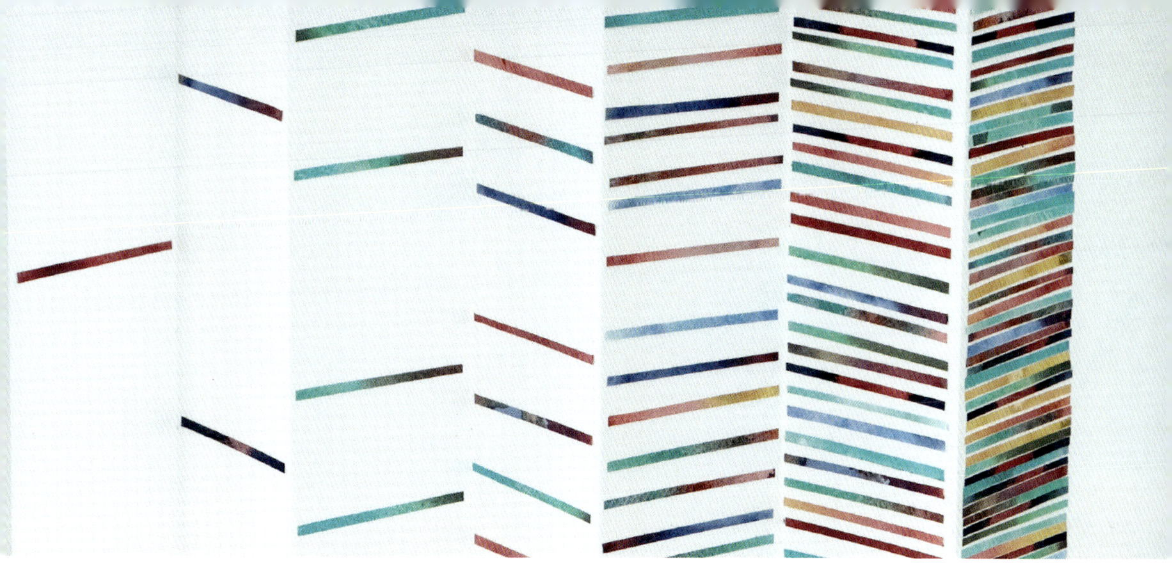

Eine weitere Möglichkeit, ein Zahlenspiel der Mathematik in ein Bild zu transferieren, liegt im Potenzial der Mandelbrot-Menge. Der Mathematiker Benoît Mandelbrot entdeckte diese Form der Berechnung, gültig für alle Arten von Wachstum. Dieses Phänomen besagt, dass jedes Teil eine verkleinerte Kopie seiner ursprünglichen Vorlage darstellt. So entspricht das einzelne Fiederblatt eines Farns exakt dem größeren „Vorbild"-Farnblatt usw. Diese Selbstähnlichkeit der Verästelungen lässt sich in der Verkleinerung wie in der Vergrößerung bis ins Unendliche weitertreiben. Benoît Mandelbrot definierte dies als „Fraktale". Mein Beispiel zeigt fein geschnittene Papierstreifen, Recycling aus einem Aquarell. Dem exponentiellen Wachstum gemäß klebte ich die „Striepsel" auf ein gefaltetes Leporello. Sie entscheiden, wie viele Meter Leporello-Länge Sie veranschlagen und in welcher Blattgröße Sie das Experiment gestalten möchten, um diese Mengenvermehrung zu visualisieren.

377 – 610 – 987 – 1597 – 2584 – 4181 – 6765 – 10946 – 17711 – …

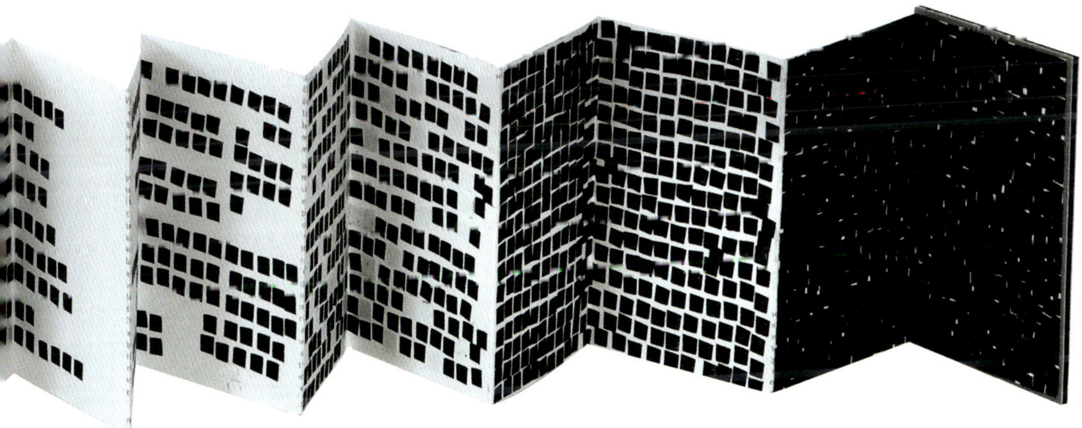

Rock'n'Roll für einen Alien

Ein Weltraum-Abenteuer

Wie kreativ sind eigentlich Aliens? Bauen Aliens wohl aus purer Neugierde den Plattenspieler zusammen, gemäß der Bauanleitung, die ihnen mit der Voyager-Sonde 2 zugeschickt wurde? Tanzen sie nach erfolgreicher Fertigstellung den Rock'n'Roll von Chuck Berry, der auf der goldenen Schallplatte zu hören ist?

Ob sie wohl Hände haben, die zum Gebrauch von Werkzeug geeignet sind? Und wie mag ein Rock'n'Roll tanzendes grünes Männchen aussehen? Dies habe ich mich gefragt und eine kleine Mappe für Außerirdische und Innerirdische zusammengestellt.

Wie steht's mit Ihrer Reiselust? Greifen wir nach den Sternen! Packen Sie schon einmal Ihr Kunst-Köfferchen. Was wollen Sie dem Universum mitteilen? Jetzt ist Ihre Chance, das künstlerisch umzusetzen! Stellen Sie sich das Reisegepäck ganz individuell zusammen. Keine Pauschalreise, sondern ein Abenteuer mit ungewissem Ausgang! In einer Mappe bringen Sie zusammen, was vielleicht gar nicht zusammenpasst. Erfinden Sie Geschichten aus flachen Objekten, die im mystischen Zusammenspiel zueinanderfinden. Für neugierige Mitmenschen gibt es Informationen zur „Voyager 2"-Mission mit der goldenen Schallplatte und zur Wahrscheinlichkeit, auf Außerirdische zu treffen, in den Anmerkungen ab Seite 170.

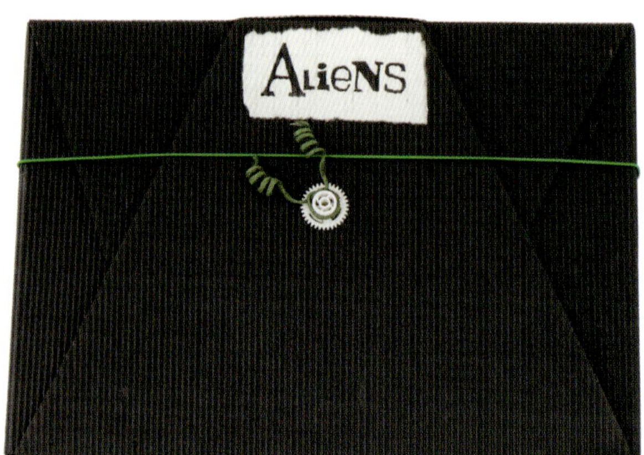

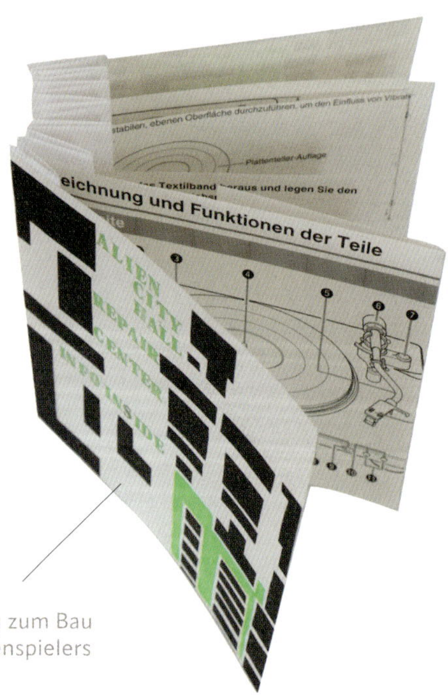

Anleitung zum Bau des Plattenspielers

ens mit
hwerkraftschuhen

Alien-Tanzboden

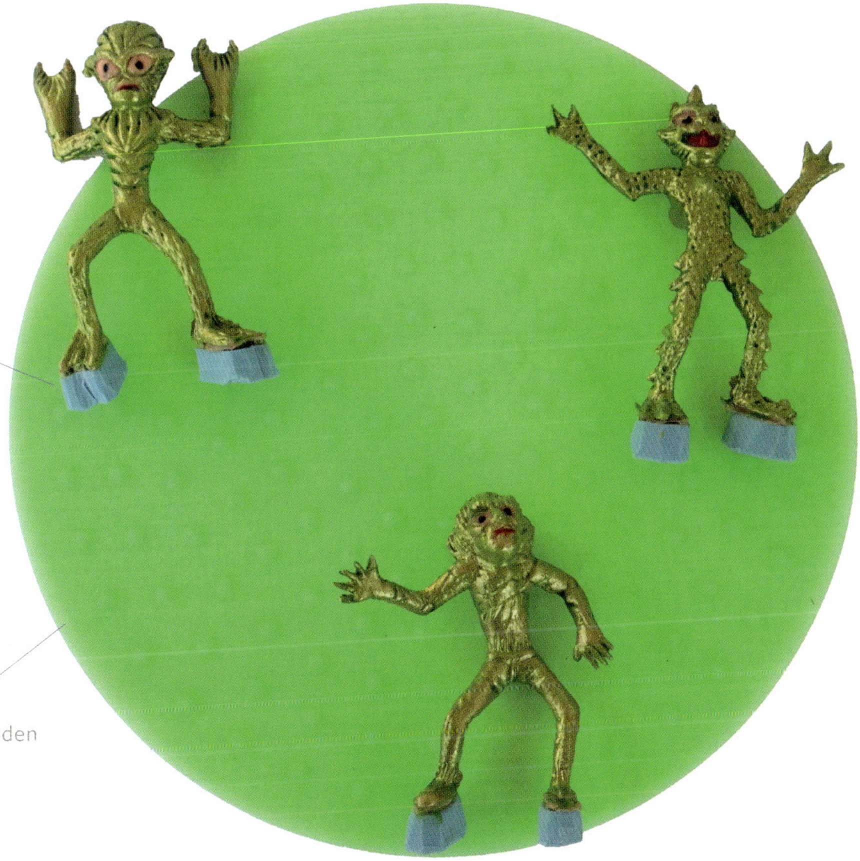

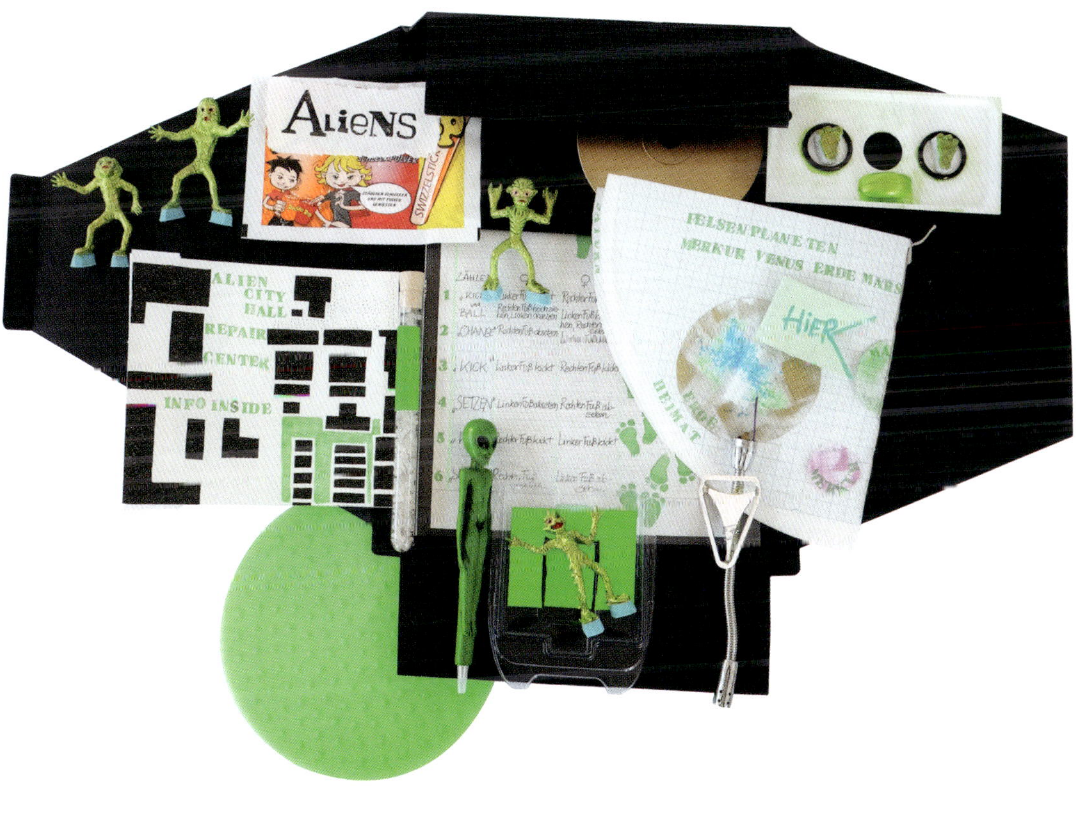

Hier mein authentischer Bericht aus den Tiefen des Kosmos:

Unter Zustimmung aller Cookies & Crümel gelang es mir mithilfe der Aliantor-App, Kontakt zu den Außerirdischen aufzunehmen. Mittels Wurmloch PP55 funktionierte die Leitung für ein Interview auch ohne die lästige Zeitverzögerung von ca. 67 000 Lichtjahren.

Drei wichtige Fragen wurden beantwortet:

1) Wie reagierte die Bevölkerung, als sie zum ersten Mal Chuck Berry, The King of Rock'n'Roll, hörte?

Damit sie diese Tanzschritte in der benötigten Geschwindigkeit steppen konnten, erfanden sie extraschwere Schuhe. Damit war das Problem gelöst, sich der geringeren Gravitation auf ihrem Planeten anzupassen und diese zugunsten einer dynamischen Schrittfolge auszugleichen. Durch das erhöhte Gewicht unter den Füßen gelang es nun, den schwebenden Alien-Gang zu überwinden. In der Folge fanden regelmäßig Tanz-Events statt, zum größten Vergnügen von Alt und Jung.

2) Und praktisch genauso spannend ist die Frage nach dem Intimleben der Aliens: Wie vermehrt ihr euch?

Zu meiner Überraschung geschieht dies im Quantenschaum. Die Zuordnung zu einem Geschlecht hatten sie bereits vor 25 000 Jahren abgeschafft. Ein so altmodisches Verfahren wie die sexuelle Vermehrung war ihnen wohl zu einseitig. Im Quantenschaum mache das viel mehr Spaß, so wurde mir versichert.

3) Die drängende Frage nach dem Verbrauch endlicher Ressourcen haben sie auch genial gelöst.

Alle benötigte Energie, vor allem um mit Raumschiffen in die Weiten des Alls zu reisen, gewinnen sie mittels Dark Energy. Eine erhellende Forschung ermöglicht die Nutzung der vorhandenen riesigen Menge an dunkler Energie im Universum.

Tanzanleitung/Schrittfolge

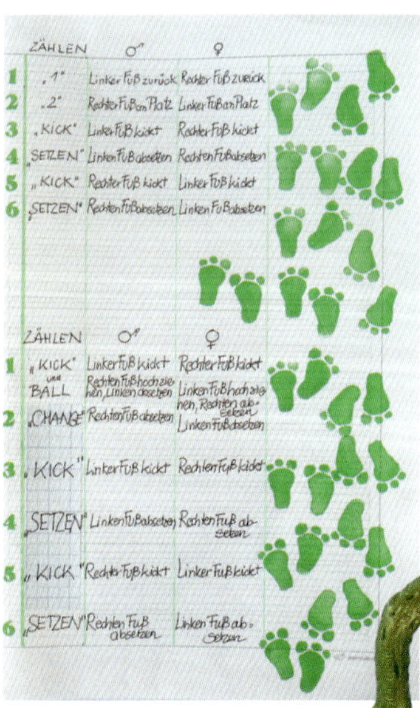

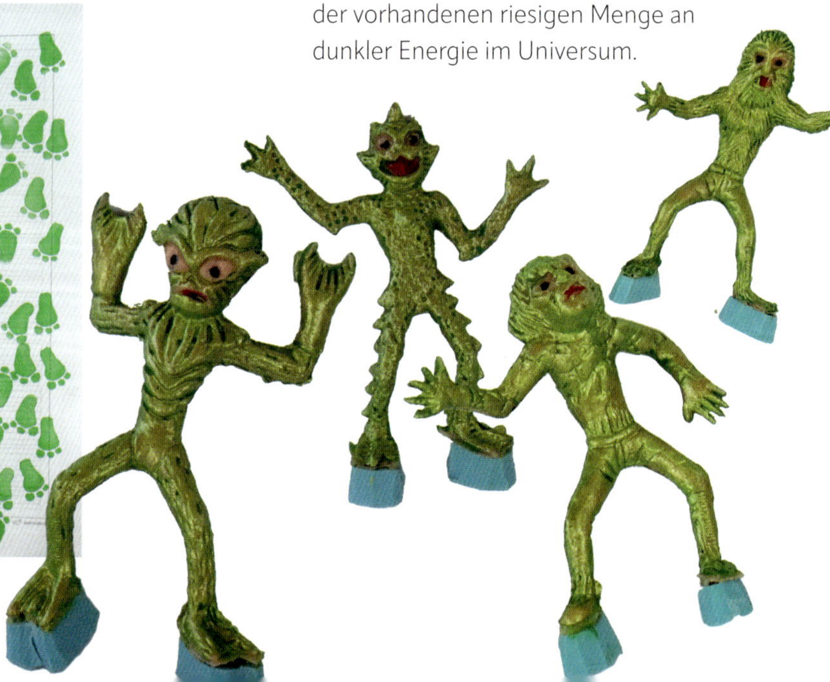

Aus dem Souvenirshop

Die Goldene Schallplatte

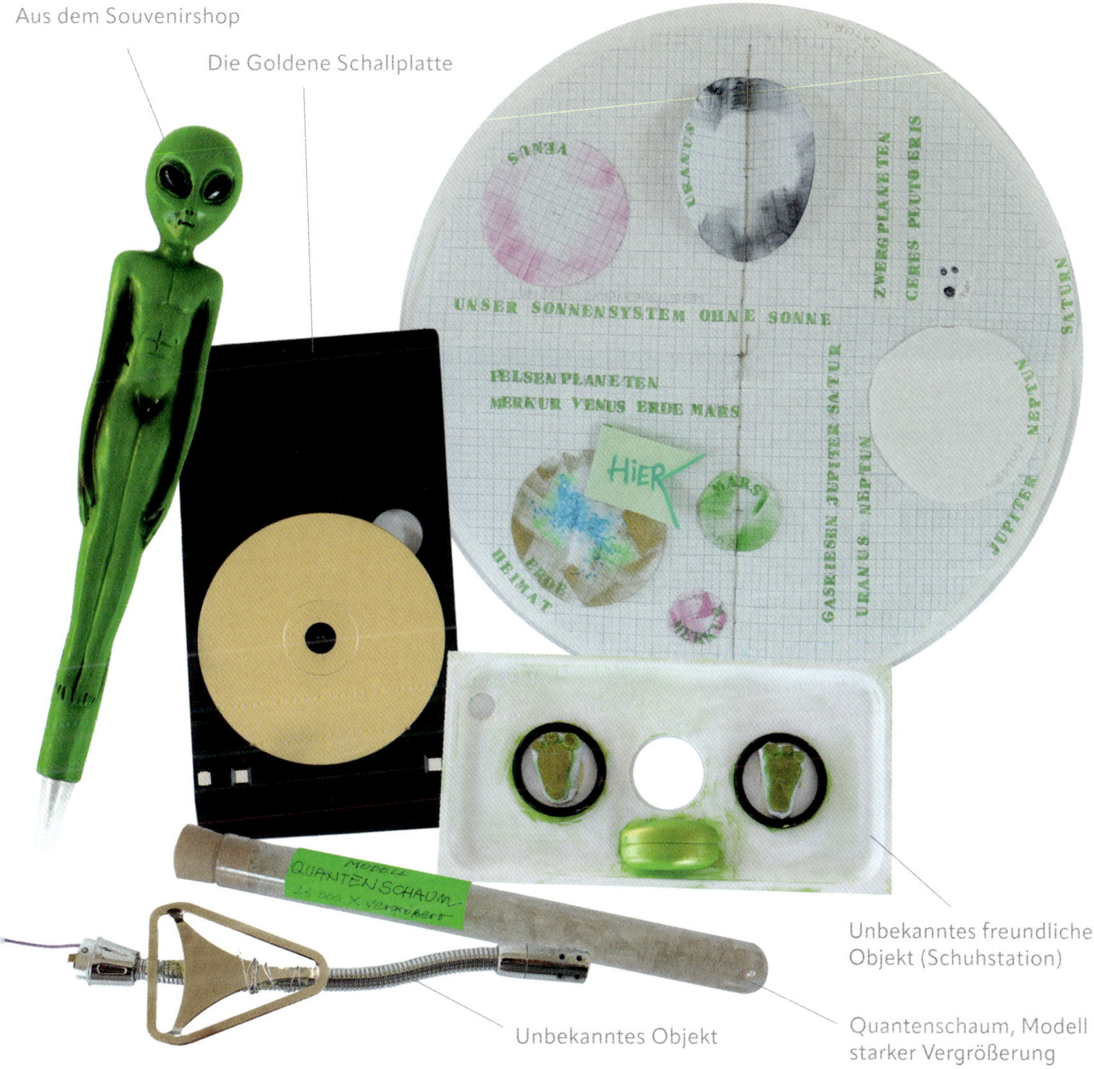

Unbekanntes freundliches Objekt (Schuhstation)

Unbekanntes Objekt

Quantenschaum, Modell in starker Vergrößerung

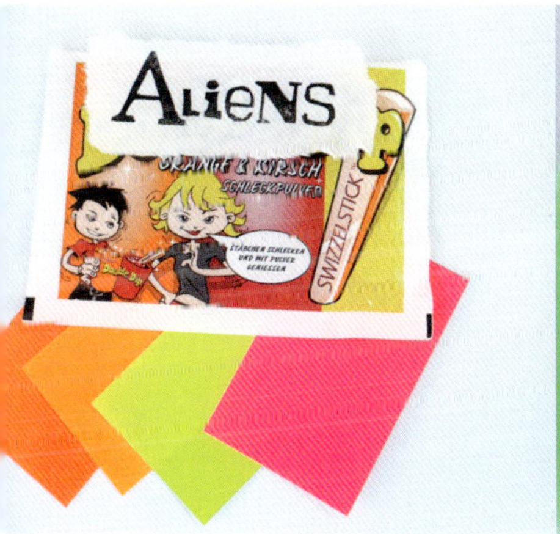

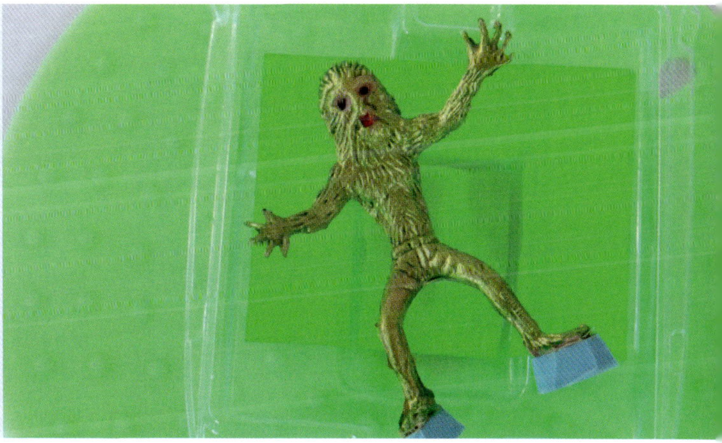

Alien – the King of Rock,n'Roll

1a gebratene Fischgräte

Ein Buch als kleinste Galerie der Welt

Josef Beuys sprach nicht von einem Künstlerbuch, sondern von Editionen. Diese dokumentierten seine Aktionen und Events – als eine Art Erinnerungsstütze, wie ich es nennen möchte.

Hierin reflektiert er gleichsam seinen eigenen Produktionsprozess. Zitat: „Jede Edition hat für mich den Charakter eines Kondenskerns, an dem sich Dinge ansetzen können. (…) Das ist wie eine Antenne, die irgendwo steht, mit der man in Verbindung bleibt."

„1a gebratene Fischgräte" bezieht sich auf eine Aktion, die Beuys 1970 in der Eat Art Gallery in Düsseldorf durchführte. Von den am Vortag gekauften 25 Heringen hängte er am Aktionstag die gebratenen Gräten wie Bilder an die Galeriewände. Die dort entstandenen Multiples gibt es auch heute noch zu kaufen.

In dem auf der gegenüberliegenden Seite zu sehenden Zeitungshalter können Sie einen Kunstkatalog zusammenstellen, im Sinne von Beuys, als kleine Präsentation zum bequemen Anfassen und Blättern.

Seth Siegelaub entwickelte die Idee von „exhibition as books". 1968 lud er sieben Konzeptkünstler ein, 25 DIN-A4-große Seiten für ein Buch zu gestalten. Sein erstes berühmtes Buch entstand aus Kopien dieser 25 Blätter und wurde zutreffend „Xerox-Book" genannt.

Vielleicht kennen Sie genügend Künstler:innen, mit denen Sie diese Idee aufgreifen und umsetzen möchten? Zusammenwirken und sich ergänzen als Kunstaktion? In diesem Zusammenhang schauen Sie sich am besten die folgenden Seiten an.

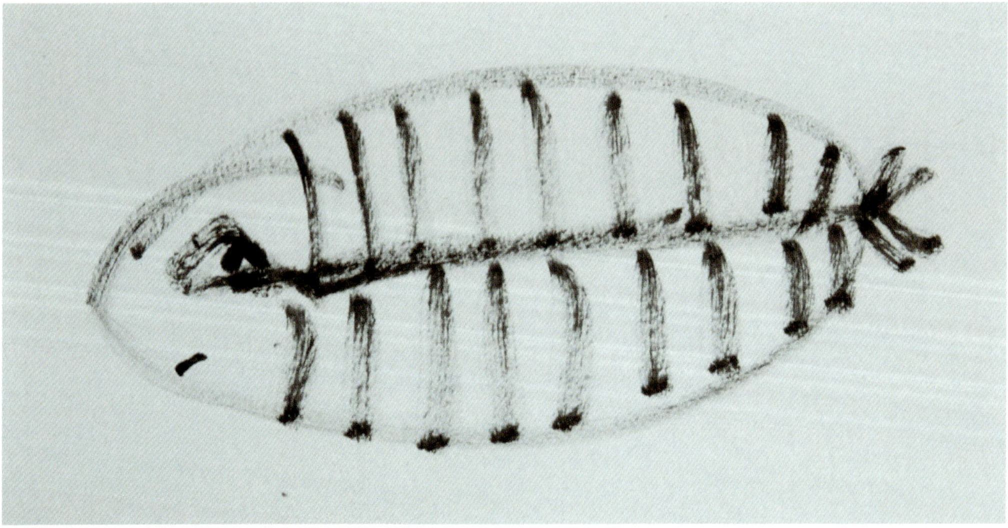

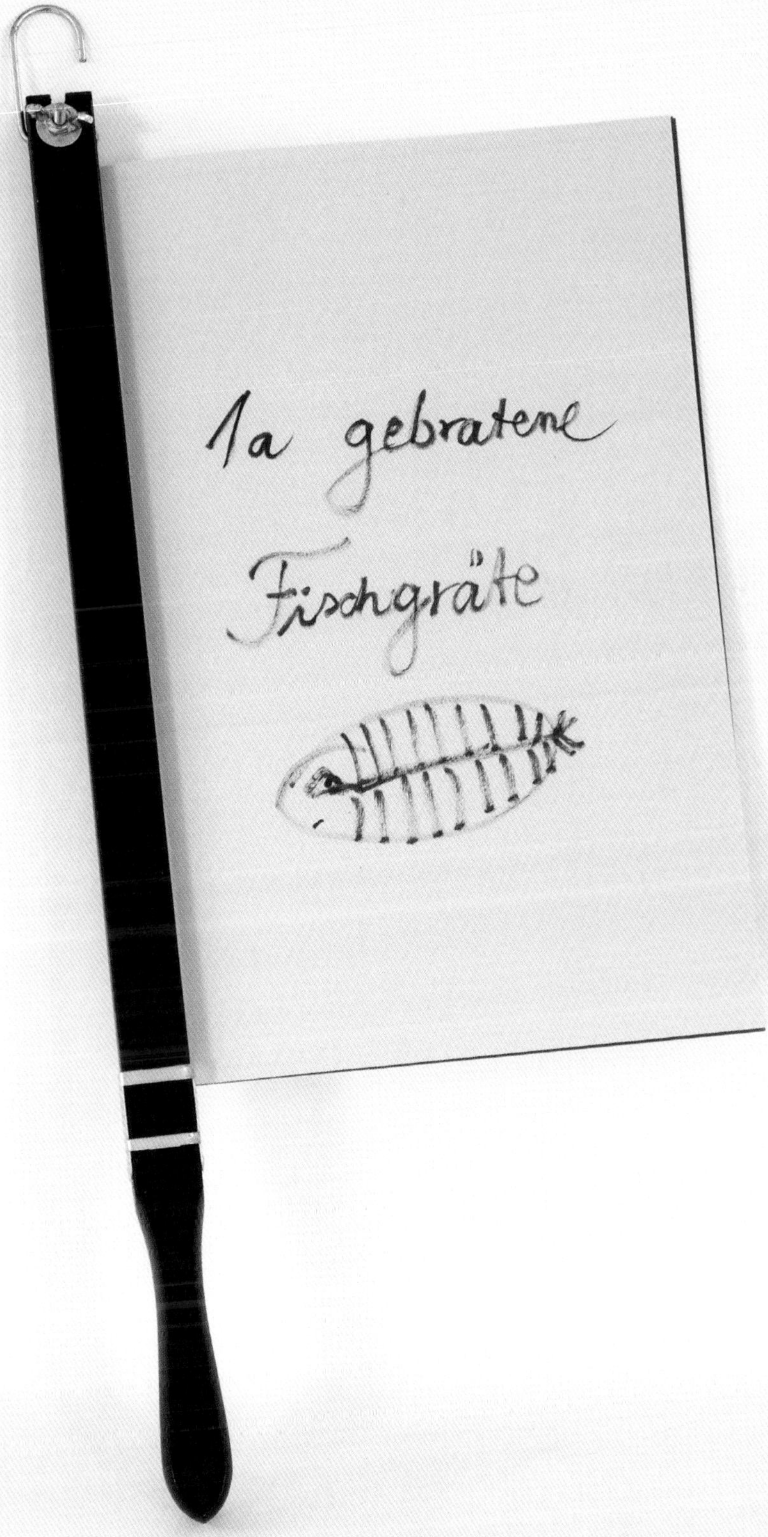
1a gebratene
Fischgräte

XeroX

Die Kunst, aus Nichts etwas Gescheites zu machen

Tonerbasierte Kopien, die in den USA auf den Geräten von Xerox entstanden, sind Namensgeber für diese Technik. Zur Gestaltung individueller Umschläge oder Einbände ist diese Methode einfach und schnell umzusetzen.

Fertigen Sie eine Collage, am besten mit dem Dada-Schalk im Nacken, anstatt seriöser Ernsthaftigkeit. Verwendung findet alles, was Ihnen zwischen die Finger kommt: eigene Werke, Papierreste, ausgeschnittene Elemente von Magazinen oder Zeitungen, ausgeschlachtete Bildbände, Buchstaben, Gestempeltes ... Da kommt einiges zusammen, da bin ich sicher!

Auf einen Scanner legen und auf einem festen glatten Papier ausdrucken. Auf meiner „eierlegenden Wollmilchsau" kopiere ich mein Ergebnis auf mein Lieblingspapier von Hahnemühle: Nostalgie, 190 g/m². So lässt sich schnell ein Umschlag für ein Skizzenheft herstellen. Empfehlenswert ist, sich gleich zwei Blätter auszudrucken und bei einer Fadenheftung als Umschlagvorder- und -rückseite zu nutzen (siehe Seite 78).

Seien Sie unternehmungslustig! Im Angebot sind weitere Ideen zum Kopieren. Vielleicht sind es nur schwungvoll ausgebreitete Schnipsel oder eine Verpackung, möglicherweise eine Wurst- oder Käsescheibe, die (zwischen Folie liegend!) gescannt zu einem verrückten Ergebnis führt. Auch Spitzendeckchen, Stoffe – eben alles, was flach ist, muss für ein Experiment herhalten. Zuletzt noch der Vorschlag, eine solche Kopie auf dem Scanner zu vergrößern, diese Vergrößerung wiederum größer auszudrucken ... und so weiter, bis Sie mit dem Resultat zufrieden sind.

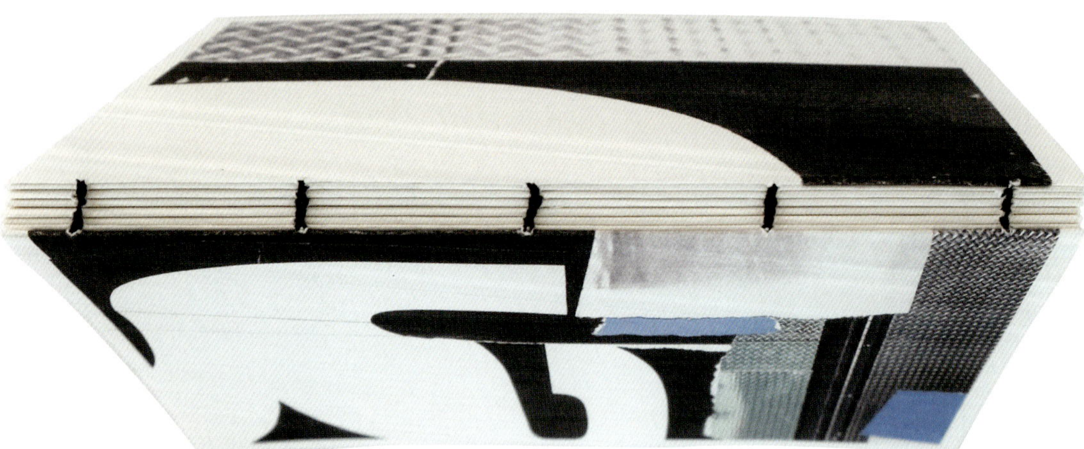

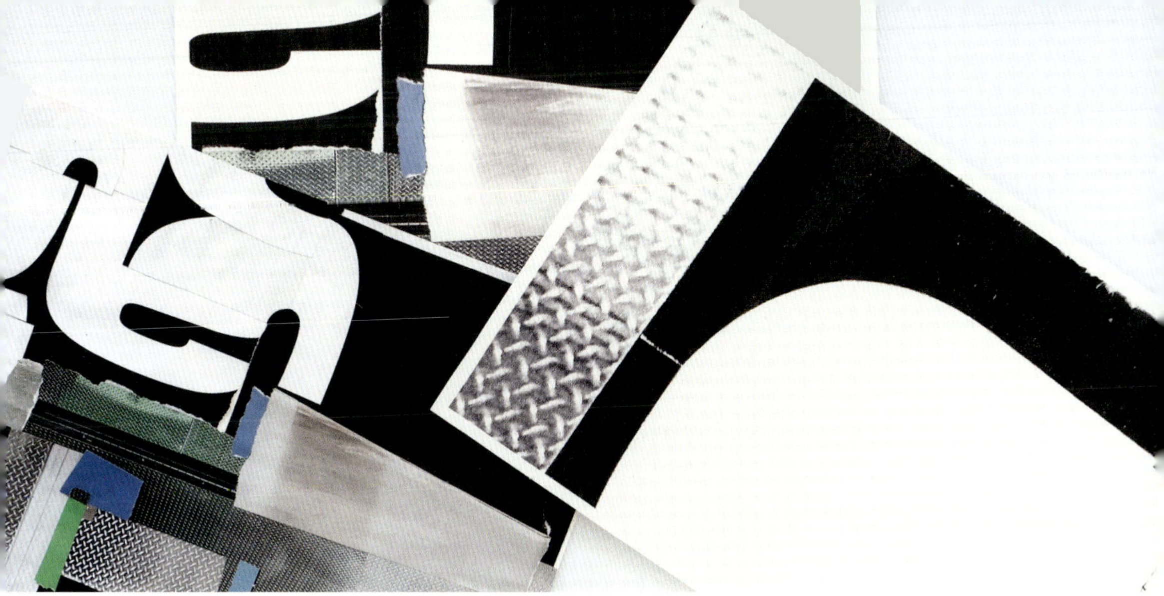

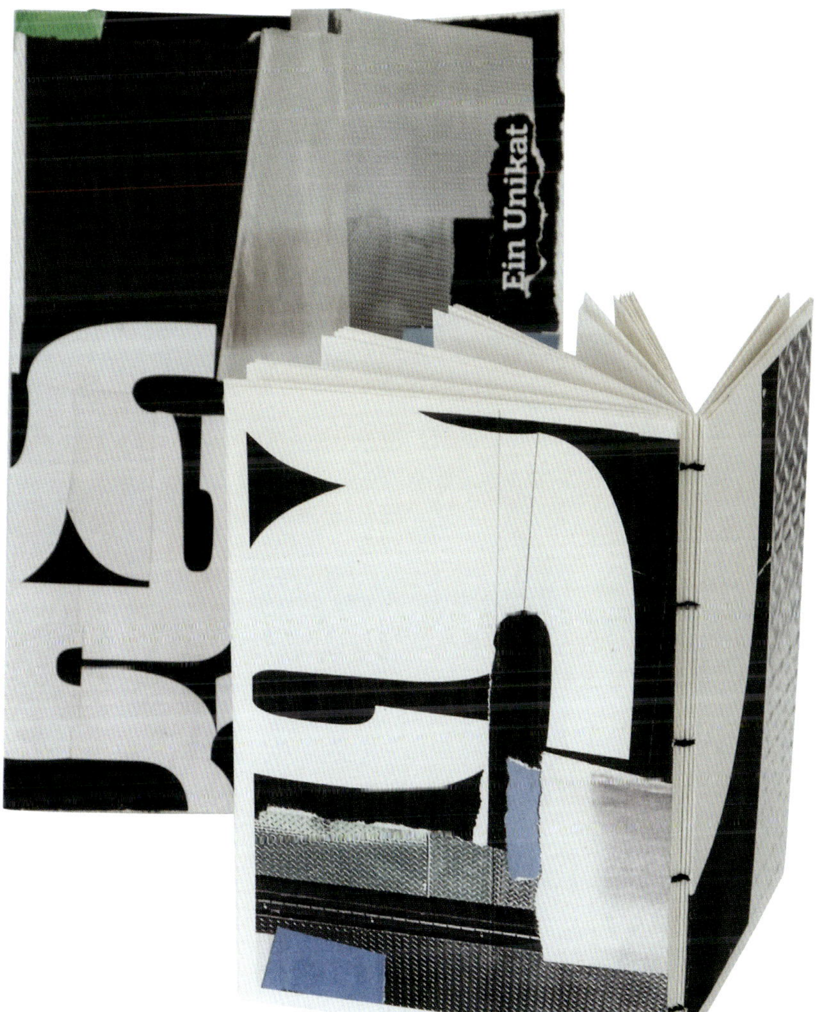
Ein Unikat

Hätten Sie das auch hochwertiger gestalten können?

Oder ist es ein Geniestreich?

Ein paar abschließende Informationen möchte ich noch zur Mail Art, welche auf Seite 42 schon angesprochen wurde, geben. Der Künstler Ray Johnson gilt als Erfinder dieser Kunstform.

Postkarten oder Briefumschläge, witzig gestaltet mit selbst gefertigten oder gekauften Stempeln, mit Schrift und Bild, wurden zwischen den beteiligten Künstler:innen verschickt. Der Begriff „Mail", englisch für Post, wird dadurch zum Namensgeber dieser Kunstrichtung.

Humor ist essenziell bei der Gestaltung oder Verwendung der Begrifflichkeiten. Übrigens, Ray Johnson nannte die Pop Art auch Chop Art (to chop: zerhacken, zerschneiden, auseinanderschlagen). Dies erinnert daran, dass auch Collagen auf Briefumschlägen als eine Möglichkeit für die Mail Art verwendet wurden. Bitte fragen Sie vorsichtshalber bei der Post nach, was aktuell erlaubt ist. Ein höheres Porto wird schon bei farbig gestalteten Briefumschlägen fällig!

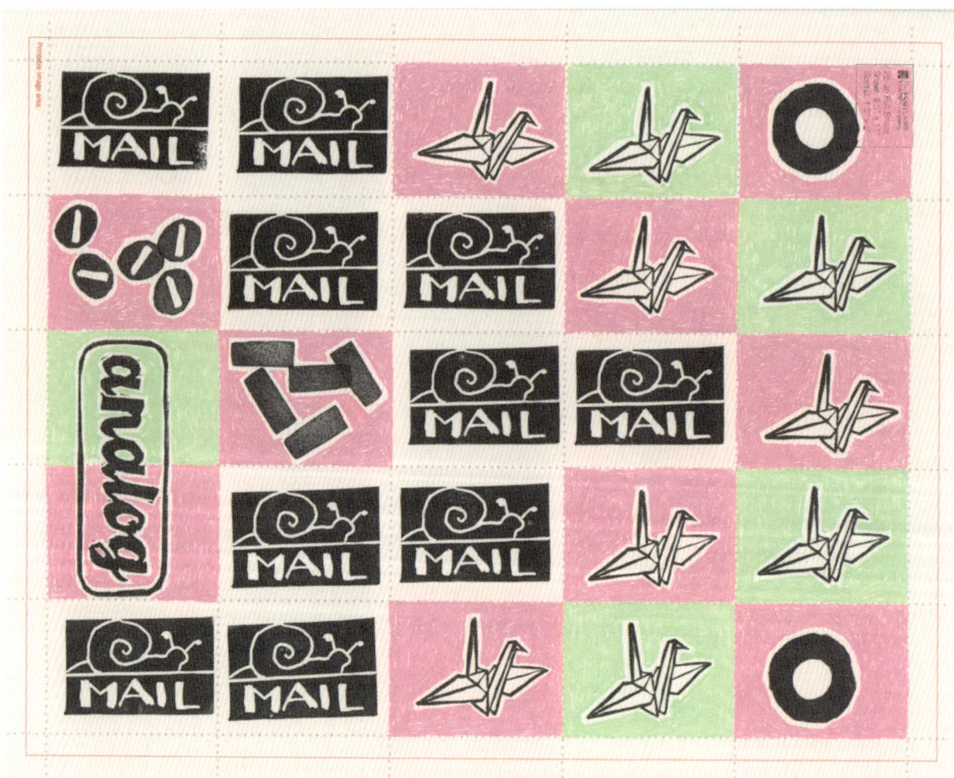

Vielleicht sind Sie Teil einer Künstlercommunity und erproben, was alles aus einer Mail-Art-Aktion entstehen kann? Einmal wieder analoge Post an besonders geschätzte Mitmenschen zu verschicken, wird sicher große Freude auslösen. PS: Das Adressfeld von der Gestaltung ausnehmen, damit die Adresse gut lesbar bleibt.

Tipp: Im Anhang ab Seite 170 finden Sie Adressen, wo Sie kostenlos Vorlagen für Umschläge oder Briefmarken ausdrucken können.

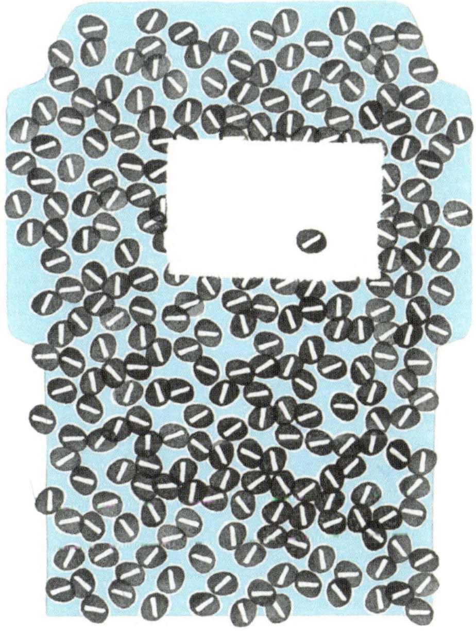

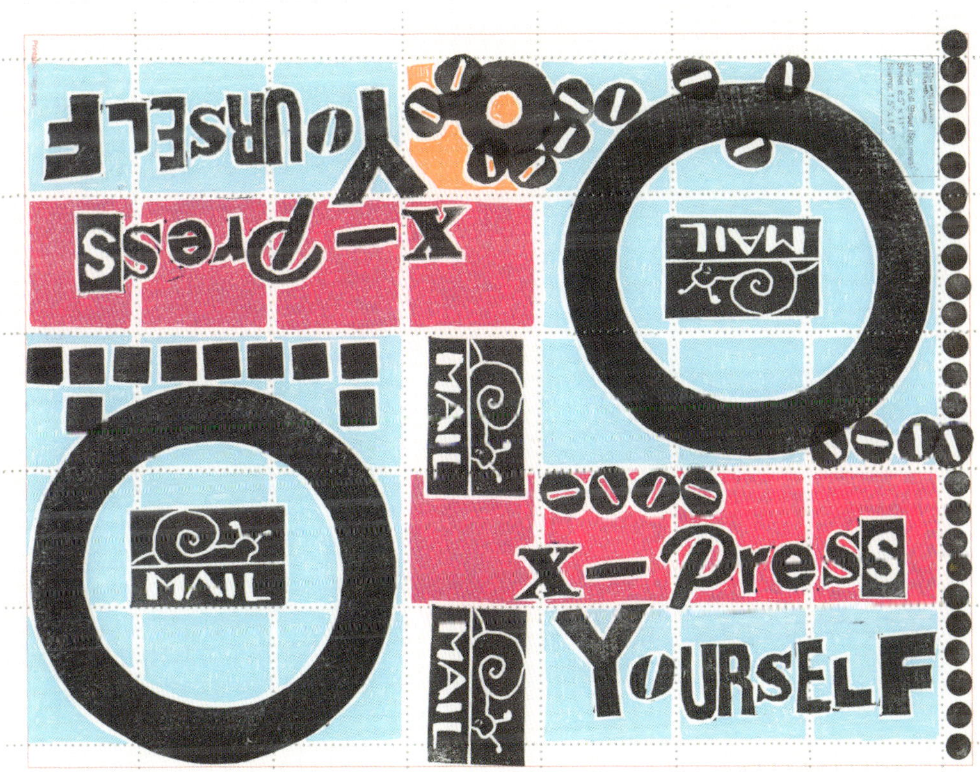

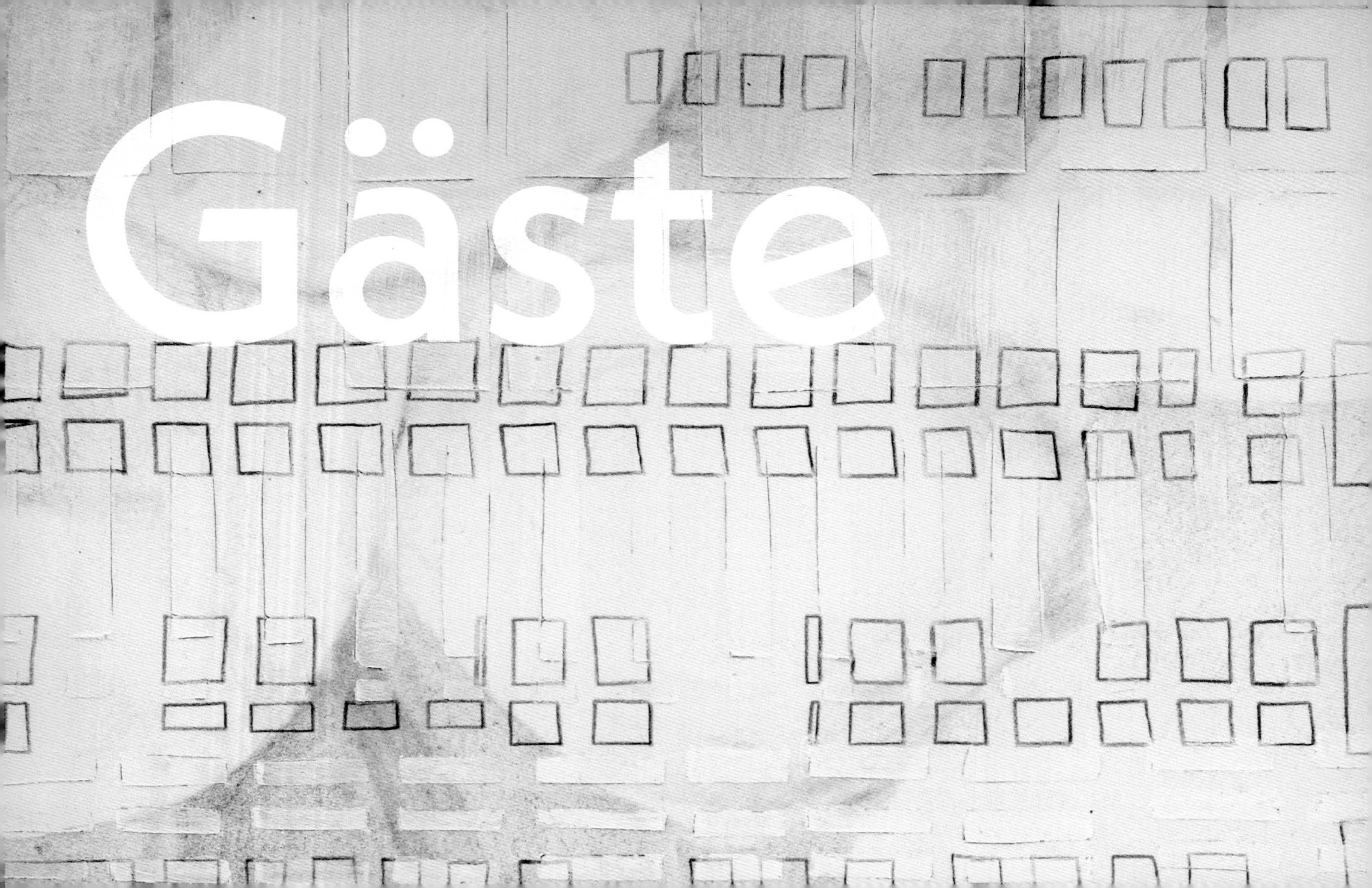

Gäste

Rolf Jahn

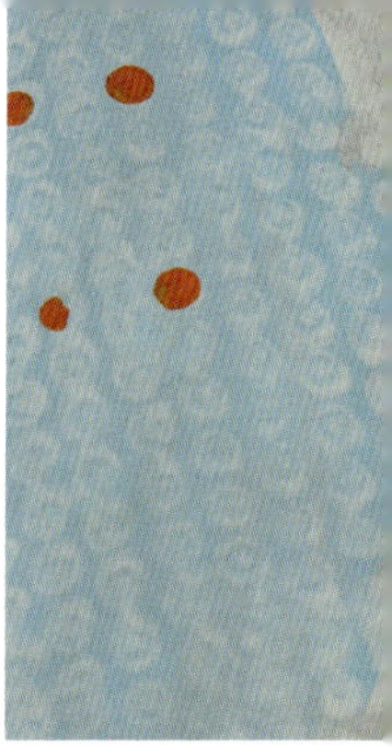

Das Beste, was dieser Tapete passieren konnte!

Rolf Jahn übermalte diese Strukturtapete aus einem „Musterbuch für überstreichbare Tapeten" – denn das gleicht doch einer Aufforderung, nicht wahr?

In der Spiegelung zeigt sich auf den jeweils gegenüberliegenden Seiten die Struktur der Tapeten – eine Art Monotypie der aufgetragenen Acrylfarbe. Rolf Jahn bedient sich vorhandener Bücher, Fundstücke vom Flohmarkt, um sie sich „anzueignen".

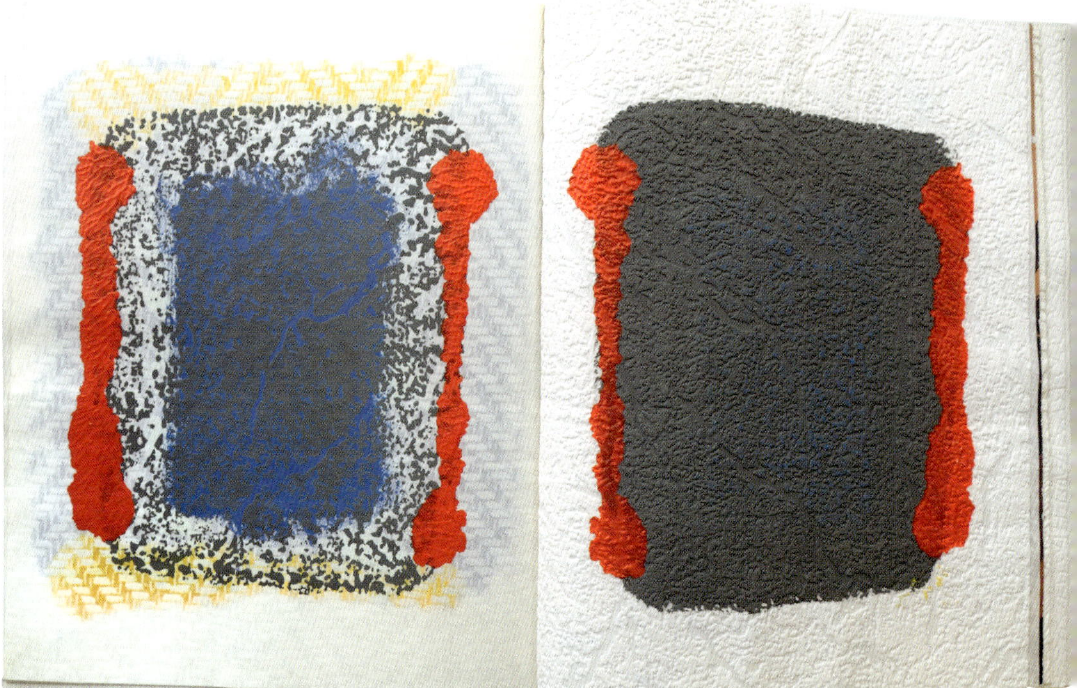

www.rolfjahn.de

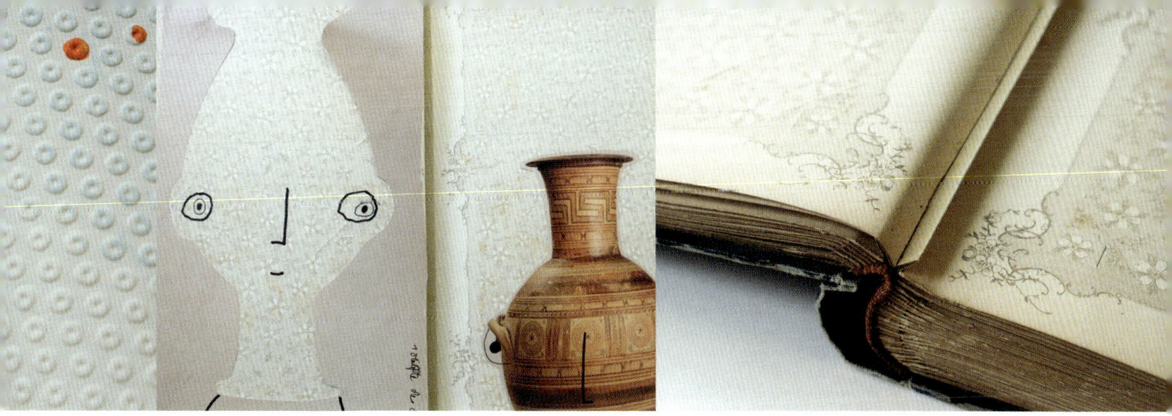

Das zweite Beispiel zeigt ein Jugendstil-Fotoalbum, mit ausgeschnittenen antiken Artefakten aus einem Museumskatalog. Sowohl die Figuren (positiv) als auch der Rest vom Blatt (negativ) erhalten ein neues, künstlerisches Leben im Album.

Rolf Jahn bezeichnet seine auf diese Art gezeichneten, skurrilen Wesen auch als „durchgeknallte Unterstützungsgefährten".

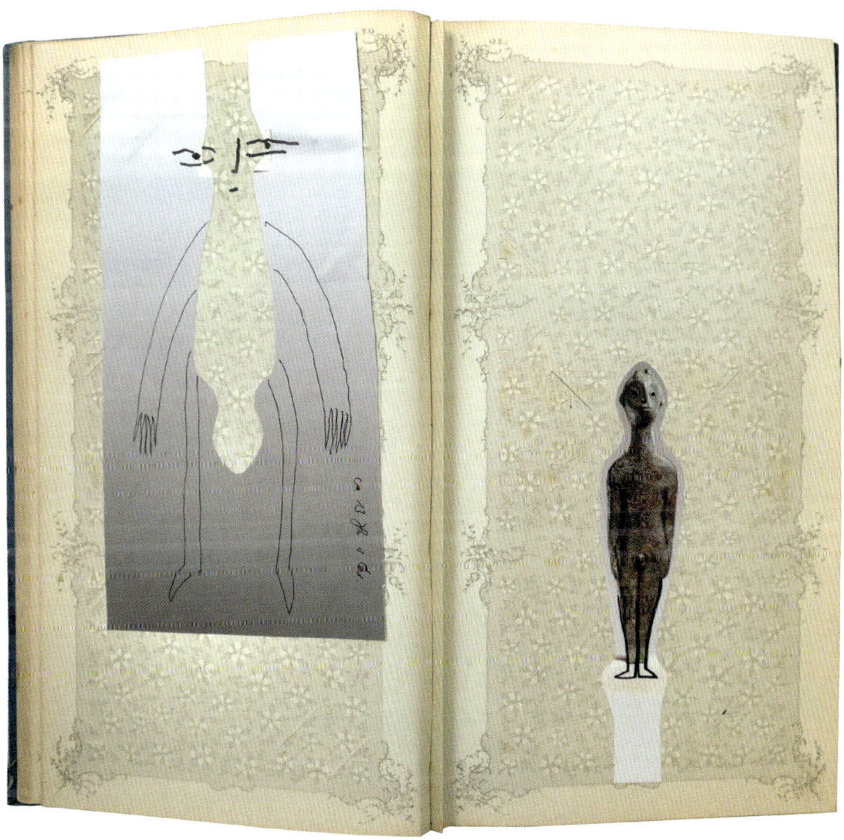

Setsuko Fukushima

Ein Miniatur-Museum in Meerbusch

Die hier gezeigten Künstlerbücher von Setsuko Fukushima erinnern mich an kleine Wunderkammern, in denen sich seltsame Phänomene verbergen. Was versteckt sich wohl in diesen Miniatur-Räumen zwischen den Buchseiten?

Das Buch verweigert durch diesen Eingriff seine Lesbarkeit, erweitert sich aber gleichwohl durch die geöffneten Gucklöcher. Wie bei *Alice im Wunderland* könnten beim Hineinschauen wundersame Wesen entdeckt

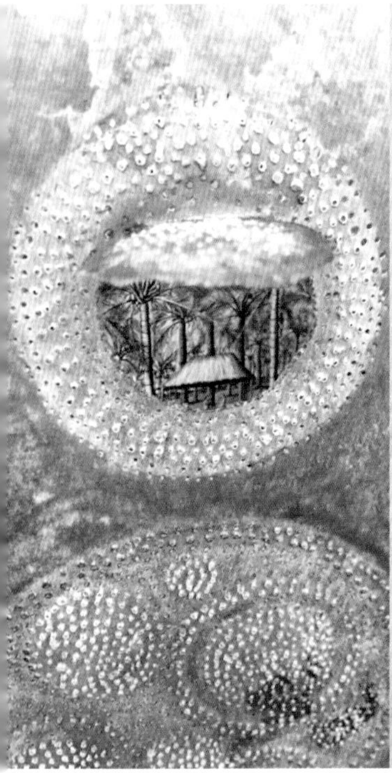

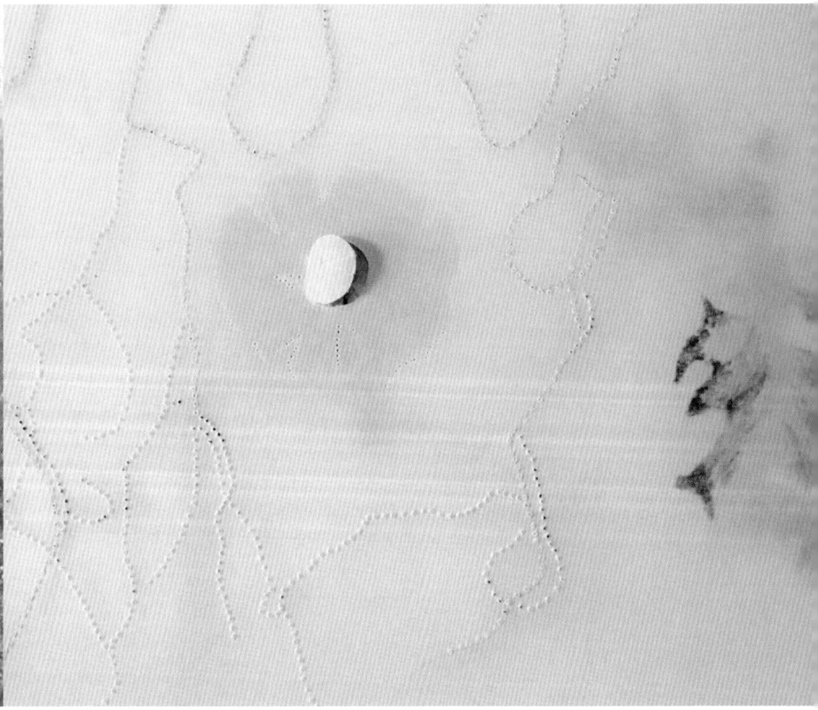

www.setsukofukushima.de

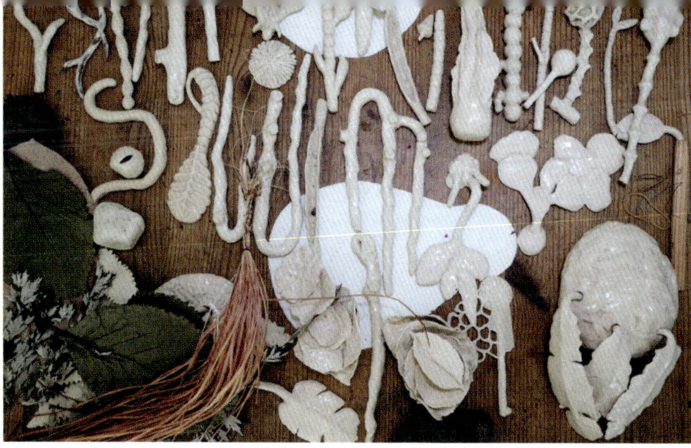

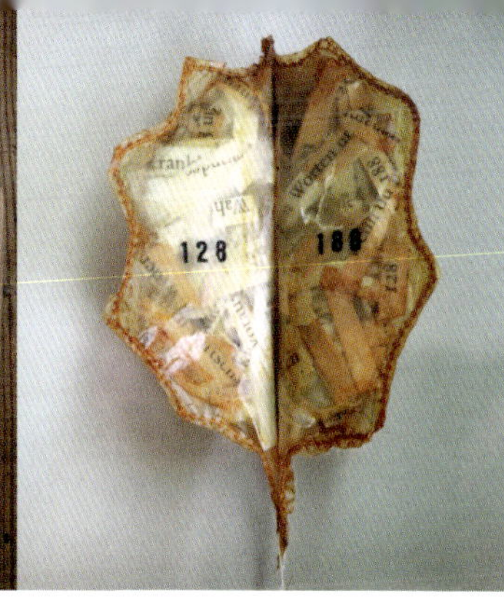

werden. Oder ist die Sache andersherum? Werden die Wunderwesen hier womöglich auf überraschende Weise herausschlüpfen? Welche Verwandlung vollzieht sich hier im Geheimen?

Die delikaten, sorgfältig gesetzten Perforierungen wirken als unaufdringliche Struktur harmonisch mit der Zeichnung, obwohl sie als „Beschädigung" des Papiers gesehen werden könnten. Diese feine Struktur, sensibel gesetzt, verhält sich wie eine natürliche, notwendige Ergänzung, die das Buch vollkommen macht.

„Wenn die Geschichte erzählt wird, entwickelt
die Geschichte in jedem Zuhörer ein Eigenleben."

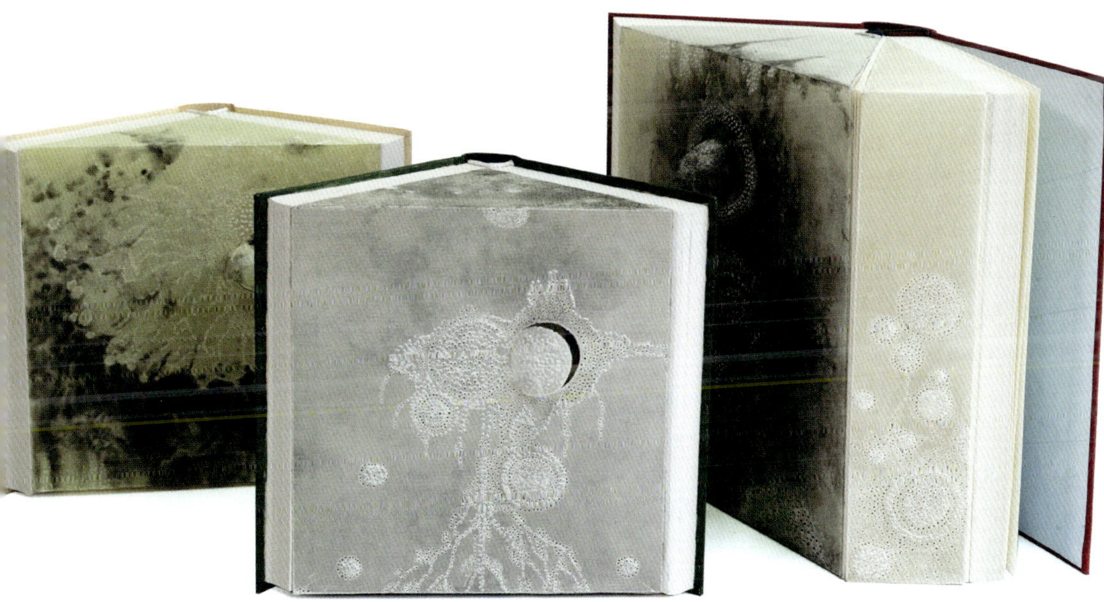

Mathias und Andreas **Pohlmann**

Die Kunst liegt dir zu Füßen

So sahen das die Brüder Mathias und Andreas Pohlmann, als sie in einer Regennacht den verführerischen Glanz der metallenen Kölner Gullydeckel für sich entdeckten. Von der grafischen Ästhetik begeistert, beschlossen sie, ein Kunst-Experiment daraus zu entwickeln.

Mit großem Aufwand und zahlreichen behördlichen Genehmigungen im Gepäck, druckten sie diese Kanaldeckel auf große Papierbahnen. Jeder Handabzug, auf nächtlichen Straßen gefertigt, ist ein Unikat – auch weil die Spuren vieler Tausend Menschenfüße jeden Kanaldeckel einzigartig werden lassen.

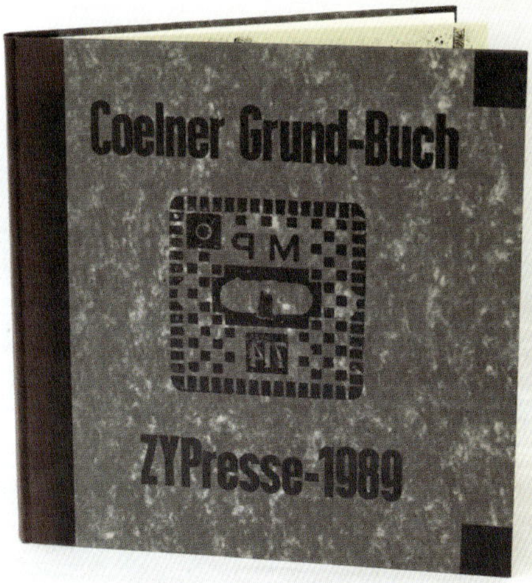

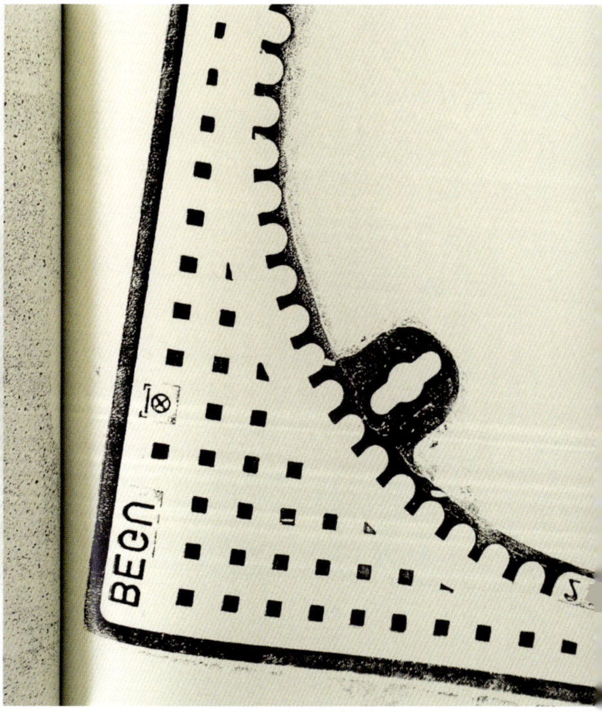

www.pohlmann-kunst.de

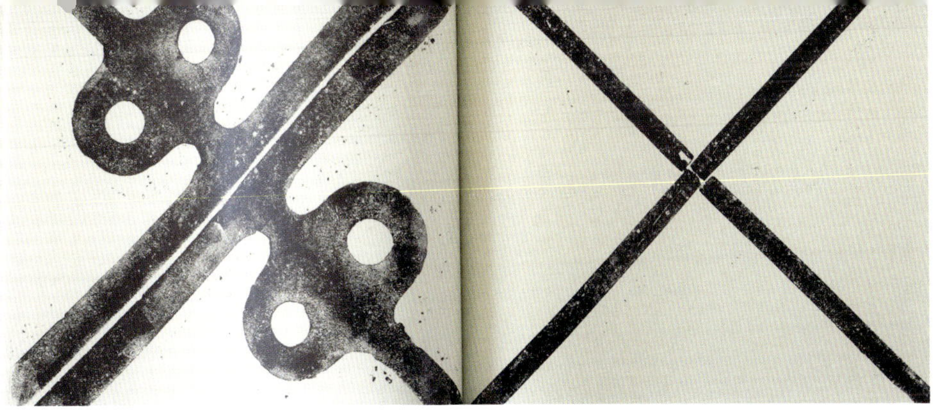

Die Metallstruktur der Gullydeckel fungiert als Druckstock, die erhabenen Partien wurden für das Hochdruckverfahren genutzt. Verschiedenste Gullydeckel in der Größe bis zu zwei Meter Durchmesser wurden sorgfältig mit Druckfarbe abgerollt und in einen Unikat-Abdruck verwandelt. Aus diesen Drucken fertigten die Brüder 1989 und 1992 im Offsetdruck verkleinerte Reprints – das „Coelner Grund-Buch". Einer Spurensuche gleich sind diese Momente der Zeit nun geborgen und gebunden, als Archiv, in einem Buch festgehalten.

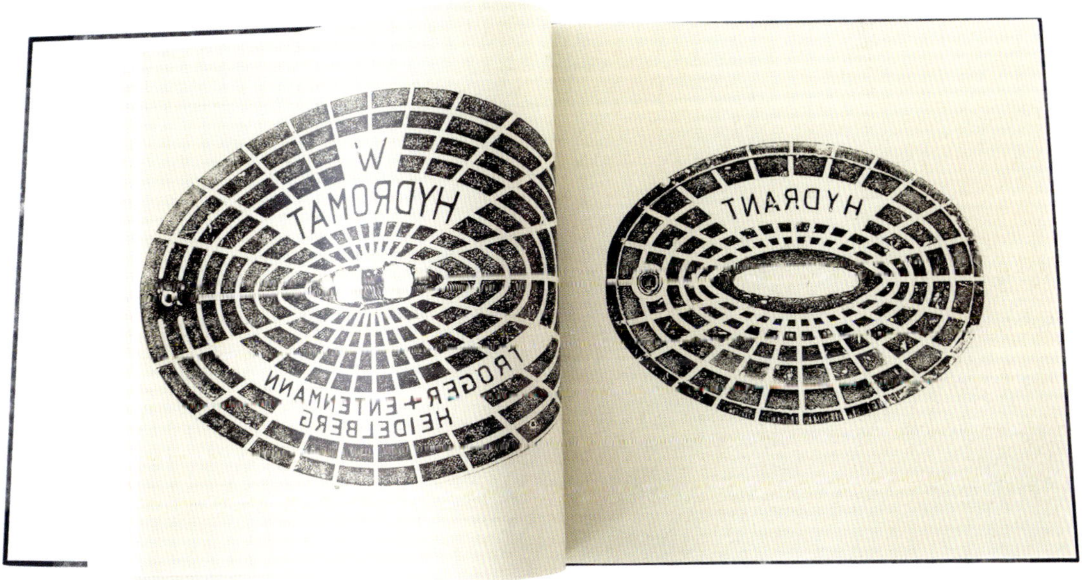

Eberhard Müller-Fries

Versteckspiel mit Wort und Bild

An den Buchskulpturen von Eberhard Müller-Fries fasziniert mich die handwerklich sorgsame Ausführung von Wort und Hülle. Die klassischen Texte werden durch aufwendigen Handdruck auf feinstem Papier gewürdigt.

Durch Tuschezeichnungen und Collagen, wie bei den hier abgebildeten Objekten zum Unikat veredelt, fertigt Müller-Fries auch kleine Auflagen mit Linolschnitt, Radierung und anderen künstlerischen

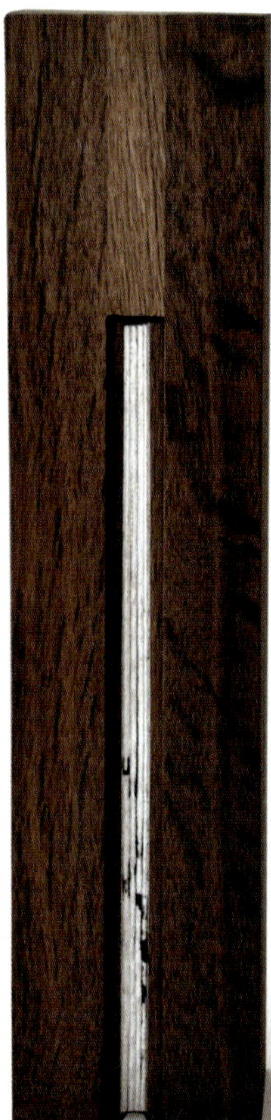

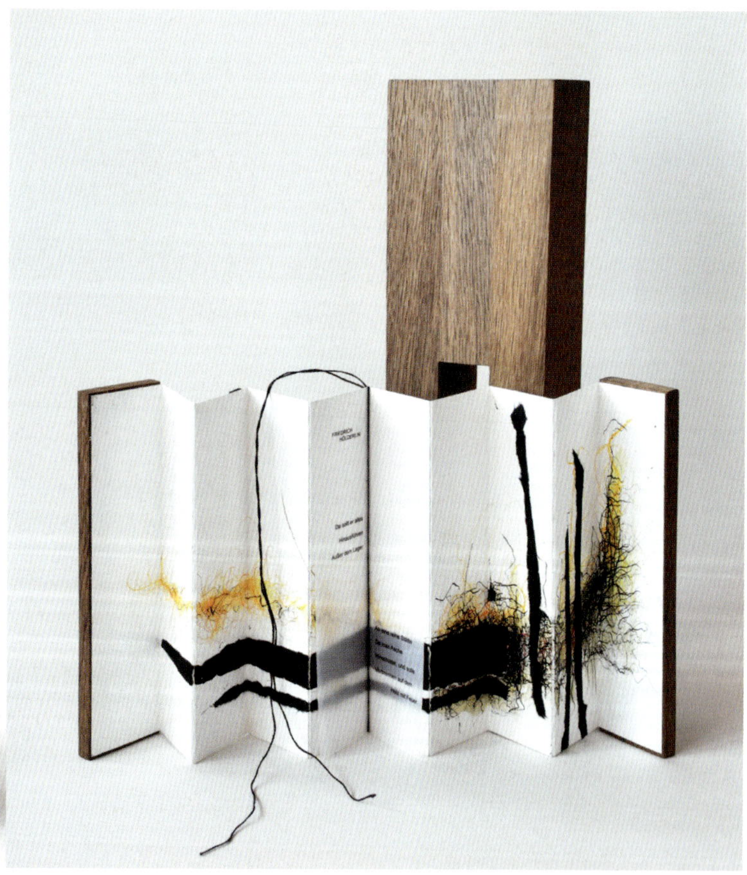

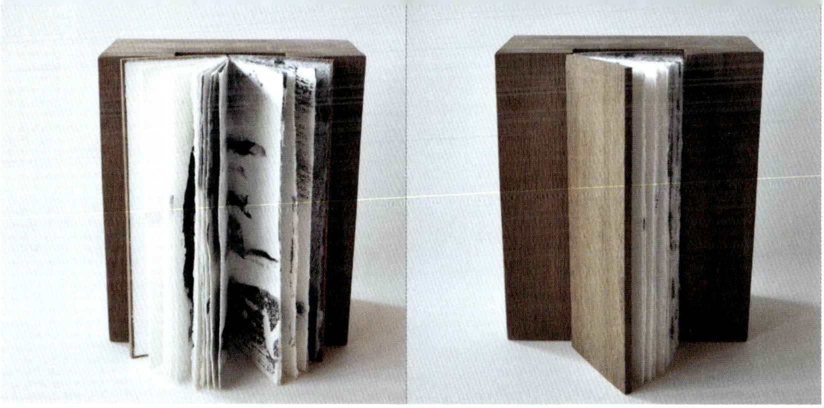

Verfahren. Auch sehr große Buch-Installationen sind Teil seines spannenden Œuvres. Die Hülle aus Holz beschützt das Buch, steht aber gleichzeitig auch für sich als minimalistische Holzskulptur. Beide Buchobjekte sind aus Räuchereiche gefertigt, die Unikatbücher sind mit hölzernen Einbanddeckeln versehen.

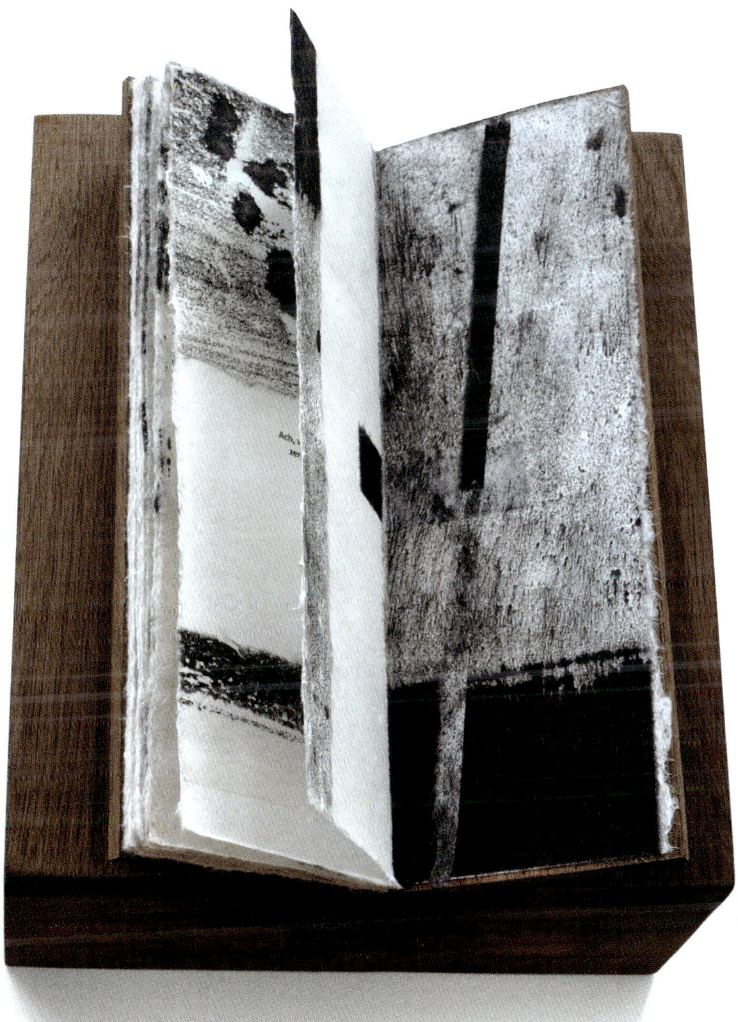

Anja Harms

Die Bedeutsamkeit der Wörter

Sorgfältig gewählte Literatur ist die Inspirationsquelle für Anja Harms. Satz für Satz, Wort für Wort wird der Text ausbalanciert in Szene gesetzt. Ein erlesenes Layout bildet das Gerüst, verbindet sich mit wohlgewählter Typografie und bildet in der Gemeinschaft ausgewählter Bilder eine perfekte, spannungsvolle Harmonie.

Die Bilder sind keine Illustrationen, die zu dekorativen Zwecken als Garnierung daherkommen, sondern behalten auch unabhängig vom Text ihre eigene künstlerische Position. Ob Holz- oder Linolschnitt, ob Radierung oder reine Zeichnung, die beteiligten Mittel bedingen sich gegenseitig, wirken im Gesamteindruck, als ob das eine nicht mehr

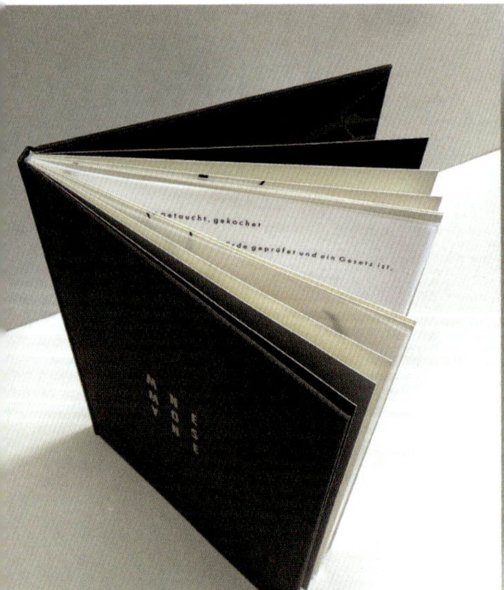

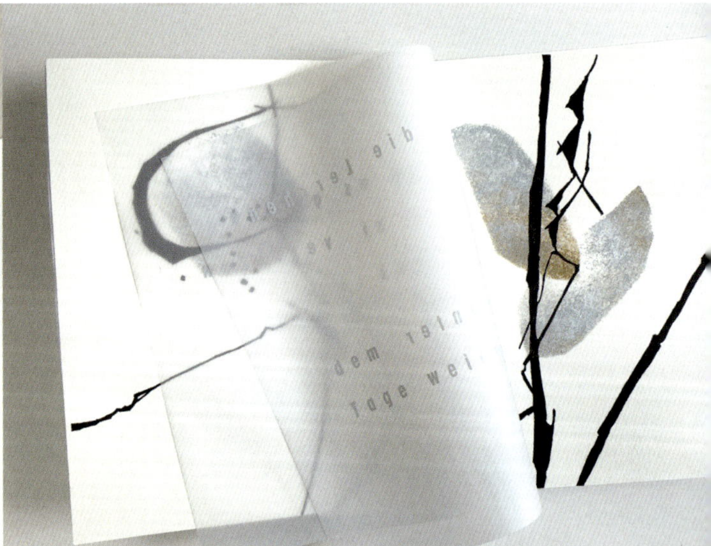

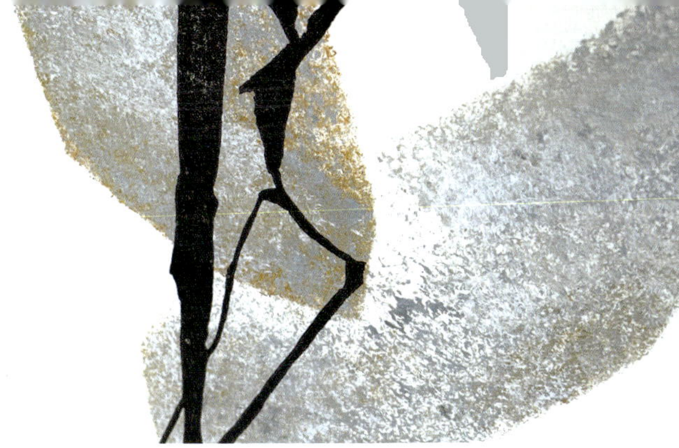

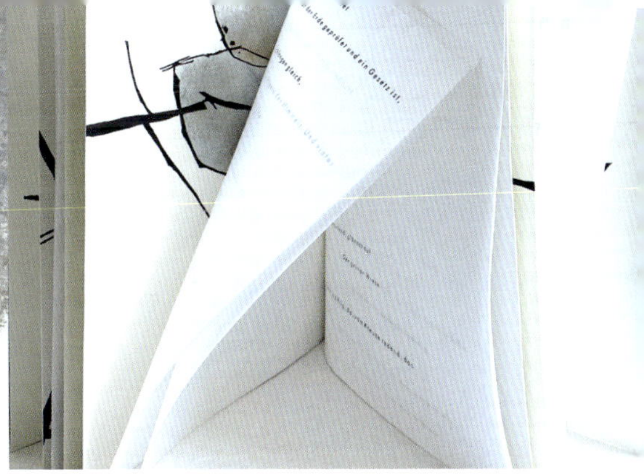

ohne das andere sein könnte. Bei diesen gestalterischen Elementen wurde das Papier selbstverständlich sorgsam ausgewählt. Im gezeigten Beispiel scheint der Text auf dem durchscheinenden Papier regelrecht zu verschwinden. Im Vergessen verloren, so wie im Text *Mnemosyne* von Friedrich Hölderlin thematisiert.

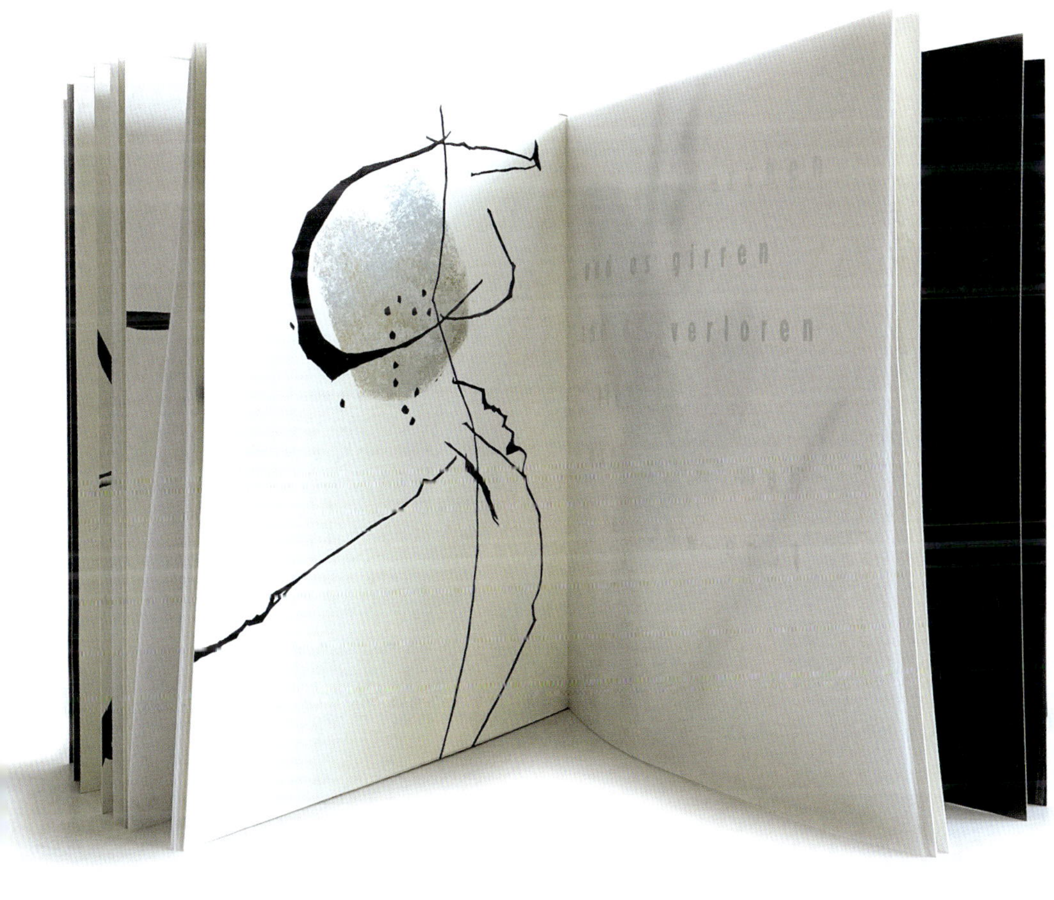

John **Gerard**

Wasser – Papier – Falte

Diese drei Wörter sind maßgeblich, um die Kunst von John Gerard zu beschreiben. Nur mit langjähriger handwerklicher Erfahrung lässt sich ein Papier in dieser Qualität herstellen, nur mit Hingabe zur Kunst weiterverarbeiten und nur mit Sensibilität für Papier lässt sich eine Faltung so präzise ausführen.

Beide hier gezeigten Buchformen sind frei von Klebstoff, ausschließlich durch die Kunst der Faltung von Papier entstanden. Im Leporello kommt die stabile Buchstruktur durch die „Tesselation" genannte Technik zustande.

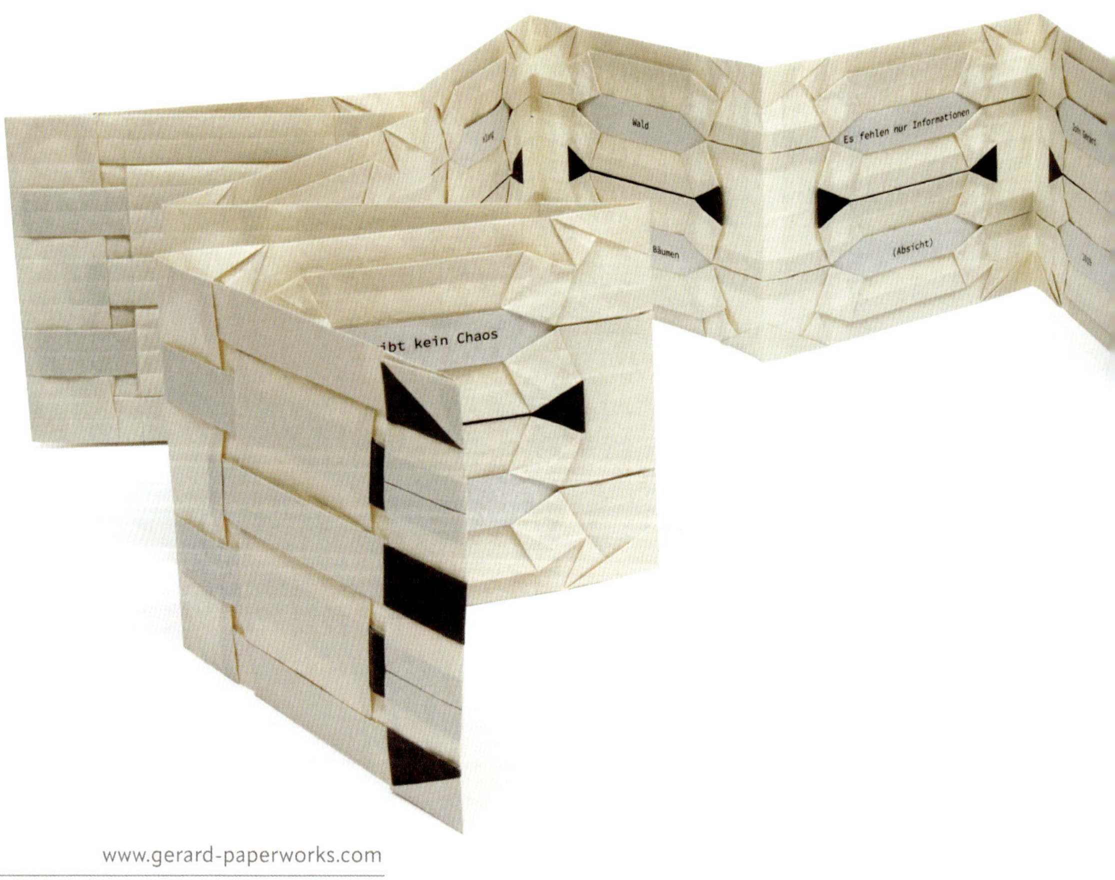

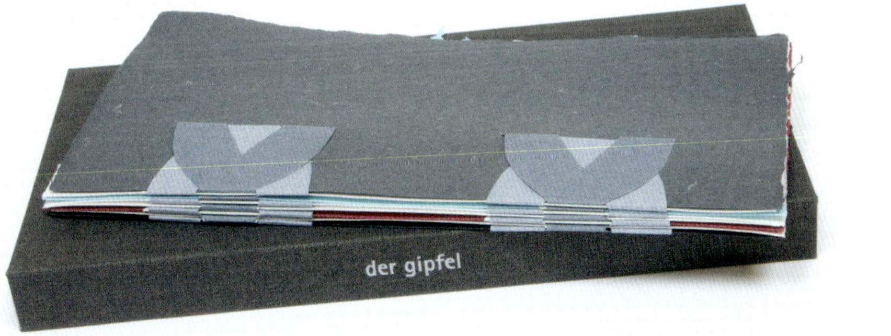

Das zweite Buch, ein Covid-19-Gedenkbuch mit dem Text „der gipfel" von Albert Ostermaier, transportiert eine traurige Erinnerung. Aus der Kleidung seiner verstorbenen Galeristin hat John Gerard in alter Tradition Papier geschöpft. Alle Teile des Buches, auch die Verbindungen der einzelnen Seiten – gefaltete, ineinandergesteckte Scharniere – sind aus dem so entstandenen Material gefertigt. Erstaunlich stabil, wie ich selber beobachten durfte, und dennoch lassen sich diese kompliziert wirkenden Scharniere einfach öffnen.

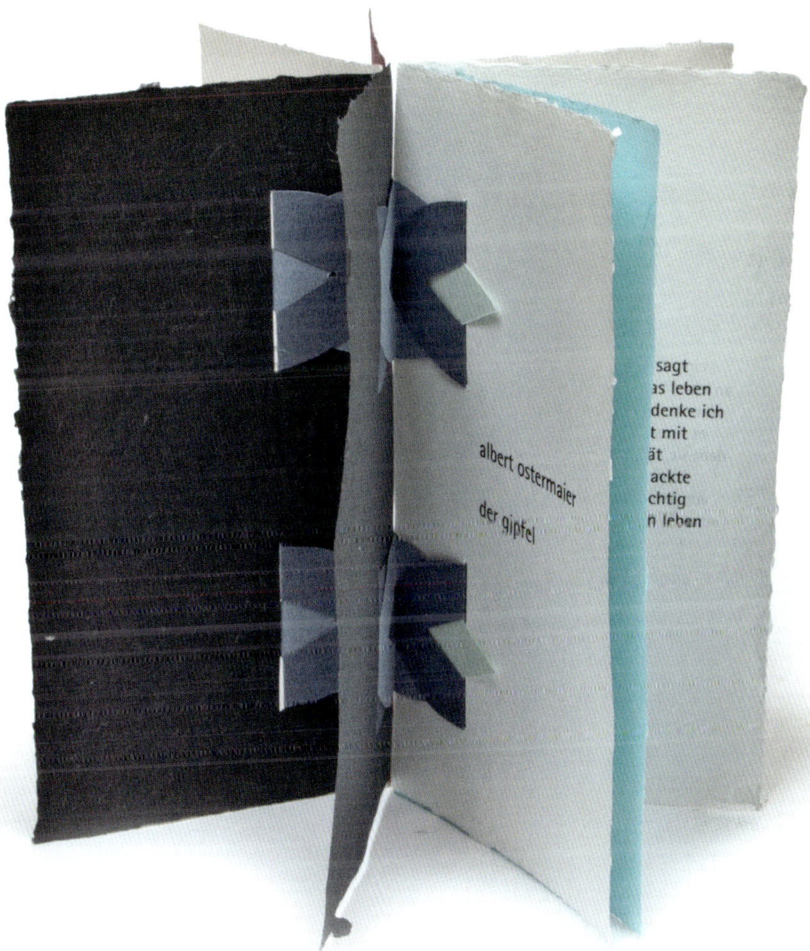

Carola **Willbrand**

van geluk spreken

Was mir an diesem Werk besonders gefällt: Hier sind textile Tugenden vereint, ohne die Spur eines altbackenen Images zu vermitteln. Denn das Weben und Nähen werden auf eine philosophische, politische Ebene transferiert.

Im ersten Moment erinnert der weiße, fluffige Deckel dieser Glücks-Schachtel an eine Bonbonniere, gefüllt mit süßen, klebrigen Pralinen.

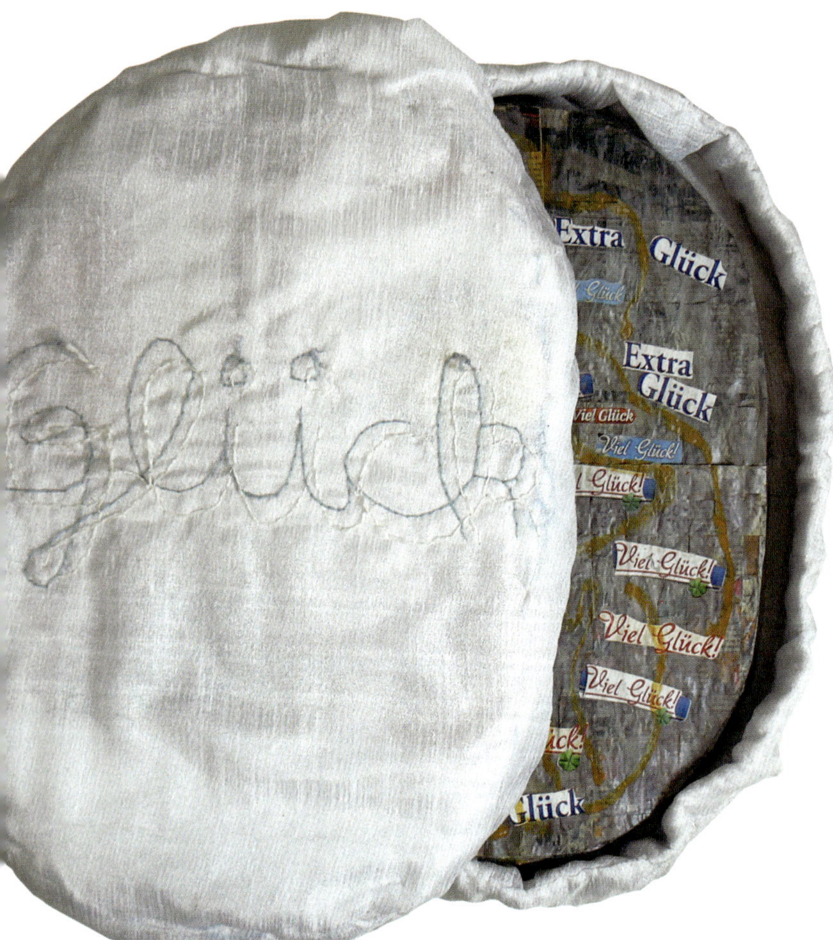

www.carolawillbrand.de

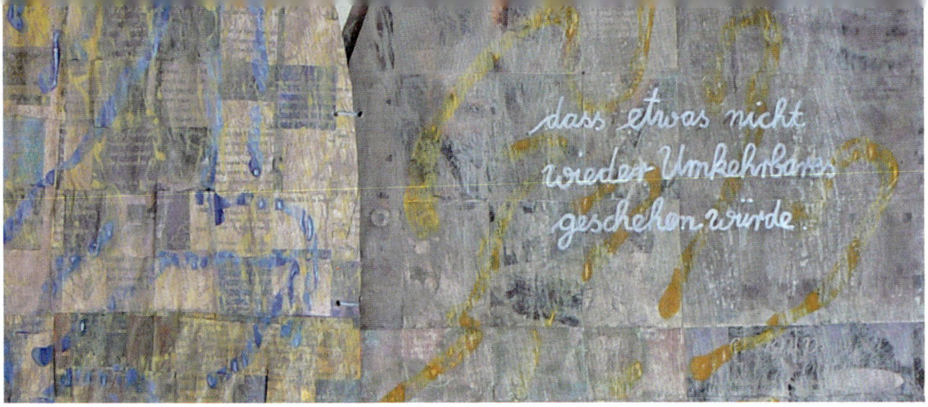

Die wohlkalkulierte Täuschung wird von den Kunstinteressierten aufgedeckt, wenn sie den Inhalt zu erforschen und die Seiten umzublättern beginnen. Die gewebten Papierstreifen sind in verschiedenen Farbschichten und Farbtönen gestaltet. Auf diesem Untergrund steht nun in schönster Sonntags-Schreibschrift der Text von Marga Minco geschrieben. Alleine das altmodisch geschriebene „z" lässt vorab einen historischen Kontext erahnen. Erst zum Ende der Beschreibung dieser unsichtbaren, fühlbaren Bedrohung erfährt man, dass diese Geschichte im Jahr 1933 erlebt wurde.

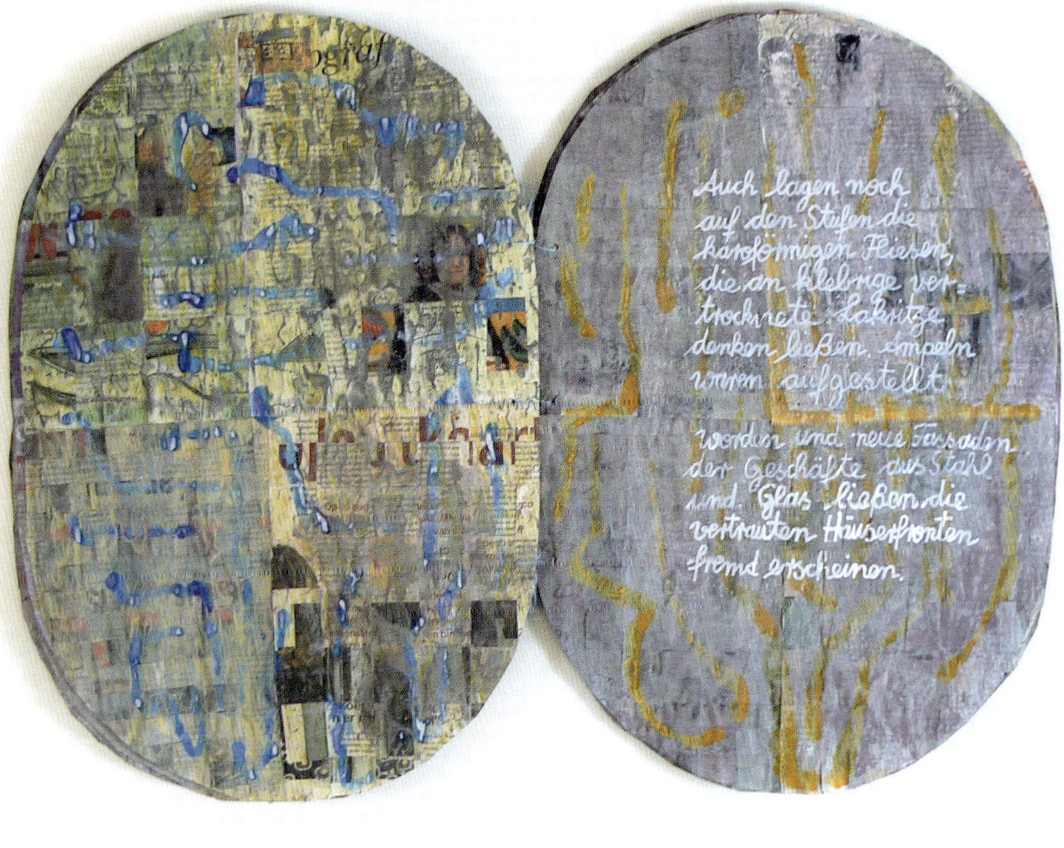

Stefan Zöllner

Kunstgenuss in kleinem Gepäck

Ein Geheimnis, verborgen in einem alten Koffer, verlockt zum Aufklappen des Deckels. Die eigentümliche Darbietung zahlloser Fundstücke, die ihrer Herkunft und ursprünglichen Funktion gänzlich entledigt sind, haben ihren Auftritt in dem ihnen zugedachten „Bühnenraum".

In insgesamt 66 alte Koffer platziert, künstlerisch geordnet und sortiert, entwickeln die Objekte in ihrem neuartigen Zusammenspiel eine magische, erzählerische Kraft. Verleiten sie die Betrachtenden zu gewagten

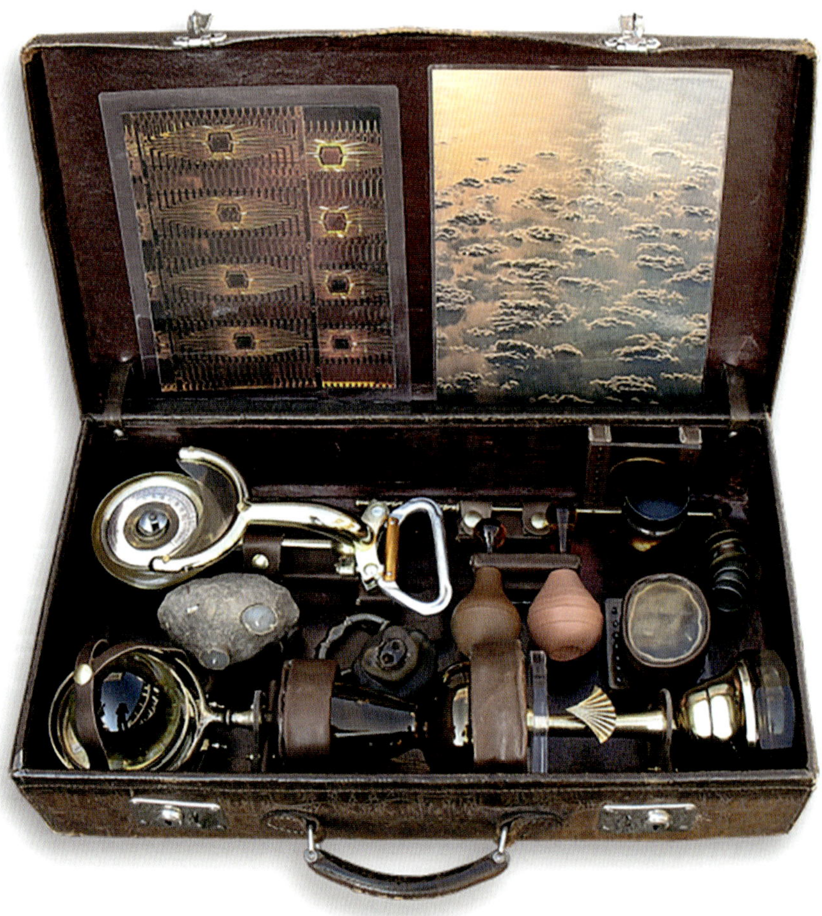

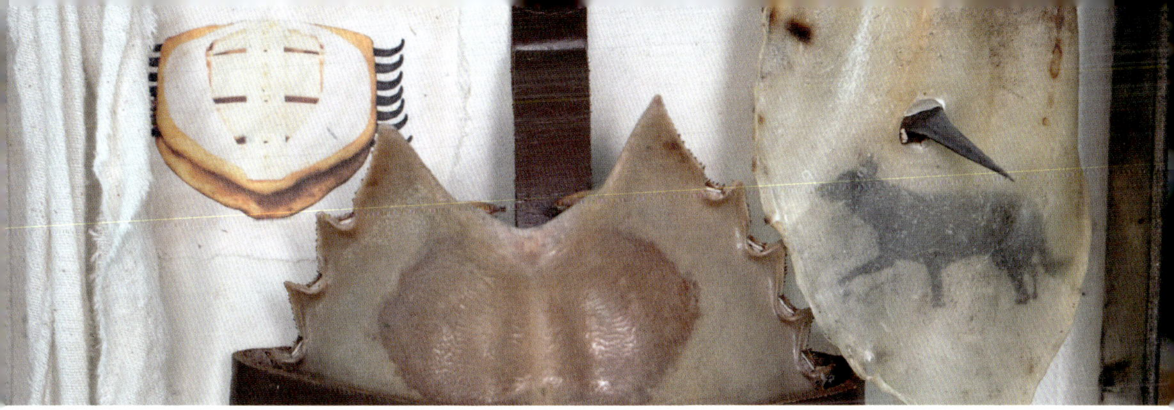

Fantasien über deren Sinn und Zweck? Die ungewöhnlichen Konstellationen verweigern eine simple Erklärung, betonen vielmehr das Seltsame, Sonderbare und Eigenartige. Unterstützt wird diese Anmutung durch eine morbide, subtile Farbigkeit von Koffer und Inhalt.

Der Titel der Werkgruppe „Mobilmachung" spielt damit, dass ein Koffer als wichtigstes Utensil des Reisens gilt. So sind die Behältnisse ein transportables Museum, welches mühelos zur vergnüglichen Kunst-Reise mitgenommen werden kann.

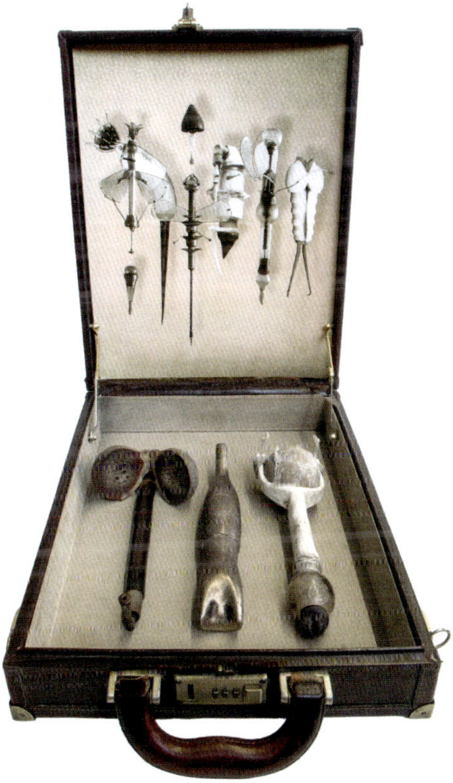

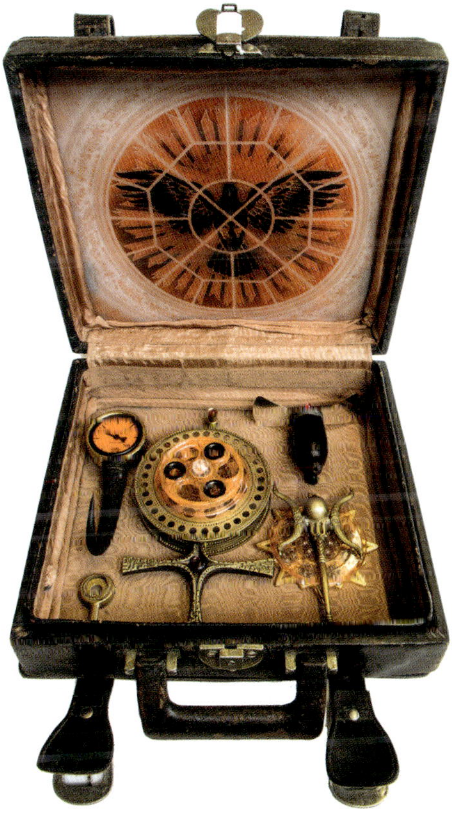

Gabriele Bürger

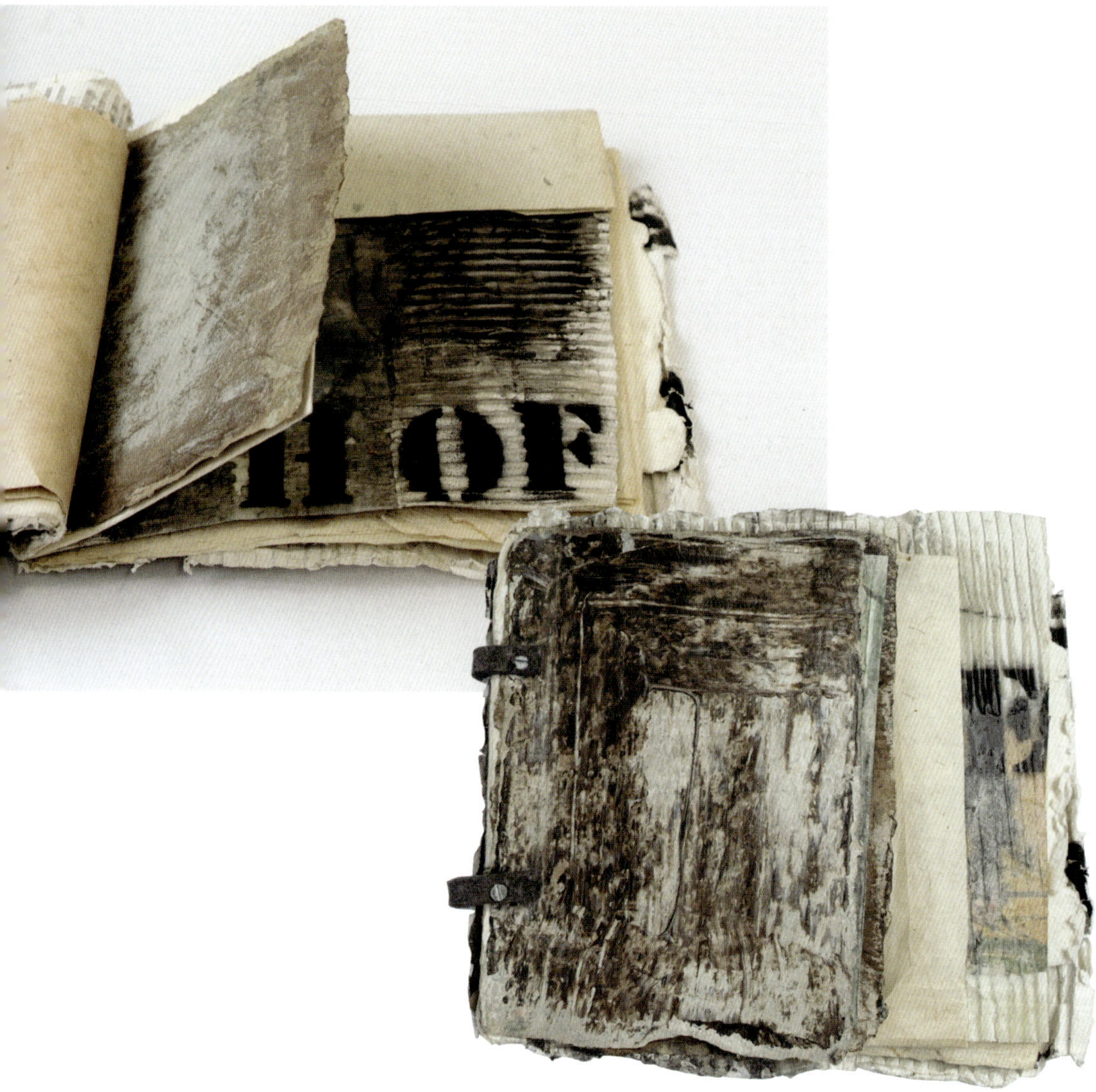

„Der Großteil dieser Papiere für das Künstlerbuch wurde vor 30 Jahren von meiner Tochter Adina handgeschöpft. Nun ist dieses Papier mit dünner Wellpappe eingefasst. Gemeinsam mit meinen Frottagen sowie gesammelten gewachsten und gefalteten Papieren hat sich alles zu einem neuen Ganzen verbunden."

www.gabriele-buerger.de

Heidi Comploj

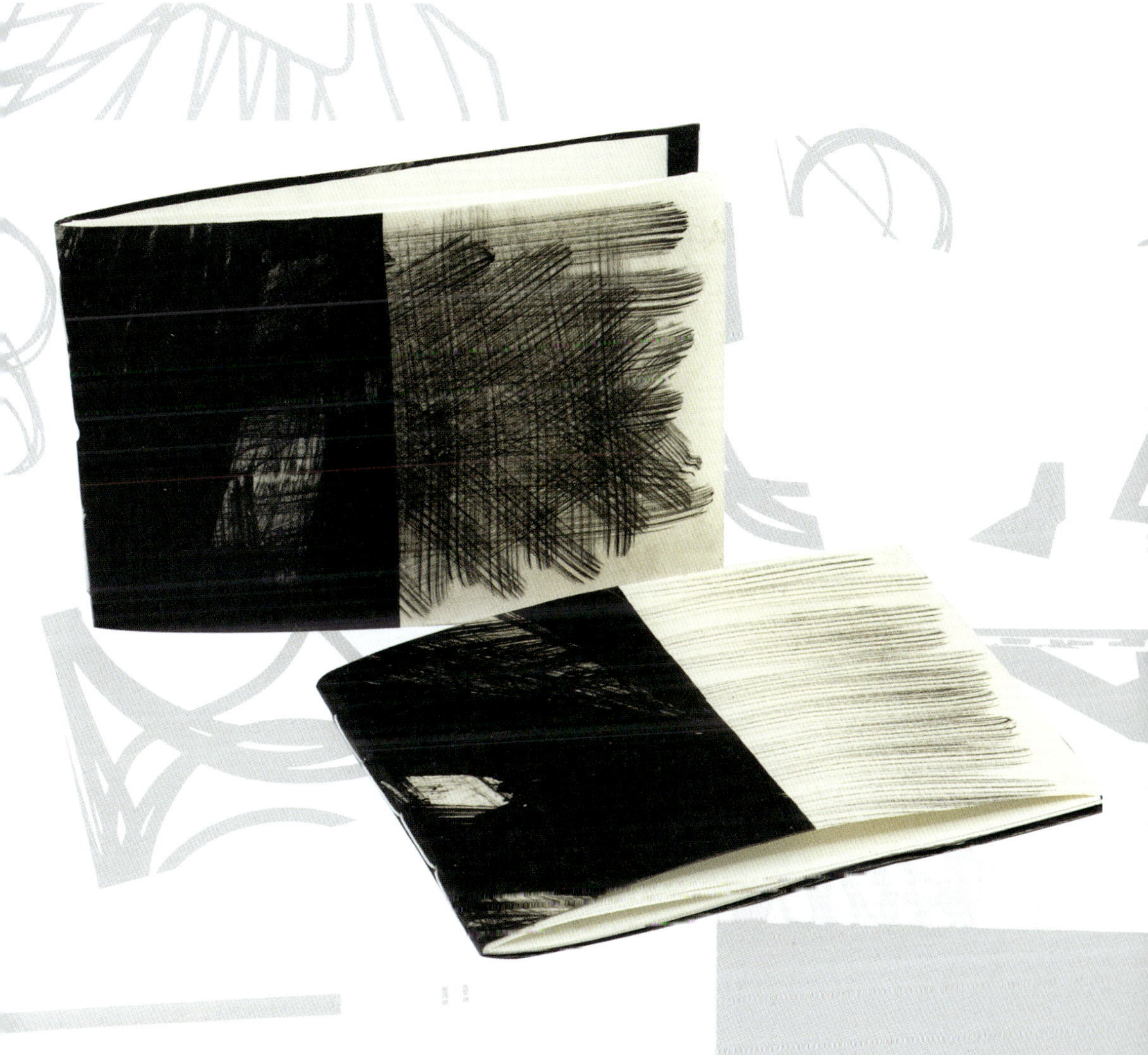

Eine simple Heftung in elegantem Outfit.
Der Einband bewahrt die perfekte Balance zwischen Dunkelheit und Licht. Eine Grafik, von der nichts reduziert werden sollte und der nichts hinzugefügt werden müsste.

www.heidi-comploj.at

Kathrin Fastnacht

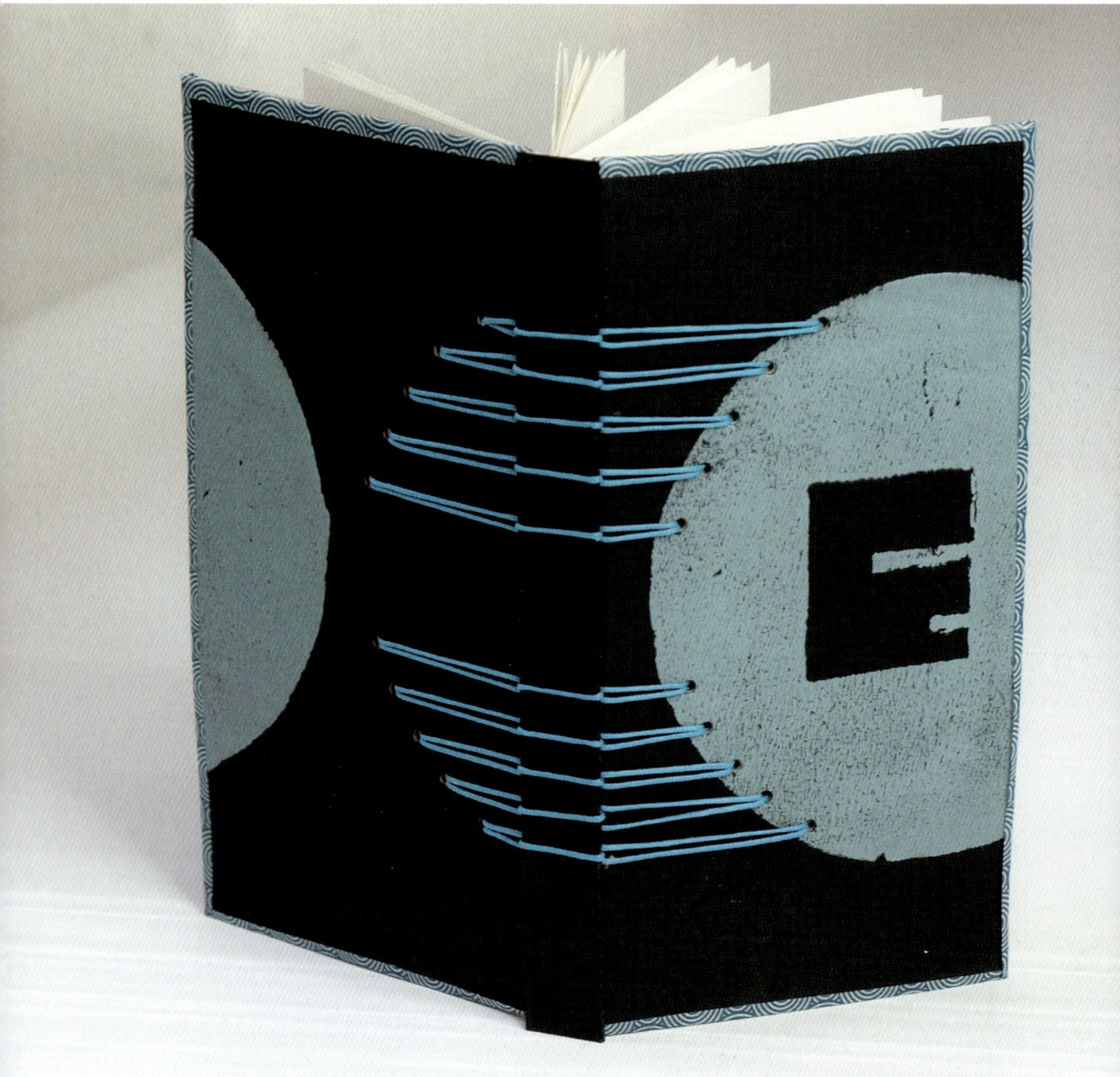

Auf dem Einband entsteht durch die Crisscross-Bindung ein wunderschönes abstraktes Bild. Linien und Flächen ergeben einen spannenden Gesamteindruck.

Wilma Hagemann

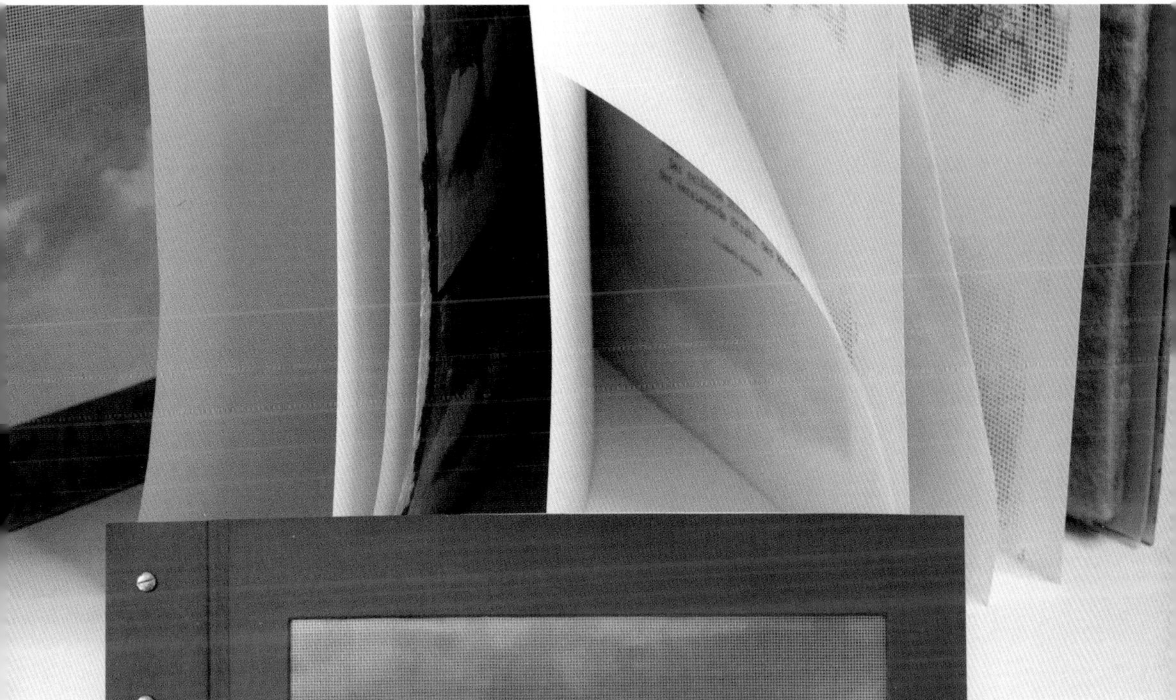

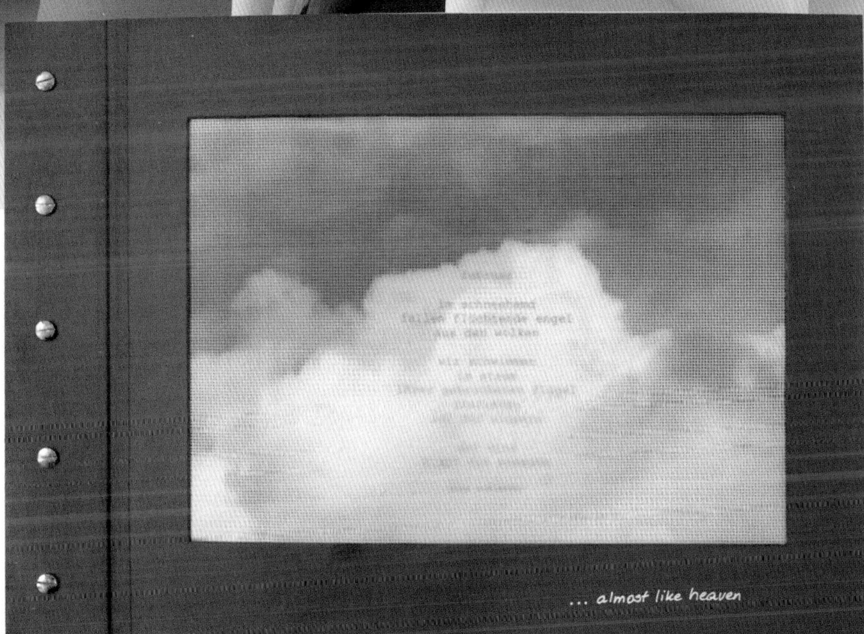

„Das Thema *Himmel/Wolken* berührt mich seit Jahren. In diesem Buch konnte ich das Thema in verschiedenen Techniken visualisieren und zusammenführen."

www.wilma-hagemann.de

Kristin Köhlitz

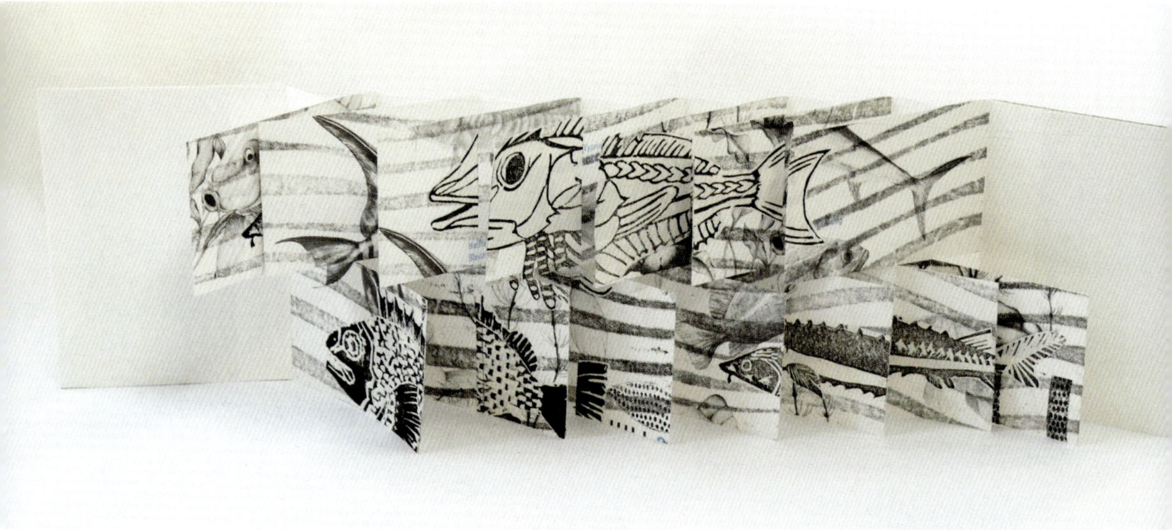

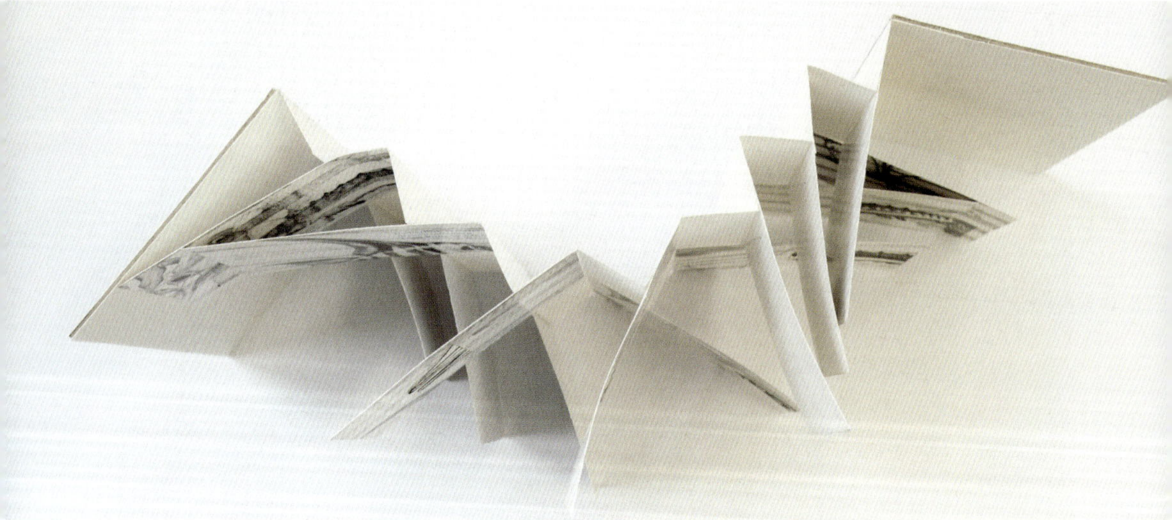

Ein gewitzt gestaltetes Flaggenbuch zeigt je nach Blickwinkel die Grafik eines kompletten Fischs. Die Flaggen sind aus einzelnen Elementen des gleichen Motivs ausgeschnitten. Insgesamt 14 Kopien mussten passen!
Durch die dynamische Buchbewegung der Flaggen kommt auch Leben in das Tier – schwimmt es gleich davon?

Barbara Lang

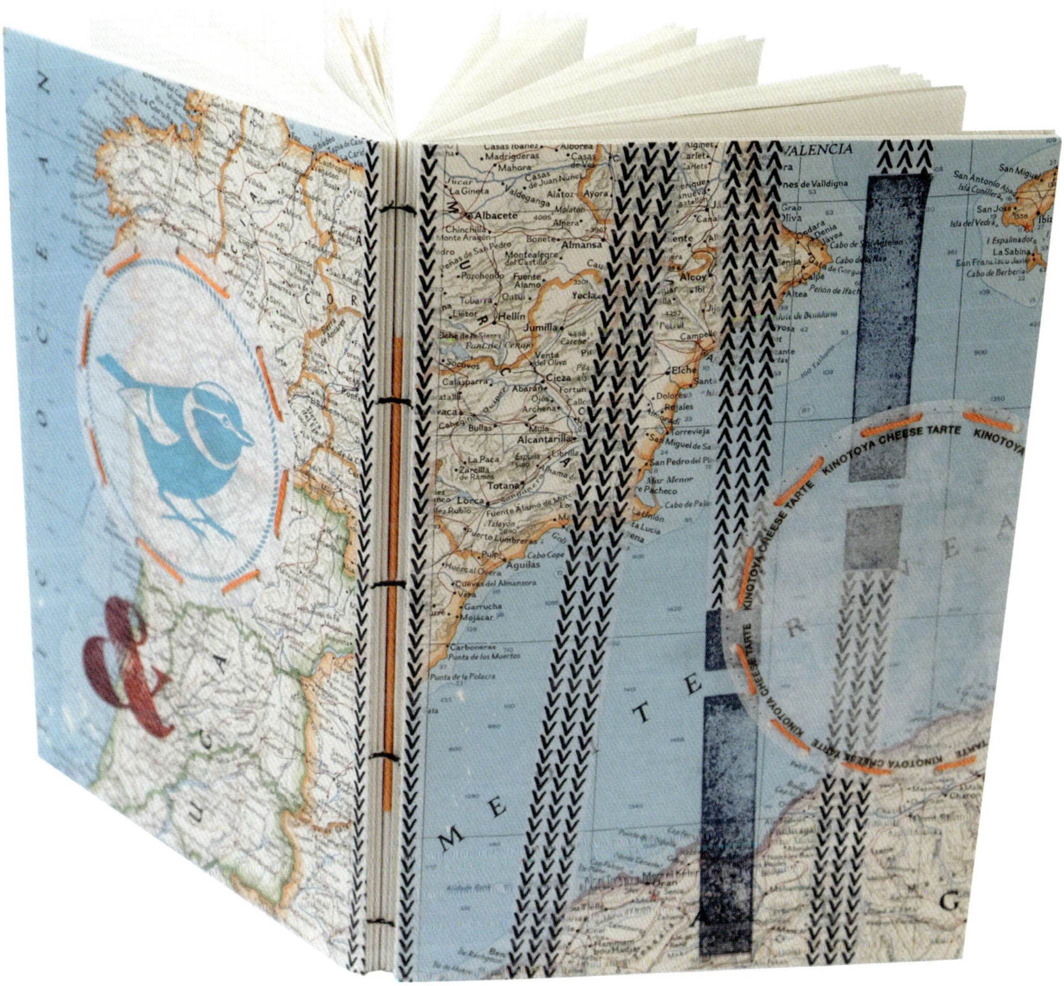

Das Upcycling-Skizzenbuch vereint alte Landkarten und Papierfundstücke aller Art. Durch Stempeln, Nähen, Falten und Kleben wird daraus ein ganz besonderes Unikat.

www.atelierfuenfdrei.de

Monika Morrison

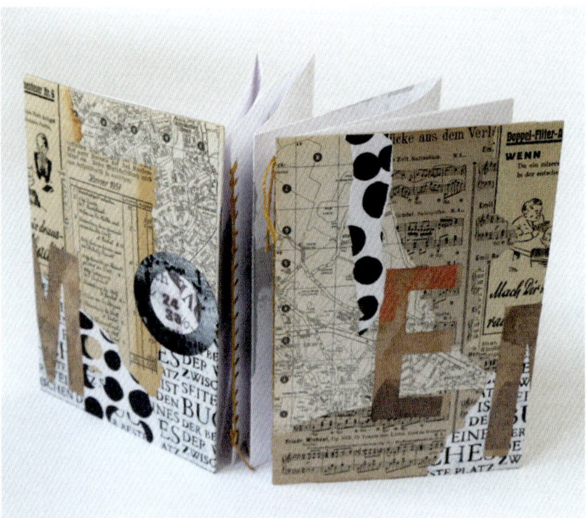

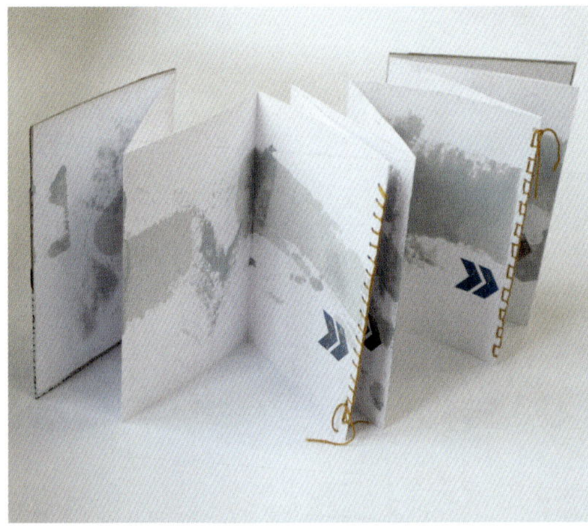

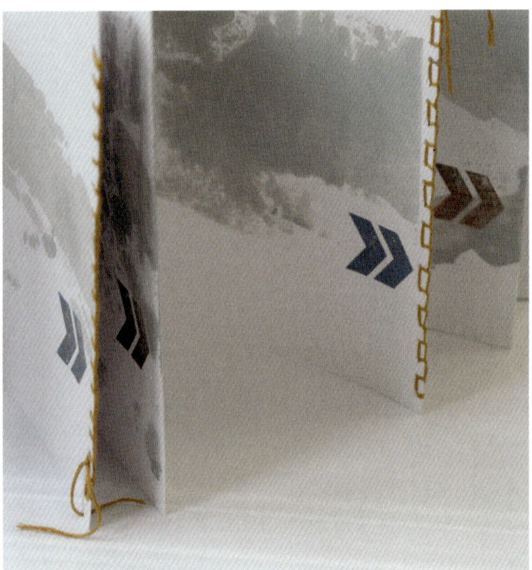

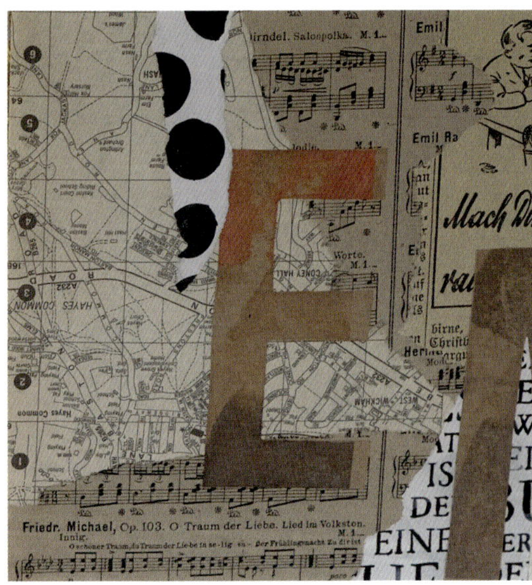

Der Einband ist eine Collage aus Vintagepapier. Die gefalteten Blätter, in reduziertem Farbspektrum passend zum Einband, sind als Leporello gebunden. Der Akzent der Handnaht, die die Seiten zusammenhält, gibt die besondere Note.

www.monika-morrison.at

Andrea Nagl

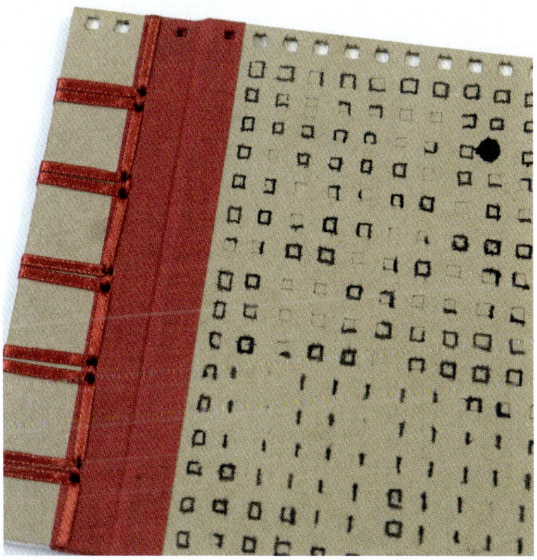

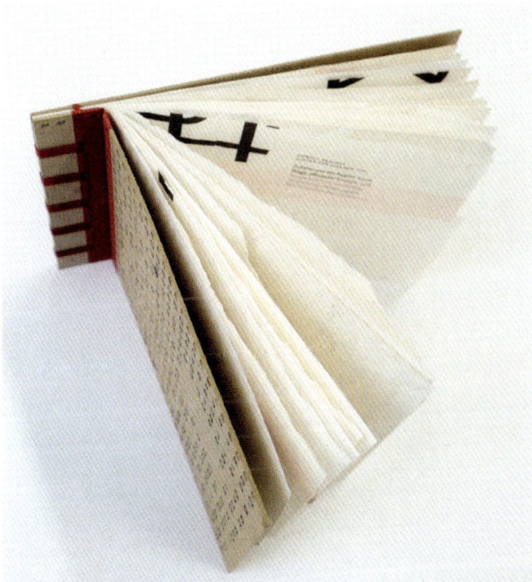

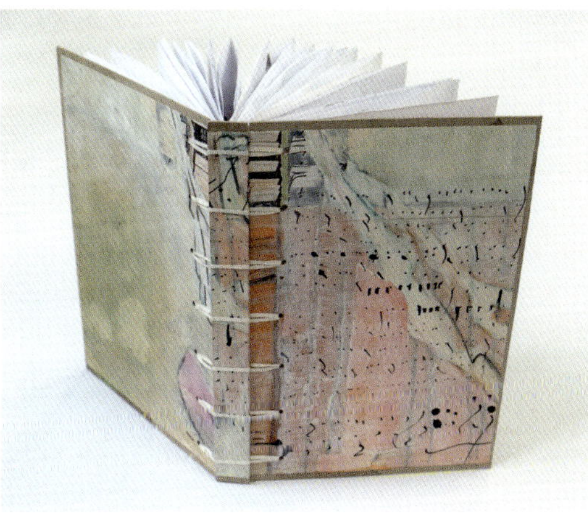

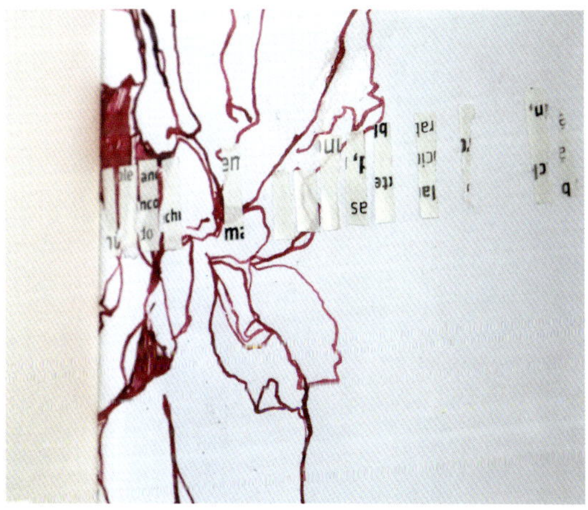

Abbildungen oben: Die vorhandene quadratische Ausstanzung am Papprand ist aufgegriffen worden, um sie als repetitives Element bei der Cover-Gestaltung fortzuführen. Die klaren Linien der Japanischen Bindung ergänzen das Cover harmonisch.
Abbildungen unten: Ein „Rosenbuch" aus gebrauchtem Papier enthält erste Ansätze von gezeichneten Rosenblüten. Was sonst „Kitsch-Alarm" auslöst, wird hier gekonnt und souverän realisiert und als Thema fortgeführt. Andrea Nagl thematisiert in ihrem Buch die Frage „Wie viele Rosen hat der Tag?" aus der Serie „Der kleine Prinz und seine Rose".

Heike Scheibe

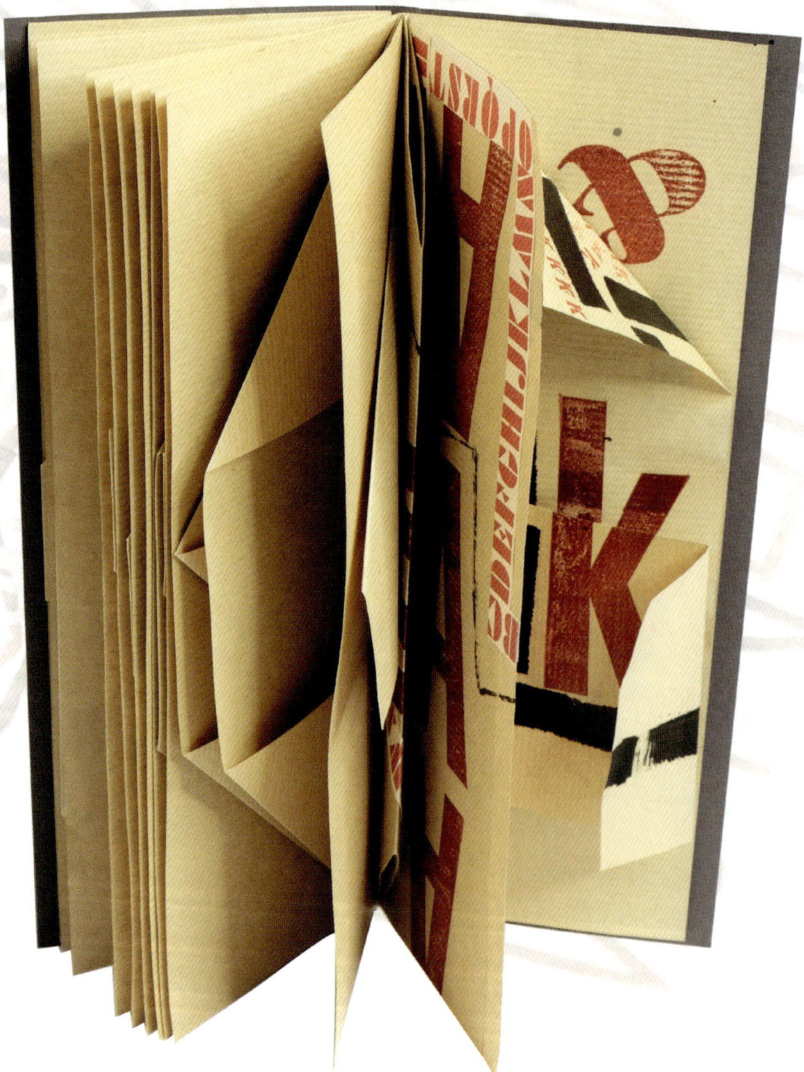

Heike Scheibe kombinierte große Schriftstempel als klare, grafische Komponenten mit der sich auflösenden Blattfaltung – inspiriert vom Künstler Axel Heibel. Hier treffen sich spannungsvoll große Formen und kleinere, die sich in den Falten auch verstecken können. Den Betrachter:innen eröffnet sich das haptische Vergnügen des Blätterns.

Anna Schütz

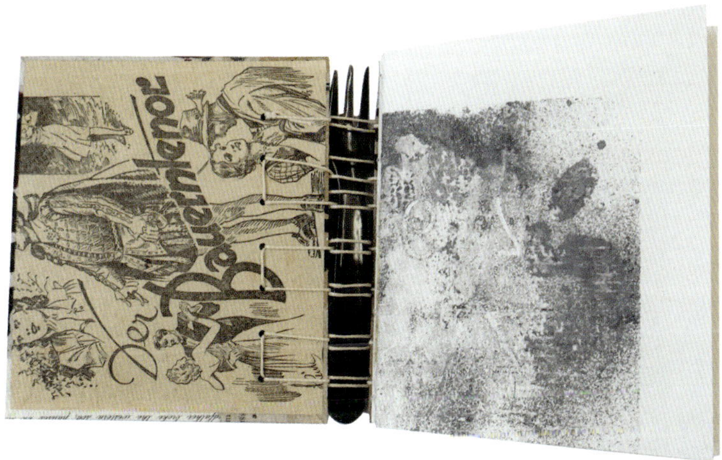

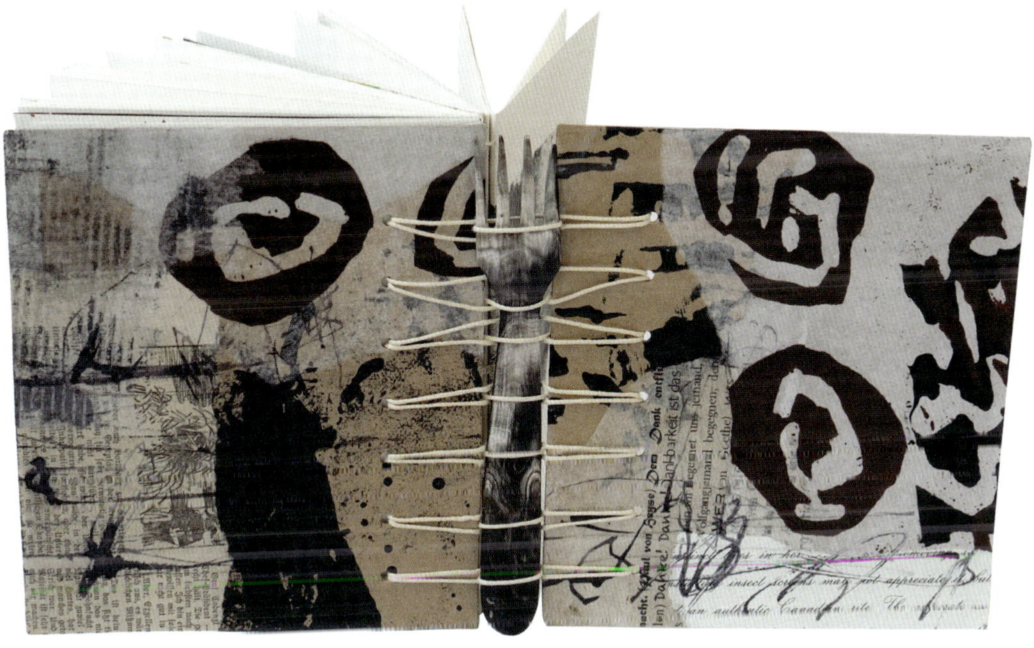

Der Collage verbunden, wählte Anna Schütz diese Technik selbstverständlich auch für den Einband eines ihrer Werke. Die Crisscross-Bindung bildet mit der farblich passenden Gabel ein harmonisch gelungenes Ganzes.

www.anna-schuetz.com

Angelika Thomas

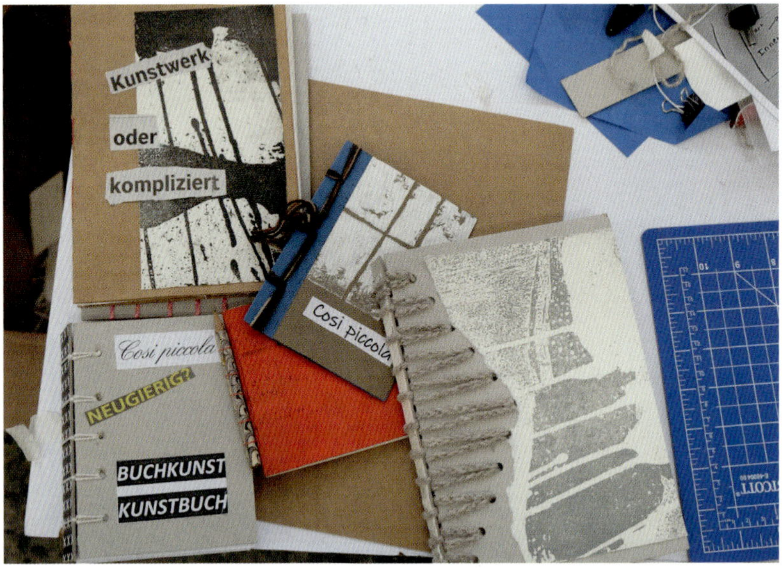

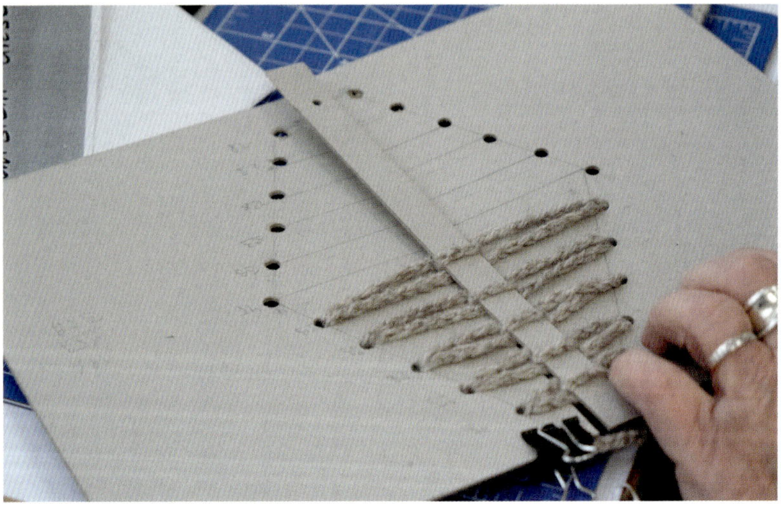

Angelika Thomas probierte emsig jede Bindung zuerst einmal aus. Zitat: *„Hier im Kurs fertige ich erst einmal die Muster-Bindungen. Wenn ich zu Hause bin, kann ich mit Muße und Ruhe meine eigenen Bücher herstellen."*
Ein paar witzige Kommentare und Collagen lassen vermuten, dass bei ihr auch zukünftig gelungene Bücher entstehen werden.

Kerstin Vetter

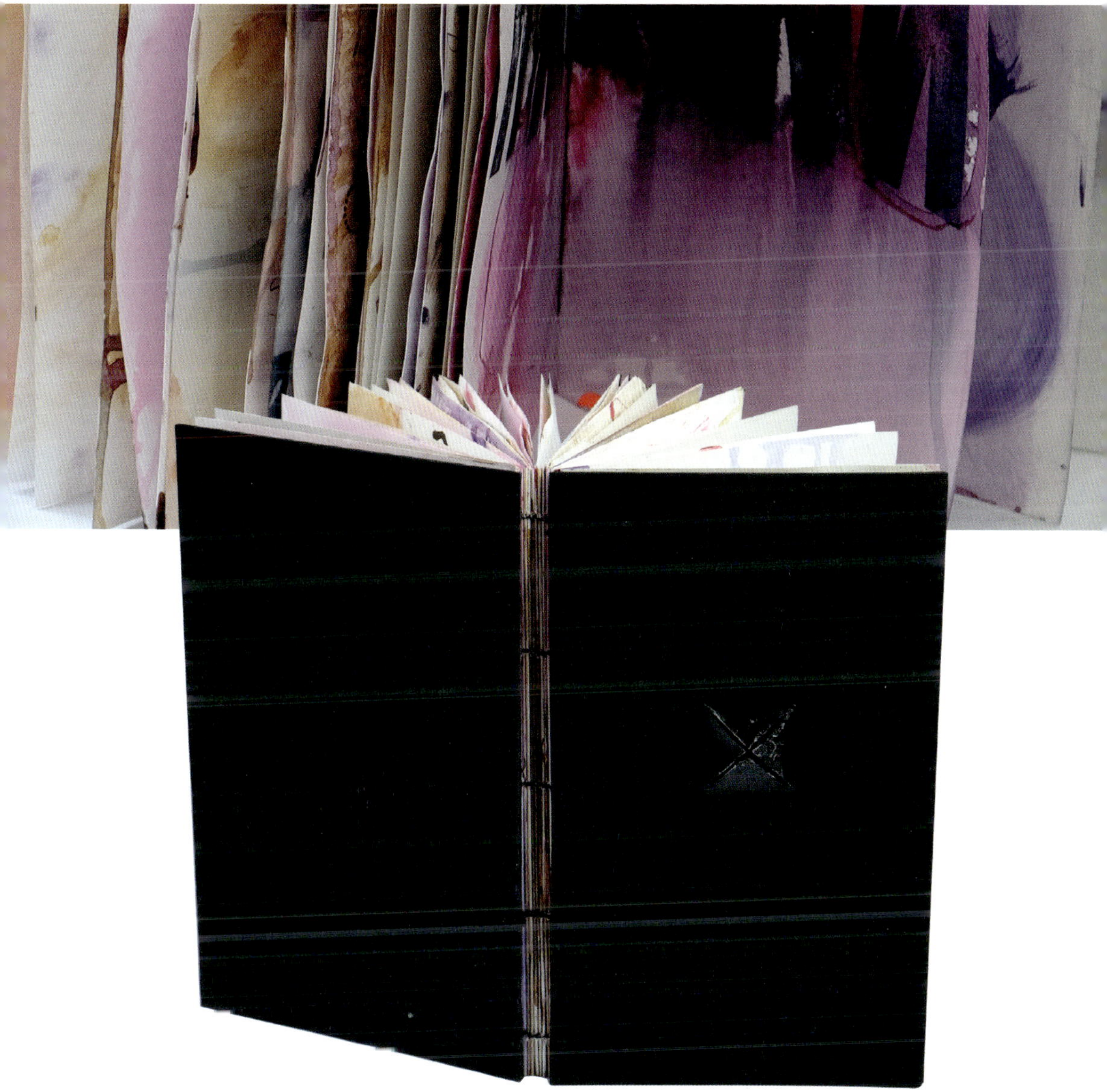

Der schlichte schwarze Einband hat ein rechteckiges Guckloch und macht neugierig. Das Innere des Künstlerbuchs, eine überwältigende Farborgie der Buchseiten, ist ein Augenfest.

www.phantas.de

Anmerkungen

FÜR ALLE, DIE SICH VERTIEFEN MÖCHTEN

Vorab:
Die Folgenden Links dienen der weiteren Information. Ich übernehme aber keine Verantwortung für die Inhalte der Webseiten und mache mir diese Inhalte nicht zu eigen.

Künstler:innen-Suche in der Museumsbibliothek Köln, wo Sie die Künstlerbücher alphabetisch geordnet finden:
www.museenkoeln.de/kunst-und-museumsbibliothek, „Über uns" anklicken, in der linken Spalte >> Fotostrecken >> Künstlerbücher.
Informationen und Abbildungen zur Buchkunst:
https://sammlungonline.mkg-hamburg.de
Auskunft über Messen und Aktivitäten weltweit (nicht immer auf dem aktuellsten Stand):
www.kuenstlerbuecher.de

+ Seite 4: Das Zitat stammt aus dem Katalog: Joosten, Andrea und Roettig, Petra (Hrsg. im Auftrag der Hamburger Kunsthalle): Künstlerbücher. Die Sammlung, Hamburger Kunsthalle

+ Seite 11
  TV-Bericht: Vom Schreiben und Denken. Die Saga der Schrift. Dreiteilige Dokumentation 2020 auf ARTE.

+ Seite 12/13
  Kenneth Victor Campbell: Mr. Pilks Irrenhaus, ein Theaterstück von 1973
  Anselm Kiefer, Es ist einer, der trägt mein Haar, 2005. 68 x 42 x 8 cm. Mit freundlicher Genehmigung von Anselm Kiefer.

Mehr Informationen zu Bücherverbrennungen: Museum für verbrannte Bücher: www.deutsche-digitale-bibliothek.de >> Suchfunktion verbrannte Bücher. Dorthin werden Sie weitergeleitet: Virtuelle Bibliothek Sammlung Salzmann >> www.uni-augsburg.de/de/organisation/bibliothek/sondersammlungen/bibliothek-der-verbrannten-buecher/www.blog.verbrannte-orte.de

+ Seite 14/17
  Das Museum of Modern Art in New York hat eine ausgezeichnete Webseite und gibt Auskunft über sehr viele Künstler:innen. Es informiert zu Henri Matisse und Marcel Broodthaers: www.moma.org

+ Seite 16/17
  Marcel Duchamp: wunderbares Video, wo er persönlich seine „Boîte-en-valise" zeigt: www.youtube.com. Suchbegriff: Interview on Art and Dada, 1956
  Spannende Einblicke zu Stéphane Mallarmé: www.books-on-books.com, Suchbegriff: Stéphane Mallarmé, dritter Eintrag von Isabella Checcaglini und Mohammed Bennis
  Informationen und Abbildungen zum Werk von Sonia Delaunay-Terk: Minnesota Center for Book Arts, dort gibt es ein Video, das die Pochoir-Technik zeigt.

+ Seite 18/19
  Kitty Maryatt arbeitet an einem Replikat vom ursprünglichen Buchwerk:
  www.mnbookarts.org/drop-dead-gorgeous-fine-bindings-of-la-prose-du-transsiberien-recreation/
  sowie: www.mnbookarts.org/drop-dead-gorgeous-kitty-maryatt-regular-edition/
  und auch:
  www.books-on-books.com/tag/kitty-maryatt/

Verlieren Sie sich bitte nicht in den dargestellten Künstlerbüchern, denn erst weiter unten finden Sie die gewünschten Abbildungen.
Vimeo hat ein ausgiebiges Video, bitte Suchfunktion nutzen: Kitty Maryatt. Es wird viel Historisches berichtet, später auch die Technik sehr gut gezeigt. Vor allem ist nachvollziehbar, mit welchem Aufwand Kitty Maryatt die Recherche betrieben hat, um Technik und Farbwiedergabe möglichst nah am Original zu halten. (Stand August 2023)
  Henri Matisse, Jazz, 1947 © Succession H. Matisse / 2023, ProLitteris, Zurich
  Lawrence Weiner: www.moma.org
  Seth Siegelaub: Die Idee, mit einem Kopierer Xerox-Kunstprojekte zu entwickeln, lässt sich hier gut nachvollziehen: www.moma.org. Suchbegriff: Seth Siegelaub >> Exhibition 2013, www. book-as-exhibition.org

+ Seite 20/21

Viele Abbildungen zu Max Ernsts „Tempel"-Buch finden Sie bei: www.moma.org. Suchbegriff: Max Ernst. Geduldig auf „show more results" klicken. Wenn man denkt: „Wo kommt es nun?", dann passiert tatsächlich noch was.
Joseph Beuys bei www.moma.org, Suchbegriff: Joseph Beuys, dreimal auf „show more results" klicken und „Intuition" von 1968 im Original anschauen.
Dieter Roth: www.dieterrothmuseum.org

+ Seite 24/25

Alexis Arnold: Kristalline Bücher, alexisarnold.com >> „Crystallized Books"
Ellen Sheffield: www.ellensheffield.com
Hermann Gruber: www.museenkoeln.de/kunst-und-museumsbibliothek
Timm Ulrichs: www.museenkoeln.de/kunst-und-museumsbibliothek
Jürgen Klauke: www.museenkoeln.de/kunst-und-museumsbibliothek

+ Seite 26/27

Sigrid Noack: www.museenkoeln.de/kunst-und-museumsbibliothek
Tina Flau: www.tina-flau.de
Burgi Kühnemann: in der Galerie von Susanne Padberg: www.druckundbuch.de >> Archiv 2015

+ Seite 28/29

Carola Willbrand: www.carolawillbrand.de
Wilhelm Wiki: www.wiki-wilhelm.de und www.museenkoeln.de/kunst-und-museumsbibliothek
Klaus Staeck: www.museenkoeln.de/kunst-und-museumsbibliothek
Alexander Schleber: www.museenkoeln.de/kunst-und-museumsbibliothek

+ Seite 30/31

Massimo Danielis: www.massimodanielis.com und Jiří Kolář: www.museenkoeln.de/kunst-und-museumsbibliothek
Corinna Krebber: www.corinnakrebber.com >> lichten/tagebuch
Gerhild Ebel: www.gerhild-ebel.de

+ Seite 32/33

Charles Bernstein: www.poetryfoundation.org
Stefan Steiner: www.stefansteiner.com
Christine Litke: www.museenkoeln.de/kunst-und-museumsbibliothek
Ronald King: www.ronkingstudio.com

+ Seite 34/35

Christina Huch: www.christina-huch.de
Joseph Beuys: www.museenkoeln.de/kunst-und-museumsbibliothek
Reinhold Köhler: www.museenkoeln.de/kunst-und-museumsbibliothek
A. R. Penck: www.moma.org
Laas Abendroth: www.laas-abendroth.de
Johan Deckmann: www.johandeckmann.com und www.schriftsteller.de/johan-deckmann-der-buchgestalter/

+ Seite 36/37

Richard Long: www.richardlong.org
Oskar Holweck: www.oskarholweck.de
Robbin Ami Silverberg: www.robbinamisilverberg.com/rondo

+ Seite 38/39

Gottfried Bechtold: www.museenkoeln.de/kunst-und-museumsbibliothek
Shinkichi Tajiri: www.shinkichi-tajiri.com und www.museenkoeln.de/kunst-und-museumsbibliothek
Richard Tuttle: www.museenkoeln.de/kunst-und-museumsbibliothek

+ Seite 40/41

Friederun Friederichs: www.museenkoeln.de/kunst-und-museumsbibliothek
Mona Yahla: www.museenkoeln.de/kunst-und-museumsbibliothek
Dietrich Helms: www.helms-werkuebersicht.de
S.M.S.: rdc.reed.edu/c/artbooks/home/home, hier werden alle sechs Publikationen im Video aufgeblättert.

+ Seite 42/43
Gerhild Ebel: www.gerhild-ebel.de >> Obscure Objekte: Biographie
usus, Uta Schneider und Ulrike Stoltz: www. boatbook.de, Fax Dialog mit dem Link zu einem YouTube-Video
Xerox Copy Art: Minnesota Center for Book Arts, www.mnbookarts.org >> education >> Instructional videos >> Mail is Magic
Ray Johnson: www.rayjohnsonestate.com
Young Voss: www.museenkoeln.de/kunst-und-museumsbibliothek
The Portland Stamp Company: www.theportlandstampcompany.com, unter „Blank Templates" stehen kostenlos Vorlagen zum Anfertigen eigener Briefmarken zum Download bereit. Briefumschläge kostenlos ausdrucken für Mail Art: www.papersnake.de
Gesa Lange: www.gesalange.de >> Publikationen >> Sammlung Minna Menz
Keri Miki-Lani Schroeder: www.kerischroeder.com
Piero Manzoni: www.pieromanzoni.org >> English >> Piero Manzoni >>Artist's Shit Website und www.moma.org

+ Seite 44/45
Peter Wüthrich: www.peterwuethrich.ch
Marianne Nagel: www.mariannenagel.de
Takako Saito: www.takakosaito.com

+ Seite 70/71
Anne Goy: www.annegoy.be

+ Seite 74/75
Pop-Up-Bücher: www.movablebooksociety.org

+ Seite 88/89
Künstlerduo Häfner & Zitzmann: www.museenkoeln.de/kunst-und-museumsbibliothek

Seite 96/97
Paul Stein: www.paul-stein.info, Skizzenbücher von Paul Stein, digitalisiert: digisam.ub.uni-giessen.de

+ Seite 98
Kurt Tucholsky: Gesammelte Werke in zehn Bänden. Band 9, Reinbek bei Hamburg 1975, S. 152-154.

+ Seite 100/101
Tauba Auerbach: https://taubaauerbach.com >> Works 2007 „50/50" und www.museenkoeln.de/kunst-und-museumsbibliothek

+ Seite 102/103
Maurizio Nannucci: www.museenkoeln.de/kunst-und-museumsbibliothek und www.fondazionebonotto.org/it/collection/poetry/nannuccimaurizio/
Hans Delfosse: www.hans-delfosse.de/werke/leporellos/

+ Seite 104/105
Axel Heibel: https://www.instagram.com/axelheibel/

+ Seite 108/109
Daniel Spoerri: www.danielspoerri.org
John Cage: www.johncage.org und www.crownpoint.com/artist/john-cage >> Videos
On Kawara: www.guggenheim.org, Suchbegriff: On Kawara

+ Seite 114/115
Hugo Ball, Karawane >> YouTube-Video
Schriftarchiv: www.offenbach.de/microsite/klingspor_museum/ueber-uns/content-v.17-digitales-schriftarchiv.php

+ Seite 116/117
Luigi Serafini: „Codex Seraphinianus" in die Suchmaschine eingeben, dem Zusatz „pdf" folgen, dort finden Sie die Abbildungen. Überbordend, fantasievoll, absolut sehenswert!

+ Seite 122/123
Cutout: Max Marek, www.maxmarek.de

+ Seite 126/127
Collatz-Vermutung: Gert Scobel, YouTube-Kanal-Beitrag vom 25.11.2021: „Diese Formel kann niemand lösen! Collatz"

+ Seite 128/129
Mario Merz: www.salzburgfoundation.at >> Walk of Modern Art >> Mario Merz
Leonardo di Pisa, genannt Fibonacci: Die Fibonacci-Folge als mathematisches Phänomen: Deutsches Museum München, Katalog: Mathematik – Vom Anschaulichen zum Abstrakten. Außerdem eine wissenschaftliche Arbeit in Englisch: Fibonacci Cubes with Applications and Variations

+ Seite 130/131
Voyager-Mission:
voyager.jpl.nasa.gov/golden-record.
Professor Harald Lech: YouTube-Kanal: „Findet so der Erstkontakt statt?" (Harald Lech und Suzanna Randall, Terra X)
Über die Wahrscheinlichkeit, Aliens zu treffen, philosophiert man hier: Research Carl Sagan Center, www.seti.org

+ Seite 134/135
Eat Art: www.danielspoerri.org

+ Seite 150/151
Friedrich Hölderlin: Sämtliche Werke. 6 Bände, Band 2, Stuttgart 1953, S. 203-205.

+ Seite 154/155
Marga Minco: Glück gehabt – van geluk spreken, 2022, übersetzt aus dem Niederländischen und gestaltet von Carola Willbrand, gewebt 2012 aus ausgeschnittenen Streifen aus der Amsterdamer Obdachlosenzeitung. www.carolawillbrand.de

+ ab Seite 158
Freie Kunstakademie Augsburg:
https://freie-kunst-akademie-augsburg.de/

FOTONACHWEIS
Alle Fotografien und Illustrationen:
Petra Paffenholz, außer:
Seite 13: Mit freundlicher Genehmigung von Anselm Kiefer
Seite 18: „Jazz" von Henri Matisse (1869-1954), Exemplar Nr. 243, in Originalschachtel, éditions Tériade, RF52103 © Succession H. Matisse / 2023, ProLitteris, Zurich, Foto © RMN-Grand Palais/ Mathieu Rabeau, Aix-en-Provence, Musée Granet
Seite 148/149 © Eberhard Müller-Fries
Seite 150/151 © Anja Harms
Seite 152/153 © John Gerard
Seite 154/155 © Carola Willbrand
Seite 156/157 © Stefan Zöllner

INTERESSANTE ADRESSEN
Center for Book Arts New York:
https://centerforbookarts.org
Printed Matter New York: www.printedmatter.org
London Centre for Book Arts:
www.londonbookarts.org
www.bookarts.uwe.ac.uk
Bookart and Letterpress: lccprintmaking.myblog.arts.ac.uk >> Book arts >> Learning >> useful Links: Dort zu bestellen: Informativer, monatlicher Newsletter von Sarah Bodman
Minnesota Center for Book Arts:
www.mnbookarts.org
Zum Stöbern: www.books-on-books.com
Brokken Zijp Foundation:
brokken-zijp-foundation.org
Buchhandlung für Künstlerbücher: BOEKIE WOEKIE Books by Artists, Amsterdam:
https://boekiewoekie.com/
Klingspor Museum: www.klingspor-museum.de
Weserburg Museum für moderne Kunst:
www.weserburg.de >> Zentrum für Künstlerpublikationen und Schriftgut >> Zentrum
Ungewöhnliches und Traditionelles:
www.mde-einbandkunst.eu
www.forumkuenstlerbuchbasel.com
Vertiefte Einblicke in das Thema Book Art (Englisch): University of Dakota:
libguides.usd.edu/bookart
American Bookbinders Museum San Francisco:
bookbindersmuseum.org
Galerie für Künstlerbücher, Galerie Padberg in Wien: www.druckundbuch.de
Künstler-Kollektiv: www.buchundform.ch

AUSBILDUNG/WEITERBILDUNG
Burg Giebichenstein in Halle: www.burg-halle.de/kunst/malereigrafik/buchkunst
Centro del bel libro Ascona: www.cbl-ascona.ch
Boekbinderij Wilgenkamp:
www.boekbinderij-wilgenkamp.nl/info-en/

MESSEN (unvollständige Auswahl)
Köln: Editionale, alle zwei Jahre in der Museumsbibliothek Köln
Berlin: www.artbookberlin.de
Blogspot Norwegen: Bergen Art Book Fair, www.babf.no, organisiert von www.pamflett.no
Japan: www.tokyoartbookfair.com

KÜNSTLER:INNEN – EINE GANZ PERSÖNLICHE AUSWAHL
Peter Dahmen: www.peterdahmen.de
Daniel Kelm: http://www.danielkelm.com
Odine Lang: www.odinelang.de/de/home
Stefan Gunnesch: www.bildschriftlich.de
Veronika Schäpers: www.veronikaschaepers.net
Elizabeth Castaldo: besonders „Love grows in the Forest", www.elizabethcastaldo.com
Matt Shlian: ein Meister der Faltung, Video: Cut out Flipbook, www.mattshlian.com
Rogan Brown: Papersculptures, roganbrown.com
Annie Vought: Schrift ausgeschnitten, www.annievought.com
Scott McCarney:
www.scottmccarneyvisualbooks.com
Erwin Huebner: verbindet Kunst und Wissenschaft, www.erwinhuebner.com
Sas Colby: Bilder zur Xerox-Art: www.sascolby.com >> Paper >> Xerox Art 1976–1978
Tom Schrage: „Vom Suchen und Finden", www. tomschrage.de
Karen Hanmer: www.karenhanmer.com
Peter Malutzki: www.peter-malutzki.de
Sol LeWitt: www.printedmatter.org/catalog/tables/11732/3279 >> PhotoGrids
Sabine Golde: „Japanisches Tagebuch", u. a. Frottage von Kanaldeckeln, www.golde-carivari.com

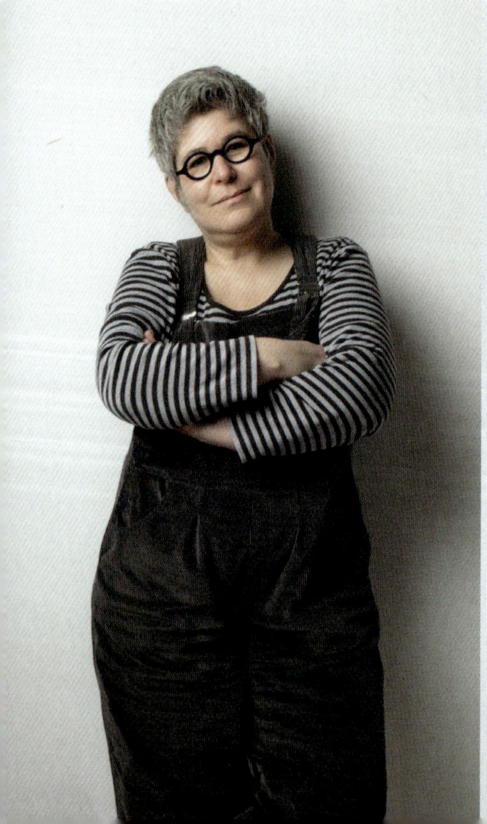

Zur Autorin

Petra Paffenholz ist freischaffende Künstlerin. Nach dem Studium der Freien Kunst an der Werkkunsthochschule Köln und einer Zusatzausbildung in Kunst- und Textilgestaltung für die Sekundarstufe I war Petra Paffenholz lange Jahre freiberuflich tätig. Sie arbeitete als Kostümbildnerin und Maskengestalterin im Film- und Theaterbereich, als Illustratorin von Kinder- und Schulbüchern sowie als Dozentin für unterschiedliche Kunst- und Kreativitätsprojekte an Schulen und anderen öffentlichen Einrichtungen.
https://petra-paffenholz.de/

DANK
Mein herzlicher Dank geht an die Freie Kunstakademie Augsburg, an der ich mich als Dozentin durchweg sehr wohl gefühlt habe. In der dortigen Atmosphäre entstehen Freiräume, in denen sich mit Enthusiasmus und Begeisterung arbeiten lässt. Dies zeigt sich, so meine ich, auch in den Ergebnissen der Teilnehmerinnen aus dem Januar-Kurs 2023. www.freie-kunst-akademie-augsburg.de

Beth Sheehan: Beispiel zu Schriftveränderung, „Conversation" von 2021, www.sheeprints.com/conversations.html
Brian Dettmore ist ein Künstler, der die Rubrik „Altered Books" ziemlich zur Perfektion getrieben hat: www.briandettmer.com
Ann Hamilton: www.annhamiltonstudio.com >> Objects/Prints

WEITERFÜHRENDE LITERATUR
Folgende Fachbücher kann ich empfehlen:

Hildebrand-Schat, Viola: Kunst Verbucht. Handschriften und frühe Drucke als Quelle der Inspiration für das Künstlerbuch. Bachmann 2015.
Hildebrand-Schat, Viola: Die Kunst schlägt zu Buche. Das Künstlerbuch als Grenzphänomen. Neue Sachlichkeit 2013.
Oelschlägel, Petra (Hrsg.): Ein Katalog zur Sammlung „Kunst aus Papier", Kunstmuseum Villa Zanders. Kettler 2021.
Bergmann, Roberta: Die Grundlagen des Gestaltens, 3. Auflage, Haupt Verlag 2021.
Kyle, Hedi und Warchol, Ulla: In Falten gelegt. Handgemachte Bücher und Papierobjekte. Haupt Verlag 2018.
Leitner, Christina: Papiertextilien. Geschichte, Materialien, Experimente. Haupt Verlag 2005.
Jackson, Paul: Von der Idee zum Pop-up. Schneide- und Falttechniken im Papierdesign Haupt Verlag 2016.

BEZUGSQUELLEN
www.modulor.de

www.boesner.com

www.gerstaecker.de

www.kumctat.koeln
Buchbindebedarf

www.buch-kunst-papier.de
Zeitungshalter

www.manufactum.de
Wachspapier

1. Auflage: 2024

ISBN 978-3-258-60266-0

Umschlaggestaltung, Layout und Satz: Ines Braun, D-Köln
Illustrationen und Fotos, wenn nicht anders angegeben: Petra Paffenholz, D-Köln
Lektorat: Antje Krause, D- Mühlenbecker Land / Zühlsdorf

Wir verwenden FSC®-zertifiziertes Papier. FSC® sichert die Nutzung der Wälder gemäß sozialen, ökonomischen und ökologischen Kriterien.
Gedruckt in Tschechien

FSC www.fsc.org MIX Papier | Fördert gute Waldnutzung FSC® C014138

Diese Publikation ist in der Deutschen Nationalbibliografie verzeichnet.
Mehr Informationen dazu finden Sie unter http://dnb.dnb.de.

Der Haupt Verlag wird vom Bundesamt für Kultur für die Jahre 2021–2024 unterstützt.

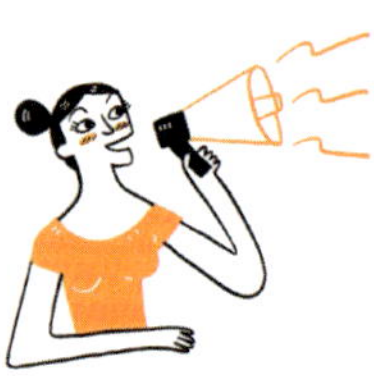

Sie möchten nichts mehr verpassen?

Folgen Sie uns auf unseren Social-Media-Kanälen und bleiben Sie via Newsletter auf dem neuesten Stand.

www.haupt.ch/informiert

Wir verlegen unsere Bücher mit Freude und großem Engagement.
Daher freuen wir uns immer über Anregungen zum Programm und schätzen Hinweise auf Fehler im Buch, sollten uns welche unterlaufen sein.

www.haupt.ch

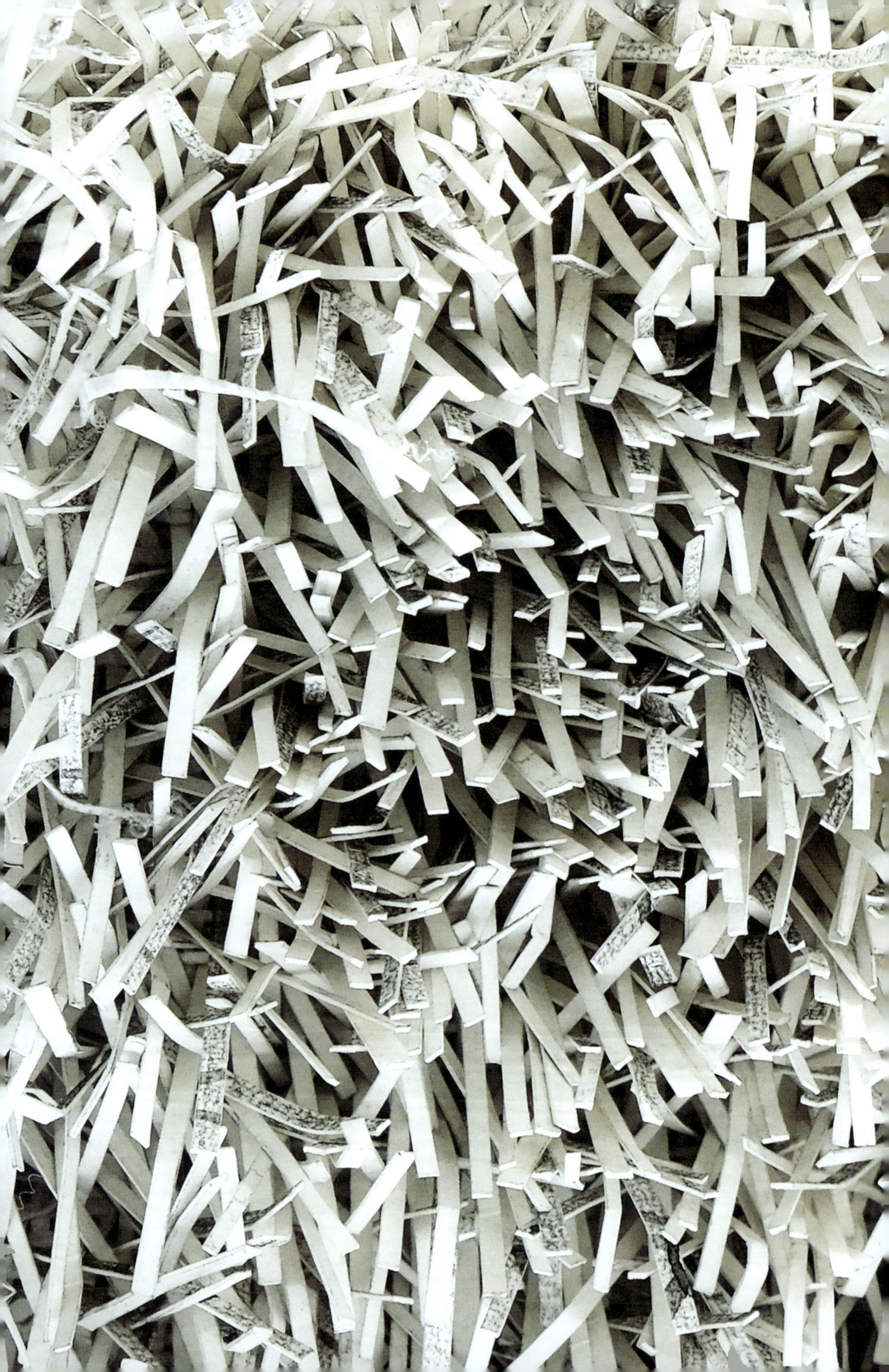